조선과학인물열전

조선과학인물열전

김호 지음

humanist

1

과학혁명 이후 기계적 철학에 근거한 서구의 과학 문명은 자신의 힘을 무한히 확장할 수 있다고 확신했다. 세계 정복과 제국 건설이 과학기술의 힘으로 가능하다는 희망에 가득 차 있었던 것이다. 특히 과학기술이 가져올 물질문명의 세계를 꿈과 이상향으로 상정했던 계몽주의자들 이래 현재에도 이런 희망은 사라지지 않고 있다. 수많은 기계와 도구들이 만들어지고 인간 생활은 윤택해진 듯 보였다. 그러나 과학기술이 언제나 인간에게 희망만을 안겨 주었던 것은 아니다. 전쟁에 이용되어 많은 인명을 살상하는 무기들, 인간의 자유로운 의지를 통제하는 여러 가지 컴퓨터 기술, 인간 복제와 유전자 조작이 오히려 더 큰 공포를 안겨주기도 한다. 더욱이 과학기술 문명이 빚어놓은 지구 생태계의 파괴는 인류의 생존 자체를 위협하는 가장 큰 걱정거리가 되었다. 과학과 기술은 야누스의 두 얼굴을 가졌던 것이다. 이제 인류는, 진정한 과학기술이란 과연 무엇인지 다시 한번 생각할 시기를 맞이하게 되었다.

여기에 한국 전통의 과학기술자들을 소개하려는 이유가 있다. 과학과 기술이 서양의 과학 철학에 바탕한 서구만의 유산이라는 시각에서 조금 벗어나 동양, 적어도 한국사 속의 과학기술은 이러했음을 밝히는 작업이 필요하다는 뜻이다. 5,000년 한국사를 움직인 과학자와 기술자들은 비록 세계 최초이거나 최고가 아니었을지 모른다. 그럼에도 당대의 패러다임을 잘 보여주고 있는 과학자들로부터 전연 이름도 알 수 없는 무명의 기술자들에 이르기까지 이들이야말로 한국의 역사를 추동시켜온 원동력 그 자체였다. 그들 한 사람, 한 사람의 열정과 진실된 삶들이 모여 역사를 이루었기 때문이다.

2

이 책에서 다루고 있는 전통 속의 과학기술자들은 다음과 같다. 먼저 과학기술의 여명기라고 할 수 있는 고대의 과학기술자로는 무명의 청동기 시대 농부와 야장(冶匠)을 다루었다. 예나 지금이나 백성들의 최대 관심은 배불리 먹고 아프지 않는 일이었다. 농업과 의술은 인간 생활의 필수요소였다. 여기에 계급적 분화와 고대국가의 성장을 가속화하는 데 일조한 금속 기술자의 역사적 의미를 평가해 보았다.

유사 이래 인간은 자연의 위협으로부터 벗어나는 한편 자연을 극복하려고 노력하였다. 때문에 자연에 대한 여러 가지 지식들을 축적하고 체계화하는 일이 필요해 졌는데, 풍수(風水) 역시 자연을 이해하는 방식의 하나였다. 한편, 추위를 견뎌내기 위한 목면의 재배라든지 농업생산력의 제고를 가능케 한 연작 상경 농법 등은 자연에 대한 인간의 의지를 잘 보여주는 대표적인 사례들이다. 자연의 제약을 넘어서려는 인간의 노력, 그 첨단에 바로 전통 속의 과학기술자들이 서 있었다.

조선시대를 과학기술의 잣대로 새롭게 재해석하면 한 세기씩 잘라 각 시대의 특징을 논할 수 있다. 가령 16세기는 이른바 조선의 독자적인 과학지식과 기술이 완성되는 시기였다. 세종대의 과학정책과 이후의 과학발달에 힘입어 독자적인 기술과 경험들이 실험되고 증명되었다. 은 제련 기술의 무명기술자로부터 조선 최고의 의서 『동의보감』은 조선화된 과학기술의 대표적인 증거물들이었다.

임란과 호란 등 두 번의 큰 전쟁은 조선왕조의 존립을 크게 위협하였다. 전쟁으로 인한 정신적 그리고 물질적 피해로부터 벗어나기 위한 노력은 적을 물리칠 수 있는 군사기술로부터, 피폐해진 농민을 되살릴 신(新) 농법, 하늘의 경계(警戒)를 관찰하는 천문학의 발전을 가져왔다. 한마디로 17세기의 슬로건은 '조선의 재건' 이었다.

'아는 것이 힘이다.' 지식의 힘을 깨닫게 된 순간 학자들은 자연에 대한 정보들을 분류하고 정비하였다. 18세기에 이르러 각종 지식들이 활자화되면서 지식의 권력에 새롭게 눈뜨자 다양한 분야의 정보들이 주목받게 되었다. 어류 정보와 검시(檢屍) 기술, 언어, 장인들의 비전(秘典), 이것들이야말로 최고의 가치를 지닌 '지식' 으로 대접받게 된 것이다.

19세기는 새로운 세상을 향해 나가는 시기였다. 전통적인 패러다임을 폐기하고 새로운 인식론으로 탈태하던 시대였다. 상대적 인식론에 눈뜬 천문학자 홍대용, 전통의 치료법을 버리고 예방이라는 미지의 세계로 나아간 정약용, 지도의 새로운 차원을 열어보인 김정호 모두가 신세계를 준비했던 선각자들이다.

근대가 되자 이미 '서양'은 제쳐두고 생각할 수 없는 개념이 되었다. 고요한 아침의 나라를 깨우는 한 발의 대포소리야말로 강력한 힘의 상징이었다. 그 힘의 이면에는 서구의 제국주의와 그 권위에 기대려는 대한제국의 의도가 서려 있었지만 말이다. 전기와 전화, 근대의학 등은 이렇게 양면의 가치를 지닌 채 서서히 민중들의 삶으로 파고들었다.

3

해방 이후 한국사 연구는 일제의 식민사관을 극복하는데 전념하였다. 한마디로 '민족과 민주'라는 이념을 '실증과 과학'으로 융해하려는 과정이었다. 물론 연구자들 사이에 다양한 스펙트럼이 존재하여, 민족주의를 넘어 국수주의적인 색채를 띠는가하면, 실증주의를 표방하였으나 모자라기도 했다. 또한 사상사에 몰두하는가 하면 사회경제사나 정치사를 파고들기도 했다. 그러는 사이 몇 명의 열정적인 연구자들은 일제시대 홍이섭의 선구적인 업적 외에는 거의 불모지나 다름없는 전통 속의 과학기술 분야를 개척하였다. 이들에 의해 비로소 전통시대의 과학기술(자)이 대중에게 알려질 수 있었다. 특히 최근 한국사 연구의 주제와 대상이 다양해지면서 문화, 일상생활, 과학기술의 역사가 더욱 주목을 받게 되자, 전통 속의 과학기술자들 역시 중요한 탐구대상이 되었다.

사실 어떻게 보면 역사 연구의 꽃은 인물에 대한 탐구가 아닐까 생각해본다. 역사 속의 한 인물을 꼽아 그의 삶을 조망하다보면 인생이란 무엇일까? 하는 물음과 함께 절로 삶에 대해 반성할 수 있기 때문이다. 일전에 필자는 『동의보감』의 저자 허준의 일생을 추적하다가 도저히 알 길이 없어 포기한 적이 있었다. 그런데 어느 날 꿈속에서 그를 만나 이야기를 들은 적이 있었다.

이 일을 계기로 필자는 '진인사대천몽(盡人事待天夢)' 이라는 얼토당토않은 말을 믿게 되었다. 무언가 절실하면 하늘이 꿈에서라도 만나게 해준다고 생각하게 된 것이다.

이 책을 출간하면서 정성과 공력이 부족했던 것은 아닌가하는 염려가 먼저 든다. 진인사는 하지 않은 채 대천몽만 기대한 자신을 질책하게 된다.

어쨌든 원고를 탈고하면 그동안 놀아주지 못해 투정이 심한 두 딸(민수와 윤수)에게 충실해야겠다. 인생의 동지(同志) 김지영은 항상 그러했듯이 이번에도 신랄한 비판과 관심을 동시에 보내주었다. 진정으로 감사한다. 이제 더욱 연세가 많아져 세월의 흔적을 지울 수 없게 되신 부모님들에게도 마음 깊이 존경의 염(念)을 표한다. 두서없는 원고를 읽어주고 조언해준 후배들과 휴머니스트 출판사에게 고맙다는 말씀드리며, 마지막으로 과학과 기술 그리고 더 나아가 역사를 사랑하시는 많은 독자분들에게 조금이나마 읽을거리가 되었으면 하는 마음 간절하다.

2003년 12월 겨울

관악산을 바라보면서

김 호

차례

1장. 고대, 과학기술의 여명기

청동기 시대의 농부—대전 청동기 문양의 밭가는 인물 16
쇠를 다루는 왕자—석탈해(石脫解) 25
5세기의 신라 명의(名醫)—김무(金武) 35
승의(僧醫)—충담사(忠談師)와 기파랑(耆婆郎) 42

2장. 중세, 자연을 극복하려는 인간

땅도 살아 있다, 풍수지리가—김위제(金謂磾) 52
아이구 추워라! 솜옷 생각나는구나—문익점(文益漸) 63
조선왕조 최대의 과학 프로젝트 매니저—세종(世宗) 76
연작농법(連作農法)의 정착, 『농사직설(農事直說)』—정초(鄭招) 89

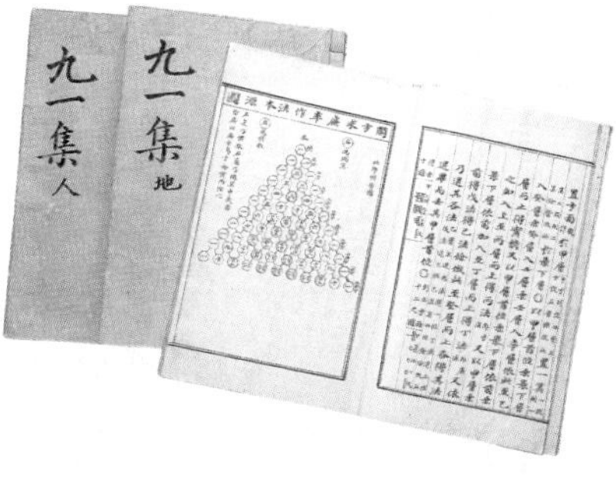

3장. 과학지식의 정비와 새로운 기술들

조선 최고(最古)의 두창(痘瘡) 치료서, 『창진집(瘡疹集)』—임원준(任元濬) 104
은을 만들자—김검동(金儉同)과 김감불(金甘弗) 118
해부를 하다니 천벌을 받을라고—전유형(全有亨) 127
조선 사람은 동의(東醫)로—허준(許浚) 138

4장. 국력의 재정비와 과학기술

조선 최고의 화기(火器) 기술자—조천종(曺天宗) 154
모내기를 하자, 『농가집성(農家集成)』—신속(申洬) 165
하늘을 아는 자 누구인가?—송이영(宋以穎) 177
신비한 숫자 놀음—최석정(崔錫鼎)과 홍정하(洪正夏) 187

5장. 과학기술의 힘을 발견하다

조선 최고의 어류(魚類) 연구가—정약전(丁若銓) 206
조선 법의학계의 최고봉—구택규(具宅奎), 구윤명(具允明) 부자 218
민중에게 헌신한 명의—이헌길(李憲吉) 230
기술은 곧 힘이다—무명의 장인(匠人)들 238

6장. 새로운 세상을 위하여

1인 다역의 여의사—조선의 의녀(醫女)들 254
지구가 돈다고?—홍대용(洪大容) 262
새로운 패러다임의 모색,『마과회통(痲科會通)』—정약용(丁若鏞) 272
조선 지도의 결정판, 대동여지도(大東輿地圖)—김정호(金正浩) 284

7장. 근대가 밝아오다

아는 것이 힘이다—최한기(崔漢綺) 298
짐이 불을 밝히노라, 근대로의 변신을 꾀한—고종(高宗) 308
종두(種痘) 보급에 인생을 바친—지석영(池錫永) 318
과학 운동의 기수—김용관(金容瓘) 327

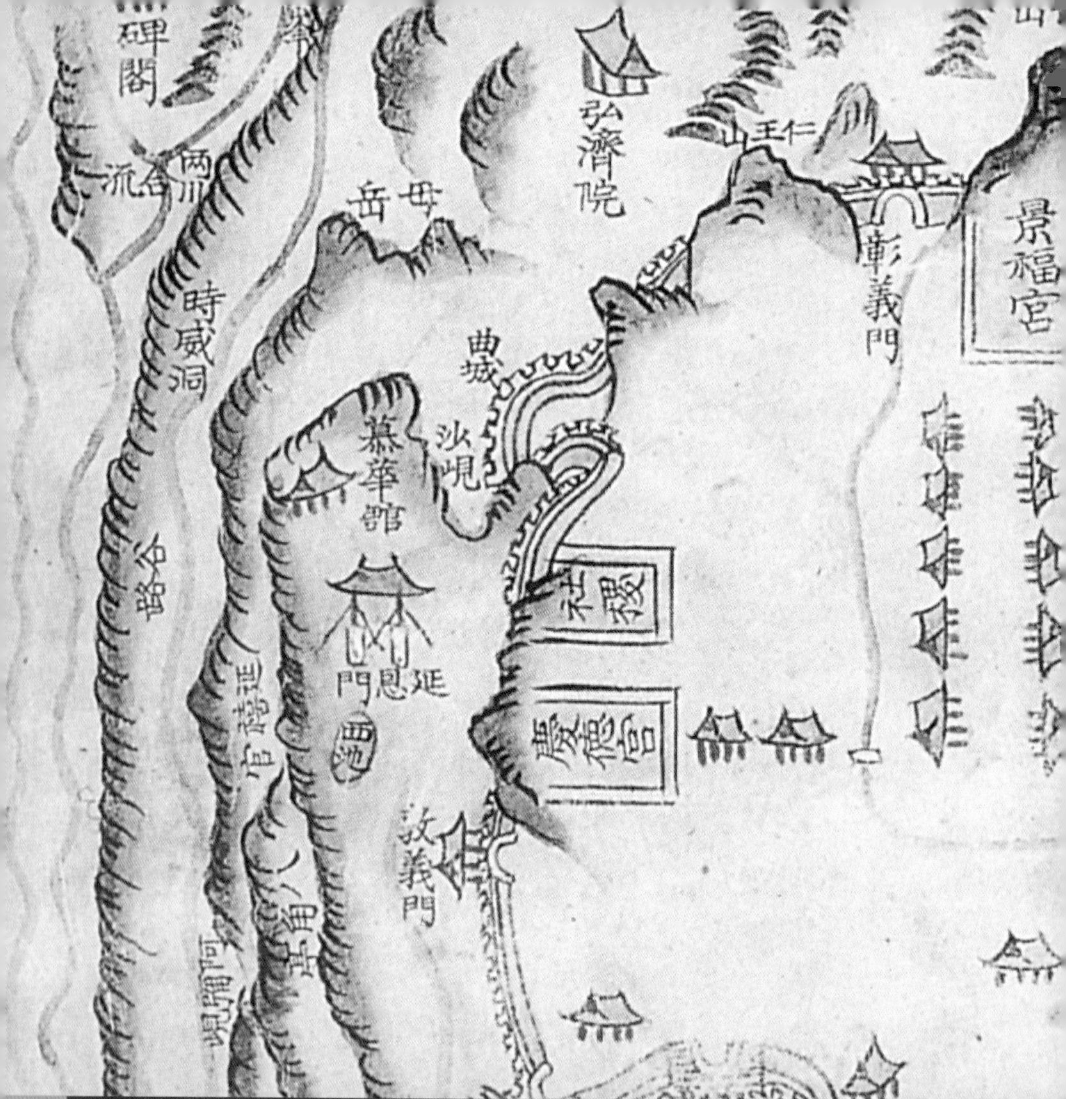

제1장 고대, 과학기술의 여명기

청동기 시대의 농부—대전 청동기 문양의 밭가는 인물

쇠를 다루는 왕자—석탈해(石脫解)

5세기의 신라 명의(名醫)—김무(金武)

승의(僧醫)—충담사(忠談師)와 기파랑(耆婆郎)

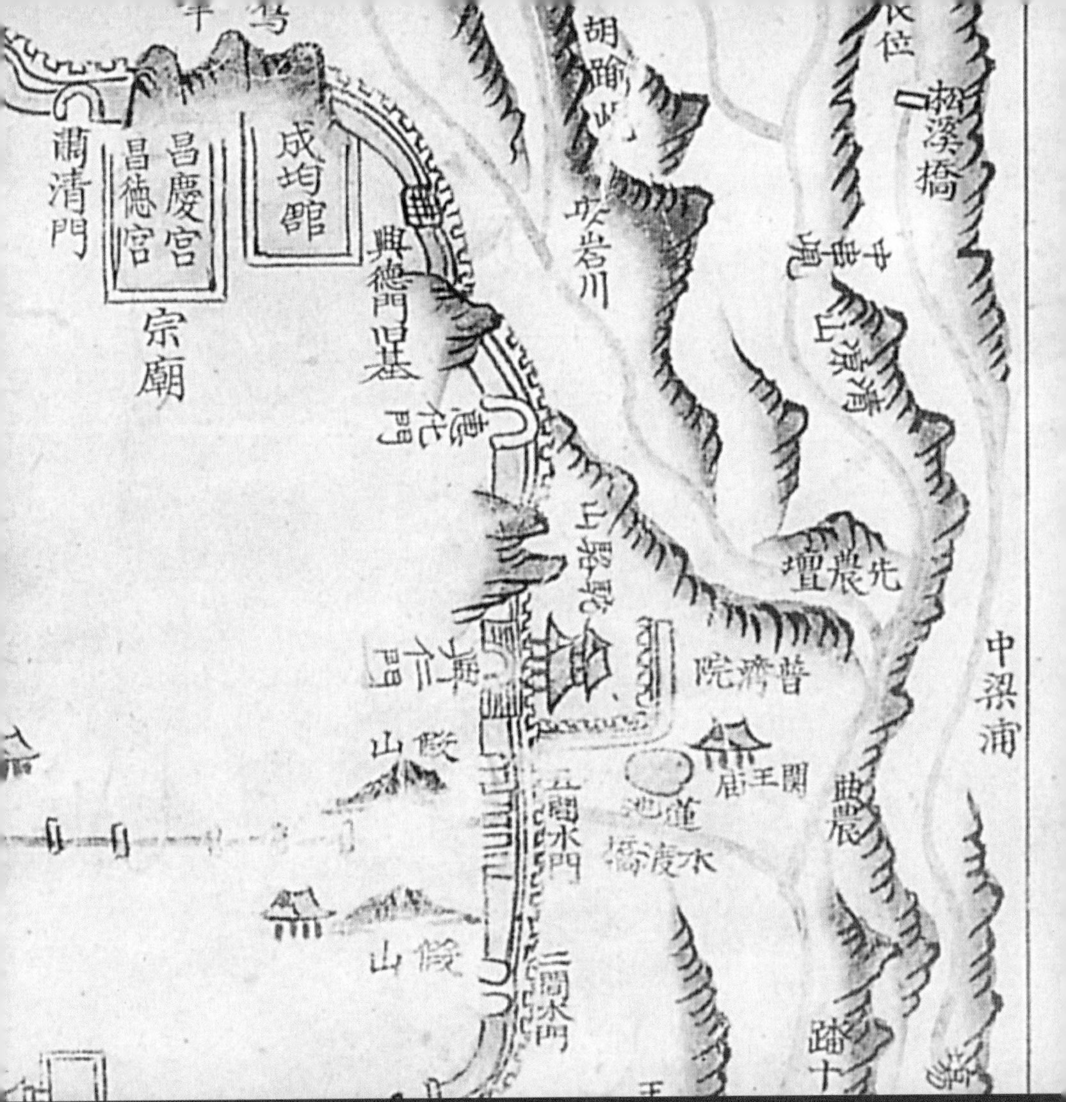

예나 지금이나 백성들의 최대 관심은 배불리 먹고 아프지 않게 사는 일이었다. 고대국가 형성에 있어 농업은 가장 중요한 요소였다. 한편 제철 기술은 더욱 의미가 컸는데 농기구를 제조할 뿐 아니라 국가를 방어하고 전쟁에서 승리할 수 있는 무기 역시 제철과 무관하지 않았기 때문이다. 주술적 치료와 많은 연관이 있던 고대의 의학은 점차 의학의 독립성을 인정받는 방향으로 발전했는데 신라 의사의 수준은 이를 증명하고 있다.

청동기시대의 농부

대전 청동기 문양의 밭가는 인물

청동기, 철기시대에는 이전부터 주요한 생산도구로 사용되던 간석기가 매우 다양해지고 기능도 개선되어 생산경제도 좀더 발달하였다. 이 시기의 사람들은 돌도끼나 홈자귀, 괭이 그리고 나무로 만든 농기구로 땅을 개간하여 곡식을 심고 가을에는 반달 돌칼로 이삭을 잘라 추수하는 등 농경을 더욱 발전시켰다. 농업은 조, 보리, 콩, 수수 등 밭농사가 중심이었지만 일부 저습지에서는 벼농사를 지었다. 사냥이나 고기잡이도 여전히 하고 있었지만 농경의 발달로 점차 그 비중이 줄어들고 돼지, 소, 말 등 가축의 사육은 이전보다 늘어났다.

–『고등학교 국사』–

먹는 것이 곧 하늘이다

청동기시대의 인간은 어떻게 살았을까. 청동기시대에 대한 우리의 빈약한 상상력을 보완하기 위해 관련 영화 두 편을 떠올리기로 하자. 먼저, 장자끄 아노 감독이 만든 「불을 찾아서」라는 영화이다. 불을 발견한 후 고대인들의 주거 문화와 음식 문화가 상당히 변화되었음을 흥미있게 묘사한 수작(秀作)이다.

이 영화를 통해 고대인들이 무엇을 먹고 살았는지 잠시나마 추측해 볼 수 있는데, 최초의 인간은 불이 없었기 때문에 그저 야생의 풀이나 열매를 따먹고 살았다. 그리고 무리를 지어서 짐승을 사냥하였다. 물론 사나운 이빨과 발톱이 있는 큰 동물들이 아니라, 약하고 순한 짐승들이 주로 사냥의 대상이 되었다. 그러나 배가 고파 더 이상 견디기 어려울 때는 위험을 무릅쓰고서라도 큰 동물에게 떼를 지어 공격했다. 목숨을 건 사투였다. 사냥 전사는 동료들에게 손짓이나 몸짓으로 전방의 동물이 어떤 종류이고 어떤 상태인지 알려준다. 가장 훌륭한 전사는 앞장서서 한 손으로는 창이나 무기를 들고 계속 긴장된 가운데 전진한다. 쥐죽은 듯한 고요함 속에 가끔 풀벌레 소리나 이름 모를 새들의 울음소리만이 하늘을 가른다.

한반도에서도 구석기시대 그리고 신석기와 청동기시대의 유물들이 발견되는 것으로 보아 위와 같은 풍경이 펼쳐졌으리라 생각해 볼 수 있다.

한편, 케빈 코스트너 주연의 「늑대와 춤」을 이라는 영화는 우리에게 재미있는 인디언들의 이름을 알려주었다. 오늘날의 인명과는 달리 '주먹 쥐고 일어서'라든가 '늑대와 춤을' 등이 자신과 남을 구별하는 호칭으로 사용되었던 것이다.

한국 고대인들의 이름 짓는 방식도 이와 큰 차이가 없었을 것으로 생각하고, 한국 역사상 청동기시대의 주인공으로 '곰처럼 끈기있게'와 '호랑이의 용맹으로'라는 이름의 두 사람을 상정(想定)해도 좋을 것이다. 그리고 곰을 토템으로 믿는 부족과 호랑이를 믿는 부족의 두 사람이 결혼하여 '단단하고 우아한 청동처럼'이라는 아이를 낳게 된다고 가정해 볼 수도 있다. 이 고대의 가족은 신석기 시대를 막 거쳐, 농사를 짓는 방식을 깨우치는 한편 사냥기술을 더욱 향상시켰다. 여전히 농사보다는 사냥과 낚시가 주된 음식물 공급의 방법이기는 했지만 말이다.

'단단하고 우아한 청동처럼'은 너무도 씩씩하고 지혜로워 항상 더 넓은 세상에 나아가 뛰노는 것을 꿈꾸었다. 출렁거리면서 흘러가는 강물과 그 안에서 힘차게 헤엄치는 물고기들은 그의 마음을 흔들어 놓았다. 그는 더욱 많은 사람들을 상대하면서 경험과 지혜를 쌓고 싶었다. 그런데 많은 사람들이 모여 살기에는 항상 먹을 것이 부족했다. 사냥과 낚시는 따뜻한 철에는 좋았지만 겨울처럼 추운 날씨가 계속될 때는 동물들도 돌아다니지 않고 숨어서 추위를 피하였기 때문에 어려움이 많았다. 사람들은 굶주렸고 부족의 생계를 위하여 사냥을 할 수 없는 노인들이나 어린아이들에게는 음식을 주지 못하였다. '단단하고 우아한 청동처럼'은 먹을 것이 풍부하다면 많은 사람들이 굶주림에서 벗어날 수 있다고 생각했다.

농업혁명

주로 야생 식물을 채집하거나 따먹고 살았던 고대인들은 땅에 우연히 흘려놓은 씨앗들이 자라는 것을 보고 점차 식물의 재배에 눈을 돌리게 되었다. 농사의 이점은 이전의 채집경제 시절의 불안정한 음식물 공급과 이동의 불편함을 일거에 해결해 주었다. 항상 일정하게 음식물을 공급받을 수 있었으며, 특히 겨울처럼 사냥감이 없고 추운 계절에 이미 추수한 곡식을 먹는 일은 매우 큰 행운이었다.

일정한 식사와 음식물의 섭취로 인간의 영양 상태가 좋아지자, 특히 여성들에게는 더 많은 아이를 낳을 수 있는 기회가 제공되었다. 인구가 늘어날 수 있는 좋은 조건이 만들어진 것이다. 이것이 신석기 후반에 일어난 농업 혁명의 최대 결과였다. '혁명'이라면 사회의 근본구조를 흔들어 놓을 만한 사건이 되어야 하는데 과연 농업혁

경남 진주시 대평리에 소재한 청동기 시대의 밭 유적(위)과 오늘날의 밭농사 풍경(아래)

현재 이 유적은 120여기의 주거지와 38기의 노지(爐址) 그리고 4천여 평의 밭이 확인되었다. 밭에서는 다량의 토기와 석기 파편, 석촉, 방추차 등의 유물이 출토되었으며 주로 조(粟)를 재배하였음이 확인되었지만, 주거지에서 쌀을 비롯한 보리와 수수, 피 등의 탄화곡물이 발견된 것으로 보아 여러 가지 곡물을 재배했던 것으로 보인다.

명은 그랬던 것일까?

인간은 농사를 짓기 시작하면서 역사상 최초로 자연에서 자라나고 있던 식물을 자신의 손으로 재배하게 되었다. 이제 자연에 기대지 않고 스스로 음식물을 만들어 낼 수 있었던 것이다. 조, 수수, 콩 등 밭작물이 이 시기에 주로 재배되었던 것들이다. 이러한 작물들은 뿌려만 놓고 애써 관리해주지 않아도 잘 자랐다.

그러나 점차 인구가 증가하면서 사냥과 밭작물의 수확량으로는 늘어난 인구를 부양하기가 어려웠다. 특히 사냥감을 쫓아다니면서 이동하였던 시대에는 많은 사람들이 신속하게 이동하거나 혹은 머물 집 자리를 마련하는 것도 쉬운 일이 아니었다.

사람들은 점점 물을 구하기 쉽고 거주하기 좋은 완만한 산지 등에 정착하기 시작했다. 청동기시대의 사람들은 다양한 작물들을 재배하는 과정에서 벼가 다른 작물에 비해 수확량이 수배에서 수십 배에 이른다는 사실을 알게 되었다. 벼는 다른 작물에 비하여 한 줄기에 달려 있는 이삭의 수가 매우 많았는데, 밀과 비교해 보아도 거의 수배에 이르는 곡식 알갱이가 붙어 있었다. 따라서 벼를 수확할 수 있는 온난한 지역에서는 같은 면적에서 같은 양의 씨앗을 뿌려도 다른 작물에 비하여 생산량이 월등한 벼 재배를 시도할 수밖에 없었다. 이 시기가 대략 청동기시대였다.

전통적으로 쌀을 주식으로 하는 우리나라도 벼농사의 시작이 곧 역사의 기원이라고 할 만큼 중요하다. 그렇다면 한반도에서 살고 있었던 우리 조상들은 언제부터 쌀밥을 먹었을까? 벼농사 방법이 도입된 최초의 시기는 일반적으로 기원전 1천년 경의 청동기시대 또는 민무늬토기시대로 알려져 있다. 벼농사가 이미 신석기 후반, 즉 기원전 2천년 정도에 시작되었다는 일부의 주장도 있지만, 일반적으로 농사를 짓는 정착 활동이 신석기 후반기에 시작되었다면 벼농사는 청동기시대의 문화로 파악하는 것이 옳다.

벼농사로 인해 식량 생산이 증가하자 더 많은 사람들이 밀집해서 생활할 수 있는 조건이 마련되었다. 점차 늘어난 인간 집단은 주변의 집단들과 경쟁하기도 하고 조화를 이루기도 하면서 보다 큰 정치 집단으로 발전했다. 이 때 '단단하고 우아한 청동처럼'이 세운 고조선도 비슷한 방법으로 성장하게 되었다.

만주지역을 제외한 한반도에서 발견되는 청동기시대의 벼 유적

탄화미
경기도 연천군 무등리에서 발굴

탄화곡식
전북 김제군 심포리에서 발굴.

은 평양과 여주, 부여, 태안, 진양 등지이다. 이러한 유적지들에서 새까맣게 타버린 탄화미와 볍씨자국이 발견되고 있는데, 대체로 대동강 유역과 한강 유역 등 중서부 지방에 초기 벼농사 유적들이 분포하고 있다. 그러다가 점차 벼농사 지역이 남부 지방으로 확산되고 있음을 알 수 있다.

그럼 한국인의 조상인 청동기시대 사람들은 어떻게 벼농사 방법을 알 수 있었을까? 벼농사의 전파 경로에 대해서 여러 가지 다양한 견해가 있다. 양자강 유역으로부터 건너왔을 가능성과, 중국의 북쪽 지역으로부터 유입되었을 가능성 등이 논의되고 있으나 이 가운데 어느 쪽도 확실하게 이야기하기 어려운 상태이다. 다만 청동기시대에 한반도에서 벼농사가 시작되었다는 점만은 확실하다.

청동기시대의 농부

한국 청동기시대의 농사꾼은 역사 속에서 그저 사라져 간, 어쩌면 이름도 알 수 없는 고대인에 불과할지 모른다. 그러나 그들이 보여 주었던 기술과 농사 지식은 아직도 한국인의 가장 중요한 문화적 유산으로 전한다.

대전에서 출토된 것으로 알려진, 농경 문양이 새겨진 청동기는 길이 12.8cm, 폭 7.3cm 그리고 두께 1.5cm이다. 앞면과 뒷면에 모두 문양이 새겨져 있다. 먼저 앞면의 좌우에는 와이자(Y)형으로 두 갈래로 갈라진 나무 가지가 있다. 그 위에는 몸에 반점이 찍힌 새가 한 마리씩 서로 마주 보고 앉아 있다. 새는 매 또는 독수리인 듯한데 전통적으로 만주와 한반도 일원에서 매와 독수리를 죽음의 사자로 숭배했던 것과 관련이 있어 보인다. 새는 자유롭게 지상과 창공을 날아다닐 수 있었기 때문에 죽음(하늘)과 현실(지상)을 이어주는 매개자의 의미를 지녔다. 종교적 의식과 관련된 상징이었을 것이다. 혹은 봄을 상징하는 '철새'로 볼 수도 있다. 봄에 새가 날아들면 농사를 시작할 때라고 생각했기 때문이다.

그 청동기의 뒷면에는 밭가는 모습과 추수하는 모습이 그려져 있다. 뒷면의 왼쪽에는 머리 뒤에 상투가 달린 형상을 한 사람이 손을 앞으로 내리고 있다. 그 앞에 망을 씌운 것 같은 항아리가 놓여있는데, 토기에 곡식을 담는 모습이다. 오른쪽에는 머리가 뒤로 길게 뻗쳐 있는 사람이 쌍날형태의 따비로 밭을 갈고 있다. 그 밑을 보면 10개의 평행선이 가로로 그어져 밭고랑을 나타내 주고 있다. 밭고랑 밑에는 또 한 사람이 두 손으로 괭이를 높이 쳐들고 있다. 이 그림이

농경문 청동기

대전에서 출토되었다고만 전해지는 청동기. 당시의 농경 양상과 농경 실례를 잘 보여준다. 솟대 같은 형식의 나뭇가지에 새가 앉아 있으며, 그 옆에는 농부가 그려져 있다. 농부의 뒷머리는 가늘게 두 갈래 나누어 묶였으며, 두 손으로 잡고 있는 것은 오늘날의 따비와 같은 농기구이다. 다리 사이에는 남근이 과장되게 그려져 있고, 그 아래에는 10개의 평행선을 그려 넣어 밭고랑을 표시하였다.

정확히 벼농사를 의미한다고는 볼 수 없으나 농사짓는 모습을 사실적으로 묘사한 유물로 이것만큼 오래된 것은 없다.

인간이 최초로 사용한 농기구는 그저 막대기처럼 생긴 나무가지로 씨앗을 뿌릴 구멍을 파는 정도였을 것이다. 그러나 점차로 힘을 주는 방향과 에너지가 발휘되는 방법의 기하학적 구조들을 경험적으로 이해하면서, 나무가지를 직각으로 묶는다든지 또는 굽은 형태의 나무가지 등을 이용할 수 있었다.

따비와 같은 도구는 두 손만으로 사용하기 힘들었으므로, 따비 옆에 발판을 부착하여 작업하는 방식으로 진화하였다. 가장 원시적인 농기구의 하나인 따비, 그 중에서도 코끼리의 앞 이빨처럼 구부러진 형태는 일제시대까지 사용되었을 정도니, 농부들의 가장 오래된 친구라 해도 과언이 아니다. 청동기 문양에 그려진 따비는 오로지 목재로 만들어졌지만, 후일에는 양 날을 철제로 보강한다거나 따비 이빨의 각을 완곡한 곡선으로 꾸밈으로써 효율을 높여 왔다.

인간은 부단히 자신의 환경인 자연을 이해하고 이용하면서 살아 왔다. 그것이 기술이요, 그 기술의 지적 체계가 과학이다. 고대에 인간이 역사를 열기 시작하면서 가장 먼저 익혔던 과학기술은 농사법이었다. 먹는 것이 곧 하늘이었던 사람들에게 농사 기술이야말로 생존을 담보하는 가장 중요한 지식이었기 때문이다. 인류 역사상 원초적인 기술의 진보는 바로 이와 같은 이름 없는 농부들의 손으로 이루어졌던 것이다.

쇠를 다루는 왕자

석탈해(石脫解)

우리나라에는 고대의 괴설(怪說)이 매우 많다. 역사를 쓰는 사람이 전대의 기록이 미비하여 일컬을 만한 일이 없자 상식에 어긋난 속설을 취하여 정사(正史)에 엮어서 마치 실지로 그 일이 있었던 것처럼 하므로 내 이제 이를 모두 고증하여 괴설변증(怪說辨證)을 짓는다. (중략) 상고하건대 탈해가 해외(海外)에서 알[卵]로 떠내려 와 사람으로 화하였다면 그 국명과 사정을 어떻게 알 것이며, 알았다면 어찌하여 그 성씨를 몰랐겠는가? 집을 송사하였다는 말은 더욱 하나의 웃음거리이다. 호공(瓠公)이 당시 재상(宰相)이었는데 어떻게 송사로 그를 이길 수 있었겠는가? 수로(首露)가 일어난 것은 유리왕(儒理王) 19년인데 『삼국유사』에는, "탈해가 수로와 기술을 다툴 적에 매[鷹]도 되고 독수리[鷲]도 되며 참새[雀]도 되고 새매[鸇]도 되었다"고 하였으니 그 말이 더욱 허황하여 언급할 만하지 못하거니와, 구성한 괴설(怪說)도 모순을 드러내니 이는 곧 어린 아이들이 하는 숨바꼭질 같은 희롱에 불과하다.

—안정복 『동사강목』 「괴설변증(鵲說辨證)」—

쇠의 등장

고대인들은 자연상태의 돌이나 나무, 맨 주먹 등으로 싸워 이긴 자가 상대를 지배하였는데, 점차 돌을 갈아 날카롭게 만든 돌칼이나 돌도끼 등을 무기로 사용하였다. 그러다가 어느날 누군가 번쩍 번쩍 빛나는 청동 검이나 철제 창을 가지고 쳐들어온다면 어땠을까? 그야말로 화살과 총의 대결만큼이나 황당한 일이었을 것이다. 돌칼을

철정(왼쪽)과 철제 도구(오른쪽)

사용하는 사람들이 금속제 무기로 무장한 세력에게 대항한다는 것은 역부족이 아닐 수 없었다.

금속제 무기, 특히 철제 무기와 연장의 사용은 고대의 지배자가 될 수 있는 중요한 요소였다. 따라서 철을 녹이고 부릴 수 있는 제철 기술자들은 고려시대나 조선시대의 대장장이 대접이 아닌 왕후장상의 지위를 누렸다.

자연 상태에서 철은 적철광이나 황철광 등의 광석의 형태로 존재한다. 철은 청동보다 훨씬 단단하기 때문에 무기나 도구를 만드는 데 적합했으므로 일단 그 존재와 이용 방법이 알려지면서부터 인간에 의해 가장 많이 활용된 금속이 되었다.

철이 처음에 어떻게 인간들에게 알려졌는지는 잘 밝혀져 있지 않다. 다만 철광석이나 철성분이 들어 있는 구리, 주석, 납 등의 광물이 모닥불에 녹아내리면서 우연히 발견되었을 것이라는 주장과 함께, 다른 한편에서는 철을 녹이려면 700~1000°C 정도의 고온이 필요하므로 야외의 모닥불 정도에 광석이 녹아내려 우연히 발견되었다고 생각하는 것은 무리라는 반론 또한 만만치 않다. 그러나 고대부터 토기를 생산해 온 기술자들이 상당히 높은 온도에서 그릇을 구워냈음을 감안한다면, 철을 녹일 수 있는 고온도 쉽게 만들 수 있었을 것으로 생각된다. 고온을 얻기 위해서 사용했던 숯은 철을 생산하는 데 필요한 높은 온도와 함께 탄소의 함유량을 조절하는 중요한 역할을 하였다.

한편, 철기를 제작하는 방법으로는 단조(forging iron)와 주조(casting iron) 두 가지 기술이 사용되었다. 단조는 철을 반쯤 녹인 상태로 달구어 두드리면서 불순물을 제거하고 철을 강하게 만드는 방법으로 용광로, 풀무, 망치, 집게, 모루 등의 장비가 필요했다. 반면에 주조는 선철(銑鐵)을 녹여서 틀(거푸집)에 부어 일정한 모양의 철기를 만드는 방법인데 청동기의 제작 방법과도 유사하다.

이제 살펴보려는 신라 건국신화의 주인공 석탈해(昔脫解)[1]는 항상 숯을 가지고 다녔다고 한다. 이는 도대체 무엇을 의미하는 것일까?

쇠를 다루는 왕자

우리나라 최초의 건국 설화는 잘 알려진 바와 같이 곰과 호랑이

(1) 석탈해(?~80) : 신라의 제4대 왕으로 57년부터 80년까지 재위하였다. 이름을 토해(吐解)라고도 한다. 57년에 유리왕의 유언에 따라 왕위에 올랐으며, 59년에는 왜국과 친교를 맺고 사신을 교환했다. 64년에 백제가 와산성(蛙山城)과 구양성(狗壤城)을 공격해오자 기병 3,000명으로 격퇴한 바 있으며 그 이듬해인 65년, 국호를 계림(鷄林)으로 고쳤다. 사후 토함산신(吐含山神)으로 추앙되었다.

가 마늘과 쑥을 먹으면서 인간이 되기를 빌었다는 내용의 단군신화이다. 그러나 청동기 문명의 고조선은 철기 문화를 가진 중국의 한나라에 의하여 멸망하였고, 후일 새로운 철기 문화를 가진 주인공들이 이 땅에 등장하였다. 그들은 고구려를 비롯한 여러 고대 국가들의 건국 주체가 되었다. 삼국의 건국 세력들은 청동기보다 강한 철기를 사용하고 만들 줄 아는 사람들이었다.

우리 역사를 살찌우는 설화들 가운데는 철기 문화의 사용과 그 위력을 보여주는 이야기들이 다수 전한다. 가령 신라의 건국 설화에는 박혁거세, 김알지 그리고 석탈해의 3성(姓)이 등장하는데 그 가운데 석탈해 이야기는 한반도에 철기 문화가 도입된 이후 그 영향이 경주와 같은 경상도 일원에까지 미치고 있었던 당시의 상황을 잘 반영하고 있다.

철기 문화를 가지고 이주해 왔던 유이민들은 먼저 살고 있었던 원주민들과 상호 결합하거나 이들을 정복하였다. 그러면서 초기 국가의 형태를 형성하게 되었는데, 석탈해는 바로 철기 문명을 가진 유이민들 가운데 하나였다. 그는 철기 문명을 가진 새로운 이주 세력들이 어떻게 토착인들을 정복하고 지배해 나갔는지 보여주는 재미있는 이야기의 주인공이다.

고려시대 일연이 저술한 『삼국유사』는 우리나라 고대의 설화와 역사적 사실들을 풍부하게 싣고 있는 역사서이자 이야기책이다. 그 중에 바로 탈해왕의 전설도 수록되어 있다. 고대에 가장 빠른 이동 수단이었던 배를 이용해 바다를 건너 육지에 정착하는 과정이 상세하게 묘사되어 있다.

남해왕 때에 가락국 바다 가운데 웬 배 한 척이 저 멀리로부터 두둥실 떠와서는 육지에 머문 일이 생겼다. 그 나라의 임금인 수로왕은 신하와 백성들과 함께 북을 울리면서 나아가 그를 맞이하고는 정중하게 머물도록 하였다. 그러나 갑자기 배는 나는 듯이 바다로 항로를 돌려 달아나 버렸고, 왕은 멍하니 그 광경을 바라보고만 있었다.

배는 다시 바다를 떠다니다가 계림 동쪽 하서지촌 아진포라는 곳에 닿았다. 이때 갯가에 한 노파가 있어 이름을 아진의선이라 하였는데 바로 혁거세 왕의 배를 모는 뱃군의 어머니였다. 그녀는 허리를 펴서 출렁거리는 푸른 물결을 바라보다가 혼자말로 중얼거렸다. "이 바다에는 원래 바윗돌이 없는데 웬 거뭇한 바위 같은 것이 바다 한가운데 있는 것일까? 또 무슨 까닭으로 까치들이 저 섬 위에 몰려와서 우짖는고?" 그 노파는 배를 저어 가서 까치들이 노는 곳을 찾아보았다. "바위가 아니로구나." 노파는 자기가 보았던 것이 바위덩어리가 아니라 커다란 배 한척과 그 위에서 까치들이 우짖는 것임을 알고는 흠칫 놀랐다.

"배 안에 무엇이 있을까?" 노파는 용기를 내었다. 배안으로 들어가 보니 배 가운데는 궤짝이 하나 있었는데 길이가 20척이요 넓이가 13척이었다. 노파는 배를 끌어다가 어떤 나무 숲 아래 두었지만 좋은 일인지 아닌지를 잘 알 수가 없었다. "이 일이 좋은 일인지 나쁜 일인지 가르쳐 주소서"하면서 노파는 산신령과 하느님에게 빌었다. 그러자 다시 기분이 좋아졌다. 안심이 된 노파는 하늘을 향하여 다시 한 번 빌고는 궤짝을 열어보았다.

노파는 정말 놀라지 않을 수 없었다. 그 안에는 단정하고 이쁘장하게 생긴 웬 사내아이가 들어 있었던 것이다. 그리고 갖가지 보물과 노비들도 있었다. 노파는 어린아이를 7일 동안 정성스레 보살펴 주었다.

7일 후 사내아이는 "나는 본래 용성국 사람으로, 우리나라에서는 일찌기 28용왕이 있어 왕위를 계승하였소. 나의 부왕인 함달파라는 임금이 적녀국의 왕녀에게 장가를 들어 왕비를 삼았는데 오랫동안 자식이 없어서 아들 낳기를 빌었소. 그러다가 7년 후에 한 개의 커다란 알을 낳았소. 사람이 알을 낳자 부왕은 여러 신하들을 모아서 묻기를, '사람으로서 알을 낳는다는 일은 고금에 없는 일이니 아마도 좋은 일이 아닌가 보오.' 하였소. 궤짝을 만들어 나를 넣고 여러가지 보물과 노비를 배에 싣고는 바다에 띄우면서 '인연닿는 곳에 네 마음대로 가서 나라를 세우고 가문을 만들라' 하고 빌었다오. 때마침 붉은 용이 있어 배를 호위하여 여기까지 왔소"라고 말하는 것이었다.

말을 마치자 그 사내아이는 지팡이를 끌며 두 종을 데리고 토함산 위에 올라가서는 돌무덤을 만들어 7일 동안 머물렀다. 그는 성 안에 살 만한 땅을 찾아 다니다가 초생달처럼 생긴 산봉우리가 있음을 보고 지세가 오래 거처할 만한 자리라고 생각하여 내려가 알아보았다. 그곳은 호공의 집이었다. 그는 곧 꾀를 내어 남몰래 그 집 옆에 숫돌과 숯을 묻고는 이튿날 아침에 그 집 문 앞에 와서, 호공의 집은 원래 자신의 할아버지 때의 집이라면서 시비를 따져 물었다. 호공은 결판을 못 내고 마침내 관가에 고발하였다. 관리가 "무슨 증거가 있어서 이것을 너희 집이라고 하느냐?" 하니 그 아이가 대답하기를 "우리 집은 본래 대장장이인데 잠시 이웃 지방으로 나간 동안에 다른 사람이 빼앗아 여기 살았습니다. 땅을 파서 사실을 밝혀 주소서" 하였다.

그 말대로 땅을 파보니 과연 숫돌과 숯이 나왔다. 석탈해는 호공

배모양 토기

석탈해는 배를 타고 사로 지역으로 이주하였다.

의 집을 빼앗아 자기 집으로 하였다. 남해왕은 탈해가 지혜 있는 사람인 줄 알고 맏딸 공주로 아내를 삼게 하니 이가 바로 아니부인이었다.

–『삼국유사(三國遺事)』 기이(紀異) 제1편–

이 이야기는 단순히 탈해가 바다로부터 와서 호공의 집을 빼앗아 왕위에 올랐다는 데에 그치지 않는다. 그가 숫돌과 숯을 가진 대장장이라는 사실은 철기 문명을 가진 이주민을 상징하는 것으로 해석된다. 그리고 토함산에 올라가 호공의 집이 살만한 곳이었음을 살펴보았다는 대목은 군사적 요충지를 점령하려 했던 이주 세력의 입장을 잘 보여준다 할 것이다. 결국 호공이라는 기존 토착 세력은 이주 세력인 탈해에게 자신의 집과 땅을 빼앗기고 말았다. 당시 새로운 철기 제련 기술자 및 제철기술자는 강력한 힘과 무기를 가진 것이나 다름없었으므로 당연히 부족의 우두머리로 활약할 수 있었다.

석탈해의 이야기가 부족 우두머리로서의 제철기술자들을 반영하는 것이라면, 그 후 제철기술자들의 지위는 어떻게 변했을까? 아마도 고대 왕국의 우두머리 이미지는 분명 아니었던 것 같다. 이를 잘 보여주는 이야기가 『삼국사기』에 전하고 있으니 「강수전」이 바로 그것이다.

신라의 유명한 문장가였던 강수(强首)[2)]는 어느날 기술자들이 사는 마을을 지나다가 쇠를 다루는 사람의 딸을 보고는 사랑에 빠지게 되었다. 그녀와 결혼하려고 마음먹고 아버지에게 이 사실을 말씀드리자 강수의 아버지는, 미천한 자로 짝을 삼는다면 수치스러운 일이라며 만류한다는 내용이다.

『삼국사기』에 기록된 간단한 사실만으로 볼 때 제철기술자들의 신분적 지위가 후대로 가면서 낮아진 것은 확실해 보인다. 심지어 미천한 자로 표현되기조차 하였다. 물론 『삼국사기』를 저술하였던 김부식 등은 철저한 유교적 신분사회의 이념에 입각한 사고를 전개하였을 것이므로 강수의 전설에 등장하는, 쇠 다루는 기술자의 이미지를 당시 자신들의 신분사회로부터 도출했을 가능성이 높다.

(2) 강수(?~692):통일신라 때의 유학자이며 문장가. 처음 이름은 우두(牛頭)였다. 일찍이 유학에 관심을 두고 문장에 힘써 외교문서를 담당하는 관리가 되었다. 강수라는 이름은 뒷머리가 튀어나온 그의 골상에서 비롯된 것이다. 어려서 불교와 유교 가운데 무엇을 배우겠느냐고 묻자, 현실에 필요한 유교를 택하였다고 한다. 문무왕 때 당과 고구려, 백제에 보내는 외교문서 작성을 맡아 크게 활약하였는데, 삼국통일 후 공로를 인정받아 17관등 가운데 8등인 사찬(沙飡) 벼슬을 받았다. 문무왕 당시 당나라에 억류된 김인문의 석방을 요청한 「청방인문표(請放仁問表)」와 당나라 장수 설인귀에게 보낸 「답설인귀서(答薛仁貴書)」등이 유명하다.

단원 김홍도의
풍속화 중 대장간 그림

이미 고려 시대에는 향, 소, 부곡 등 수공업 관계의 천민집단이 형성되어 있었기 때문에 사농공상(士農工商)의 질서에 따라 기술자는 '천한' 이미지를 부여받았던 것이다. 따라서 이같은 고려시대의 상식을 좇은 김부식의 서술에서 신라 당시 강수가 살았던 시대 상황이 충분히 전달되지 못했을 것으로 보인다. 도리어 강수 정도의 신분과 지위 그리고 학식을 가진 사람도 야금장이의 딸을 부인으로 맞아들이려 했다는 사실, 그리고 이를 아버지와 함께 의논할 수 있었다는 점에서, 아직은 신라시대 제철기술자 집단의 신분적 지위가 고려나 조선시대의 미천한 기술자 수준은 아니었음을 보여주는 것은 아닐까 하고 뒤집어 해석해 본다.

어쨌든 고대 왕국의 지배자였던 제철기술자는 점점 시대가 흘러가면서 제왕의 지위로부터 전문적인 수공업자로 전락하였으니, 고대의 최첨단 기술이 중세 이후 누구나 아는 일반적인 기술로 변화한 데 따른 당연한 결과였다.

석탈해나 신라의 야장(冶匠)들이 어떠한 방법으로 철을 제련하였는지 확실하지는 않지만 숯을 사용한 점 등으로 미루어 보아 효과적으로 고온을 얻었음이 분명하다. 한국의 철기시대를 여는 중요한 과학기술자들의 면모를 유추해볼 수 있는 석탈해와 강수의 일화는 재미 이상의 역사적 사실로 읽혀져야 할 것이다.

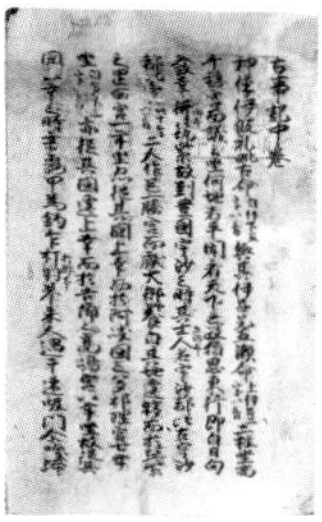

5세기의 신라 명의(名醫)

김무(金武)

고구려 장수왕(長壽王)의 사신이 와서 "우리 임금이 대왕의 아우 보해(寶海)가 지혜와 재주가 뛰어남을 듣고 서로 가깝게 사귀기를 원하여 특히 소신(小臣)을 보내어 간곡히 청한다"고 전하였다. 왕은 이 말을 듣고 매우 다행히 여겨 화친하기로 하고 아우 보해를 고구려에 보냈는데 내신 김무알(金武謁)을 보좌로 삼아 함께 보냈다. 그러나 장수왕은 이들을 억류하고 돌려보내지 않았다.

―『삼국유사』 기이(紀異) 제1편―

김제상 이야기

『삼국유사』에는 우리가 잘 알고 있는 김제상(金堤上)[1] 이야기가 실려 있다. 왜국으로 떠나간 남편을 기다리다가 망부석이 되어버린 부인의 전설은 시대를 넘어 부부애의 표상으로 전해진다.

당시 신라의 왕자 가운데 보해(혹은 복호)가 고구려에, 그리고 미해(혹은 미사흔)가 왜국에 인질로 잡혀 있었다. 김제상은 고구려에 들어가 복호를 탈출시키는 데 성공한 후, 자청하여 왜국에도 건너가 왕자 미사흔마저 무사히 귀국시켰다.

(1) 김제상 : 생몰연대 미상. 신라의 관리. 『삼국사기(三國史記)』에는 '박제상(朴堤上)'으로 나오며, 고구려 사신이 눌지왕에게 찾아온 연도도 412년으로 기록되어 있다.

망덕사지

경북 경주시 배반동 낭산의 남동쪽 기슭에 있다.

비록 왕자들의 탈출은 성공적이었지만 그 자신은 붙잡혀 숱한 고문을 당하다가 순국하였다. 체포된 김제상에게 왜왕이 자기의 신하가 될 것을 주문하자, 그는 차라리 신라의 개·돼지가 될지언정 왜국의 신하가 되고 싶지는 않으며, 차라리 신라의 형장(刑杖)을 받을지라도 왜국의 작록은 받고 싶지 않다고 답하였던 것이다.

노한 왜왕이 제상의 발바닥 가죽을 벗기고 갈대를 베어 그 위를 걸어가게 하였으며 심지어 달군 쇠판 위에 서도록 한 후 신하가 될 것을 요구하였지만 끝내 굴복하지 않으므로 목도(木島)라는 섬으로 보내 불태워 죽였다는 내용이다.

애초에 제상을 떠나보내지 않으려 했던 부인은 남편이 왜국으로 떠나자 망덕사(望德寺) 남쪽 모래 위에 이르러 드러누워 길게 울부짖었다. 친척들이 그녀를 데리고 오려 해도 움직이지 않았고 그 후에도 제상이 돌아올 것을 바라면서 세 딸과 함께 왜국을 향해 울다가 망부석이 되어버렸다는 슬픈 이야기다.

사실 김제상의 이야기 이면에는 당시 신라의 왕위계승을 둘러싼 권력 암투가 서려 있다. 실성왕(實聖王)은 즉위하면서 곧 자신과 알력 관계에 있던 내물왕계를 견제하기 위하여 내물왕의 두 아들 즉 보해와 미해를 각각 고구려와 왜국에 인질로 보내버린다.

실성왕은 자신의 정적(政敵)인 복호를 고구려에 인질로 보내면서 이를 호위할 인물로 측근 김무알을 보냈다. 『삼국유사』에는 고구려에 간 김무알이 억류된 채 신라로 돌아오지 못한 것처럼 기록되어 있지만, 후일 김무알은 고구려에 다녀온 공로를 인정받아 파진찬이라는 신라 관품 제4위에 해당하는 직위에 승진할 수 있었다. 그리고 그 후에는 일본에 외교사절을 이끌고 다녀온 덕분에 파진찬 김무라는 직함으로 일본 기록에도 남게 되었다.

왜국의 윤공제(允恭帝)와 김무

414년에 신라 의사 김무가 일본에 가서 당시 일본 천황이었던 윤공제(允恭帝 : 412-453)를 치료하였다는 이야기가 일본의 고대 역사서 『고사기(古事記)』[2)]에 실려 있다.

> 이때(윤공제 치세) 신라의 국왕이 배 81척을 만들어 보냈다. 이를

주도하던 대사(大使)는 이름이 김파진한기무(金波鎭漢紀武)라고 하였다. 이 사람은 약방(藥房)을 깊이 알았다. 그리하여 천황의 병을 치료하여 낫게 하였다.

신라의 국왕이 배 수십 척을 보내왔다는 부분은 일본이 당시 신라의 고급 선박과 여러 가지 물품들을 수입했던 사실을 왜곡하여 신라에서 마치 조공을 바친 것처럼 꾸민듯 보인다.

어쨌든 일본에 배 수십 척을 보내고 또 천황을 치료한 자가 '김파진한기무'라는 것이 중요하다. 바로 이 사람이 보해 왕자를 고구려에 모시고 갔던 파진찬 김무알이기 때문이다. 일본의 기록에는 알이라는 글자가 누락되거나 혹은 발음상 변형되어 김무라고만 적히게 된 것이다.

도대체 일본 천황 윤공제는 어떤 병을 앓고 있었길래, 신라 의사 김무를 불러다가 치료하였다는 것인가? 『일본서기(日本書記)』[3]를

(2) 『고사기』: 『일본서기』와 함께 일본에서 가장 오래된 역사서. 구전으로 내려오던 고대 일본의 신화와 전설을 비롯한 황실의 이야기를 712년에 편찬한 것이다. 신화와 전설 뿐 아니라 황실의 개창(開創)에서 스이코천황(推古天皇)에 이르는 역사가 실려 있는데, 모두 3권이다. 상권은 신들의 이야기이며, 중·하권은 황실의 역사이다. 고대 일본의 의식과 관습, 점술, 주술 등을 이해하는 데 필수적인 책이다.

(3) 『일본서기』: 일본 황실의 연대기로 720년에 완성된 편년체 사서. 속일본기(續日本紀)』, 『일본후기(日本後紀)』, 『속일본후기(續日本後紀)』, 『문덕천황실록(文德天皇實錄)』, 『삼대실록(三代實錄)』 등과 함께 일본 6국사(六國史)를 이루고 있으며, 그 중에 첫번째로 꼽히는 정사(正史)이다.

중국식으로 정비된 황실의 권위를 드러내기 위하여 순한문으로 쓰여졌으며 고대 일본의 신화시대부터 697년까지 기록하였다. 모두 30권으로 앞의 1, 2권은 신대(神代)이며, 나머지 28권은 진무천황으로부터 지토오천황까지이다. 특히 일본 학자들은 백제나 중국의 역사서들이 인용된 점을 들어 비교적 객관적인 역사책임을 주장하고 있으나, 위서(僞書)로 의심된다고 주장하는 견해도 만만치 않다.

보면, 원래 윤공제는 어려서부터 다리를 저는 병을 앓았고 그 때문에 다른 형제들에게 업신당하는 처지였음이 드러난다.

윤공제는 천황이 되기 전, 장년이 되어서도 중병에 걸려 행동이 불편하자 보위를 사양하였다. "나는 불행히도 중병에 걸려 걷지 못한다. 병을 고치려고 하였으나 오히려 차도가 없었으니 이 때문에 선왕께서는 중병인데도 도리어 몸을 마음대로 망가뜨린 것을 불효(不孝)라고 책망하셨다. 오래 살더라도 내가 왕위를 이을 수 없을 것이다. 또한 나의 형 두 분 천황께서 나를 어리석다고 업신여기는 데다가 이 사실을 여러 신하들이 모두 잘 알고 있으니 과인이 천황의 자리를 감당하지 못하겠다"고 말한 것이다. 그러나 윤공제는 두 형의 잇달은 죽음으로 인해 황제 자리에 오르게 되었고 몇 년 후인 414년 드디어 신라 의사 김무의 치료를 받고 병을 고칠 수 있었던 것이다.

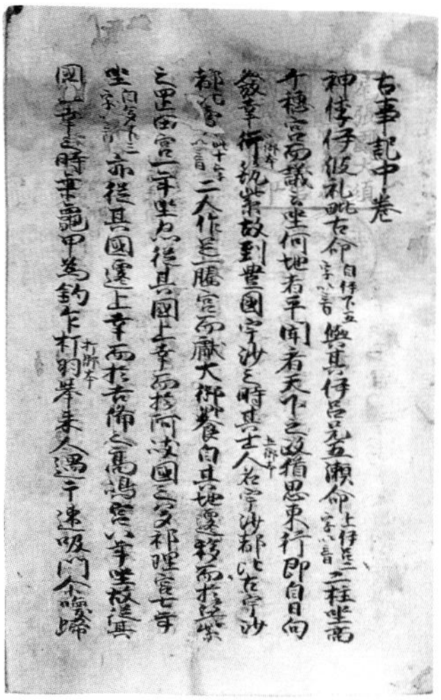
古事記中巻

일본의 역사서인 『고사기(古事記)』의 내용 일부.

> 윤공제 3년 춘정월 1일에 신라로 사자를 파견하여 좋은 의사를 구하였다. 가을 8월, 신라로부터 의사를 불러 천황의 병을 고치도록 하였다. 얼마 안 되어 병이 다 나았다. 천황이 기뻐하고 의사에게 상을 후하게 주어 귀국하도록 하였다.
>
> —『일본서기(日本書紀)』—

당시 김무가 윤공제를 치료한 처방전이 무엇인지는 전혀 알려져 있지 않다. 다만 그 편린이 일본의 의서 『대동유취방(大同類聚方)』에 전하고 있을 뿐이다.

신라의 처방전, 진명방(鎭明方)

9세기 초 편찬된 의서 『대동유취방(大同類聚方)』에 남아 전해지고 있는 신라 의사의 처방전은 이름하여 '진명(鎭明)의 처방'이다. 이를 옮겨보면 다음과 같다.

신라의 약 : 신라국 진명의 처방

윤공천황의 왕후, 소도오시노이라츠메(衣通郎女)의 인후(咽喉)에 병이 난 것을 치료하는 약이다.
대화국(大化國) 고시(高市) 가다(加多)의 신사(神社)에 전하는 것이다.
두통과 목 안의 염증으로 아파 음식을 먹을 수 없고 고열이 나면서 땀은 없으나 오한이 들어 괴로운데 대한 약.
구수가두량(九壽加豆良 : 갈근), 원미나가두량(袁美奈加豆良 : 궁궁), 아보가통량(阿保加通良 : 방기), 지파지촌내미(支波知寸乃美 : 무궁화), 만두보도(万豆保度 : 복령), 야좌나지(也左奈支 : 버들), 비이양지(比以良支 : 황금, 일명 속썩은 풀), 파자가민(波自加民 : 생강) 이상 8가지를 [결락(缺落)]

당시 윤공제의 비 의통낭녀는 인후가 부어올라 음식도 먹을 수 없는 상태였다. 이를 치료하는 방법으로 활용된 약물은 갈근, 궁궁,

방기, 목근자, 복령, 버들, 황금, 생강 등이었다. 본 처방은 대화국(大化國) 고시(高市) 가다(加多)의 신사(神社)에 전해지다가 9세기 초『대동유취방』편찬시에 수록되었던 것이다.

처방전의 약물명은 신라에서 사용하는 그대로 적혀있다. 하지만 구수가두량(九壽加豆良), 원미나가두량(袁美奈加豆良), 아보가통량(阿保加通良), 지파지촌내미(支波知寸乃美), 만두보도(万豆保度), 야좌나지(也左奈支), 비이양지(比以良支), 파자가민(波自加民) 등은 도대체 무슨 약물인지 알 수가 없다. 아마도 신라 고어(古語)에 대한 연구를 통해 더욱 자세하게 밝혀질 터이지만 고대 일본 의학사 전문가는 앞서 정리한 대로 그것들을 갈근, 궁궁, 방기, 무궁화, 복령, 버들, 황금, 생강으로 밝혀놓았다. 한마디로 여러 가지 약재를 활용하는 복합처방이다.

5세기 당시 신라의 의학은 중국의 수준에 결코 뒤떨어지지 않았다. 그저 한 두가지의 약물을 처방하는 단방(單方)수준에 머무는 것이 아니라 다양한 약재를 법제(法製)하여 사용하고 있었던 것이다. 특히 약물명을 신라 고어 그대로 적었다는 점에서 일본에서 사용되었던 약재 중 상당수가 신라의 약재였을 가능성이 높다. 따라서 신라 의학의 일본 수출은 곧 신라 약물의 무역과도 직결되는 것이었다. 일본은 신라 약물에 적합한 그 무엇을 찾기보다는 약재와 의사를 모두 신라로부터 수입하여 천황을 치료하였던 것이다. 그리고 한동안 이러한 약물은 신라의 그것을 수입하여 활용하였을 가능성이 높아 보인다. 분명히 김무로 대표되는 5세기 신라의 의학은 중국 의학과 함께 일본 고대의학을 살찌우는 중요한 자양분이었던 것이다.

승의(僧醫)

충담사(忠談師)와 기파랑(耆婆郞)

선덕왕 덕만이 병환을 얻어 오래도록 낫지 않았다. 흥륜사의 중 법양이 임금에게 불려가서 병을 치료하였으나 오래도록 효과가 없었다. 이 때 밀본법사는 덕행(德行)으로 나라에 명성이 알려져 있었으므로 좌우의 신하들이 법양을 밀본과 바꾸어 보자고 건의하였다. 왕이 그를 왕궁 안으로 불러들여 맞이하니 밀본은 왕의 곁에서 『약사경(藥師經)』을 읽었다. 불경을 다 읽자마자 그의 여섯 개 고리가 달린 지팡이가 왕의 침실 안으로 날아갔다. 그리고는 늙은 여우 한 마리와 중 법양을 찔러 뜰아래에 거꾸로 내던지니 왕의 병환이 곧 나았다. 이 때 밀본의 이마 위에 5색의 신비스러운 빛이 발하여 보는 사람들이 모두 놀랐다.

—『삼국유사』 신주(神呪) 편—

인도 고대의 명의, 지바카

고대 인도로 역사의 무대를 옮겨가 석가모니시대의 명의(名醫) 지바카의 활동을 살펴보도록 하자.

기원전 5세기경에 살았던 지바카는 마가다국의 빔비사라(Bimbisara)왕의 아들 무외(無畏)왕자와 창녀 바라발제 사이에서 태어났다. 고대 인도에서는 아버지가 어찌되었건 천한 여인의 몸에서 태어난 아이는 버리는 것이 습속이었다. 때문에 지바카 역시 태어난 지 얼마 안 되어 길가에 버려지게 되었다. 아버지 무외왕자는 이를 불쌍히 여겨 아이를 거두어다가 궁중에서 길렀다.

지바카라는 말은 주웠을 때 목숨이 붙어 있었다고 해서 '목숨'이라는 의미로 붙인 이름이었다. 특이하게도 아이는 태어날 때부터 침이나 약을 넣는 주머니인 침약낭(鍼藥囊)을 손에 들고 있었을 만큼 의학과 연관이 깊었다. 그가 자라 어느덧 열다섯 살의 청소년이 되자 아버지 무외 왕자는 지바카를 불러 무언가를 배우도록 주문하였다. 이에 지바카는 의학을 공부하겠노라고 대답하고는 곧바로 이웃 득차시라국으로 떠났다.

거기에는 핑갈라(Pingala)라는 유명한 의사가 있었는데, 지바카는 그를 스승으로 모시고 7년 동안 의술을 익혔다. 하루는 스승 핑갈라에게 의술을 더욱 연마하고 싶다면서 그 방법을 물어보았다. 그러자 핑갈라는 바구니와 약초 캐는 도구를 주며 "득차시라의 전국을 두루 다니면서 약이 되지 못할 풀들만 캐어 오너라"고 분부하였다.

스승의 명을 받은 지바카는 온 땅을 두루 돌아 다녔으나 모두 약이 되는 풀뿐이고, 약이 되지 않는 풀은 하나도 없었다. 어떤 풀이든 뿌리나, 열매, 잎 중에 한 부분은 약이 되었으므로 하는 수 없이 빈 바구니를 들고 스승에게 되돌아왔다. 머리를 숙인 채 스승에게 그동안의 사정을 사실대로 고하자, 핑갈라는 지바카를 크게 칭찬하였다. "이제야 네가 참된 의사가 되었구나. 이제 나한테 배울 것이 없도다. 모두들 내게 인도의 최고 의사라고 부르는데 나의 뒤를 이을 사람이 너로구나"하면서 기뻐하였다. 이 세상 모든 사소한 것들의 가치도 알아 볼 수 있으니 진정한 의사가 아니겠는가.

지바카는 스승 핑갈라에게 깊은 감사의 인사를 올리고 고향으로 돌아왔다. 이후 그의 의학 활동은 불경(佛經)에 자세하게 전한다.

12년에 걸친 만성두통을 코를 씻어 치료하였다든가, 빔바사라 왕의 치질을 수술한다거나, 왕사성에서 두개골 절개 수술을 집도하고 구섬미국 왕자의 복부절개 수술을 하는 등 이루 헤아릴 수 없을 정도였다. 특히 그는 소아과 의사로도 유명하였는데, 사실 그의 이름 지바카 코마아라뷰르타(J. Komarabhrtya)는 '소아를 돌보는 자'라는 의미가 있기도 했다.

무엇보다도 지바카의 명성은 불교에 귀의하여 부처님의 풍병(風病)과 아나율의 귓병 등을 고쳐 준 후에 더욱 높아지게 되었다. 심지어 그를 의왕(醫王)이라고까지 칭송하였으니 후세에 전하는 아사세왕 이야기는 인술(仁術)로 만개한 그의 인품을 잘 보여준다.

인도 고대에 아사세라고 하는 왕이 왕사성을 다스리고 있었다. 그는 성질이 모질고 살육을 좋아하며 탐욕이 가득하여 눈앞의 일만 생각할 뿐 앞날을 보지 못하였다. 또한 나쁜 사람들과 친하고 현세의 향락에 빠져 욕심이 극에 달해 부왕도 몰라보고 살해하였다. 부왕을 살해한 다음 아사세는 크게 후회하였지만 몸에는 종창이 생기고 더러운 냄새를 지울 수 없었다. 몸과 마음의 고통을 느끼며 지옥(地獄)에 갈 날이 멀지 않았다고 생각하였다. 왕은 자기를 걱정하며 치료해 주는 어머니를 보고 이 병은 사람의 힘으로 다스릴 수 없다고 낙담하였다.

그러던 어느날 지바카라는 큰 의원이 찾아와서 몸과 마음의 병을 고칠 수 있는 길을 가르쳐 주었다. 지바카는 아무 허물도 없는 부왕을 살해한 죄가 너무 커 의약이나 주문으로는 구원받을 수 없을 것이라는 아사세의 왕의 말을 듣고는, 비록 죄를 지었지만 깊이 뉘우치며 부끄러운 생각을 한다면 죄를 용서받을 수 있다고 말해주었다. 이후 아세사왕은 부처에 귀의하였다. —『팔만대장경』「대반열반경」—

신라 명의, 기파랑

환자의 두개골을 절단한다거나 복부를 절개하는 수술을 집도한 지바카의 외과 기술은 매우 뛰어난 것으로 고대 인도 의학이 도달하였던 외과학의 성과를 기반으로 하고 있었다. 실제로 아유르베다(Ayur-Veda)에는『차라카(Charka)본집(本集)』이라는 내과의서와 함께『슈슈르타(Susruta)본집(本集)』이라는 외과서가 전할 만큼 인도는 전통적으로 외과의술이 매우 뛰어났다.

현대의 의학자들도 이른바 개복술(開腹術)을 통해 몸 안의 '이물질'을 제거하는 수술기법의 발달을 인도 의학의 가장 위대한 발견으로 평가할 정도이다. 이러한 수준 높은 인도의 고대 의학은 바다나 육로를 통하여 동북아시아로 전해졌다.

놀랍게도 우리는 인도의 명의 지바카를 신라의 역사에서 발견하게 된다.『삼국유사』의 기이(紀異) 제2편에는 지바카의 흔적을 엿볼 수 있는 흥미로운 이야기가 하나 전한다. 충담사라는 승려와 경덕왕(景德王)이 만나는 대목이다.

3월 3일 경덕왕은 귀정문 문루 위에 나와 앉아서 주위를 둘러보며 "누가 길에 나가 훌륭하게 차린 중 한 명을 데려 올 수 없을까?" 하고 물었다. 이 때 마침 풍신이 좋은 중 한명이 걸어오는 것을 신하들이 보고 데려왔다.

왕은, "내가 말한 훌륭하게 차린 중이란 저런 중이 아니다"라고 하였다. 또 다시 웬 중 한명이 누비옷에 벚나무로 만든 삼태기를 지고 남쪽으로부터 오고 있었다. 왕이 그를 보고 반가이 맞아 들였다. 왕이 그 삼태기 안을 들여다보니 차를 끓이는 도구가 들어 있을 뿐이었다.

왕이 "당신은 도대체 누구인가?"하고 물으니 중은 "충담(忠談)[1] 이올시다"라고 답하였다.

왕이 "어디에서 오는 길인가?"하니 "소승은 3월 3일과 9월 9일이면 남산 삼화령에 있는 미륵 세존님께 차를 달여 올립니다. 지금도 차를 올리고 막 돌아 오는 길입니다"하고 답하였다.

왕이 "나도 차 한 잔을 얻어먹을 인연이 있는가?" 했더니 중은 곧 차를 달여 바치는데 차맛이 희한하고 찻잔 속에서 이상한 향기가 코를 찌를 듯하였다. 왕이 "내가 일찍이 들으니 그대의 기파랑을 찬미하는 노래가 그 뜻이 매우 고상하다고 하는데 과연 그러한가?" 묻자, 그는 "그렇습니다"하고 답하였다. (중략)

열치매 나타난 달이,
흰 구름 좇아 떠남이 아니냐, 새파란 내에
기랑의 모습이 있어라, 이로 냇가 조약에서
낭이 지니시던 마음의 끝을 좇고자.

(1) 충담: 생몰연대 미상. 신라 경덕왕 때의 승려. 765년(경덕왕 24년) 3월 3일 왕의 부름을 받고 귀정문(歸正門) 누각에 올라가 3월 3일과 9월 9일에 남산 삼화령(三花嶺)의 미륵세존(彌勒世尊)에게 드리던 차를 끓여 왕에게 바치고, 왕이 백성을 위한 노래를 지어줄 것을 요청하자 곧 「안민가(安民歌)」를 지어 바쳤다. 왕사(王師)로 삼으려 했으나 굳이 사양했다. 그가 지은 「찬기파랑가(讚耆婆郎歌)」, 「안민가」 등이 『삼국유사 (三國遺事)』에 전한다.

아아, 잣가지 높아 서리 못 누울 화판(花判)이여.

—찬기파랑가(讚耆婆郞歌)—

잘 알려진 바와 같이 위의 「찬기파랑가」는 충담사가 기파랑을 찬양하는 노래이다. 노래 속의 주인공 기파랑은 과연 누구인가? 그동안 그에 대해서는 화랑의 한 명으로 간주되었을 뿐이었다. 그러나 사실은 기파랑이 인도 외과 의사였던 지바카(Jivaka)를 음차 표기한 '기파(耆婆)'라는 사실은 제대로 알려지지 않았다.

과연 신라의 기파랑이 인도의 지바카와 같은 의사였을까? 물론 이 질문에 대한 정확한 답을 내릴 수는 없다. 그러나 인도의 명의 기파랑과 동일한 이름을 사용하였던 신라의 기파랑도 의학과 무관한 인물은 아니었다.

고대 이후 무당이 담당하던 의술은 불교가 도입되면서 승려들이 대신하게 되었다. 신라도 마찬가지여서 불교를 받아들인 이후 전통적으로 무당의사라고 할 수 있는 부류들을 대신하여, 인도 의학의 영향을 받은 승의들이 의술을 담당하였는데, 이들은 고래의 전통과 고구려 등으로부터 수입된 중국 의학, 그리고 인도의 불교 의학을 모두 받아들이고 있었다.

한편, 신라 역사상 독특한 의의를 지닌 화랑도는 진골귀족들 가운데 선출된 화랑 한명과 승려 약간 명 그리고 수백 명의 낭도로 구성되어 있었다. 이들은 단체생활을 하면서 도의(道義)를 닦고 무술을 연마했다. 흥미로운 사실은 화랑의 구성원 가운데 승려 낭도가 속해 있다는 점이다. 이들 승려들은 화랑을 보좌하고 지도하면서 특히 사머니즘의 종교적 비밀 단체의 성격을 띤 청소년 조직을 한 단계 고양하여 불교의 보편적인 정신세계와 고대국가의 왕에 대한 충성심을 함양시키는 정신적 수련을 담당하였다.

이들은 굳이 최치원(崔致遠)[2]의 말을 빌지 않아도, 유교·불교·도교의 삼교(三敎)를 넘나드는 당대 최고의 지식인들이었으므로 의학 지식 역시 가장 잘 체득하고 있었던 사람들이다. 바로 이들 승려 낭도가 법사(法師)들이었으니, 기파랑이 그러하였고 후대의 충담사나 밀본법사도 마찬가지였다.

법사(法師)들의 의술

오늘날 우리는 신라의 의학서적을 가지고 있지 못하기 때문에 당시의 의학수준을 정확히 파악할 방법이 별로 없다. 그러나 일본의 한 의학자가 984년에 펴낸 『의심방(醫心方)』이라는 의서를 보면 이야기가 달라진다.

『의심방』에는 한국과 중국 등 동북 아시아의 여러 가지 의술이 소개되어 있는데, 이 가운데 '신라법사방(新羅法師方)'이라는 몇 개의

(2) 최치원(857~?):신라 하대의 학자이며 문장가. 본관은 경주(慶州)이고 자는 고운(孤雲) 또는 해운(海雲)이며, 그 아버지의 이름은 견일(肩逸)이다. 신라 말 새로 성장한 6두품 출신의 지식인 중 가장 대표적인 인물이다. 그는 868년(경문왕 8년)에 12세의 어린 나이로 당나라에 유학을 떠나, 7년만인 874년 18세의 나이로 예부시랑(禮部侍郎) 배찬(裵瓚)이 주관한 빈공과(賓貢科)에 합격하였다. 876년(헌강왕 2년) 당나라의 선주(宣州) 표수현위(漂水縣尉)가 되었으며, 879년 황소(黃巢)의 반란시 이를 토벌하는「토황소격(討黃巢檄)」을 지어 문명을 떨쳤다.

885년 귀국할 때까지 17년 동안 당나라에 머물면서 수많은 지식인들과 교유하였고, 29세 때에 귀국한 후 여러 직책을 전전하였으나 그 뜻을 제대로 펴지 못하였다. 894년에는 시무책(時務策) 10여조를 진성여왕에게 올려서 문란한 정치를 바로잡으려고 노력하기도 했다. 저술로 『계원필경』 20권이 가장 대표적이며, 이밖에 『동문선』에 시문 약간이 전한다.

처방이 눈에 띈다. 신라 의학의 관련자료로서는 거의 유일한 법사들의 처방을 살펴보면, 고유한 신라의 처방과 도교 의학 그리고 인도의 불교 의학이 모두 섞여 있는 승려 낭도의 의술을 알 수 있다.

먼저 신라 법사들은 주문을 훌륭한 처방으로 활용하였다. 약을 먹으면서 잘 낫게 해달라고 외우는 주문들인데, 이는 고대 인도의 신비스러운 의학의 영향을 받은 것이 분명하다. 병을 치료하는 데 부적과 주문을 존중하는 불교의 법설이 신라 의학에 도입되어 병을 야기한 악귀를 쫓아내는 데 활용된 것이다.

> 나무동광 약사유리광불 약왕약상 보살 기파 의왕(南無東方 藥師琉璃光佛 藥王藥上 菩薩 耆婆 醫王) … —『의심방』「신라법사방」—

한편, 또 다른 치료법으로는 속수자(續隨子)라는 신라 고유의 식물을 약재로 사용한 처방이 보인다. 속수자가 정확하게 어떤 식물을 가리키는지는 불분명하나 한 가지 약물로 하나의 질병을 치료하려고 했던 고대 이래의 단방(單方) 전통을 보여주고 있다. 마지막으로 도교의 영향을 받은 방중술(房中術)의 모습도 살펴볼 수가 있다.

통일신라 이후 귀족 중심의 불교는 점차 대중으로 전파되었다. 법사들의 활동도 초기에는 귀족들의 치료와 질병 구제에 제한되어 있었지만 점차로 대중 포교와 함께 민중들의 전염병 치료와 구제로 확대되었을 것이다. 기파랑 역시도 당시 신라 대중들에게 의술로 명성을 날리던 인물이었음이 분명하다. 그가 법명으로 인도의 명의 기파랑의 이름을 그대로 사용했던 만큼 그의 의술 역시 뛰어났을 것이며, 대중들의 기억 속에 찬양될 만한 이름으로 남게 되었던 것이다.

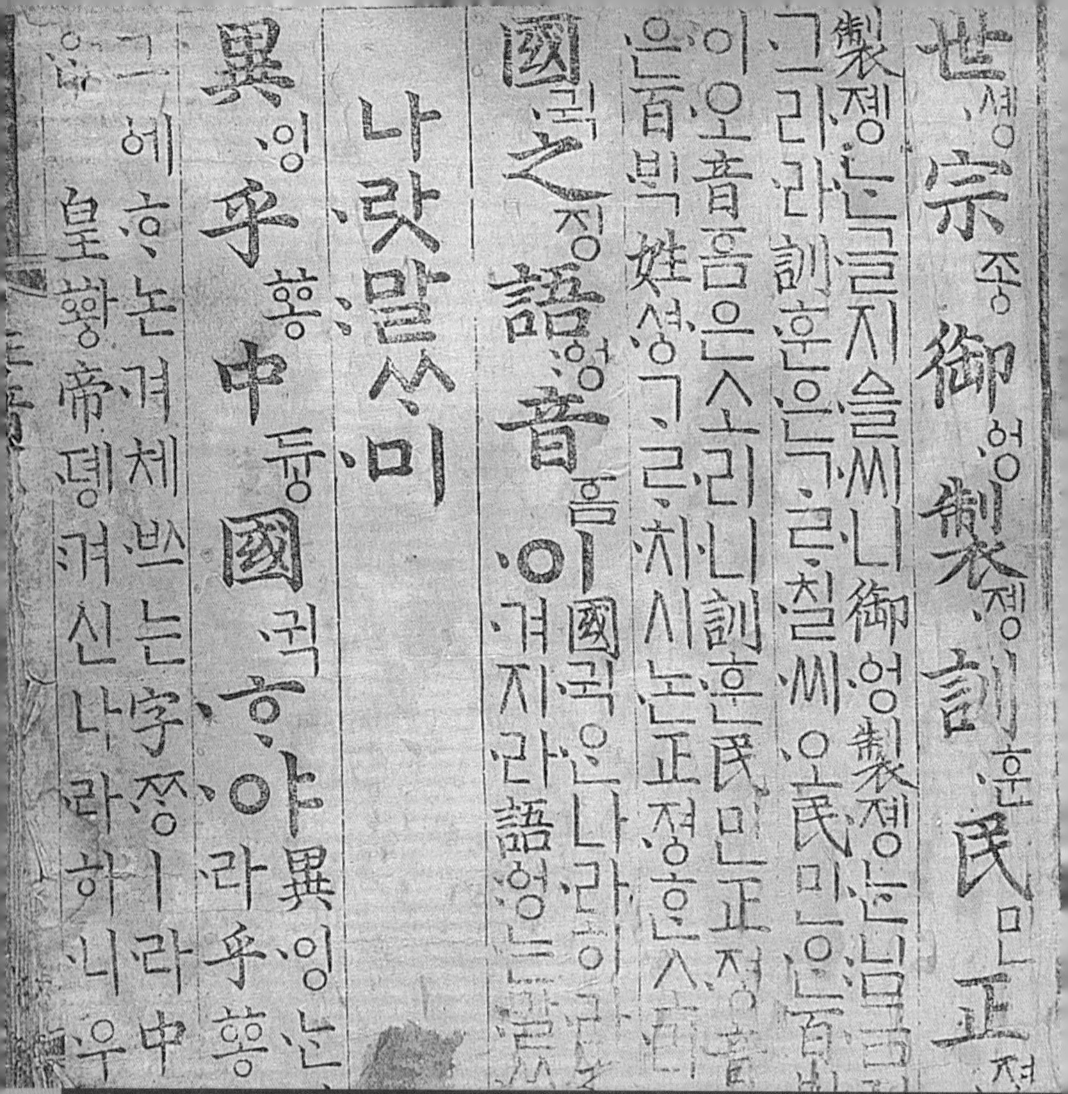

제2장 중세, 자연을 극복하려는 인간

땅도 살아 있다, 풍수지리가 — 김위제(金謂磾)

아이구 추워라! 솜옷 생각나는구나 — 문익점(文益漸)

조선왕조 최대의 과학 프로젝트 매니저 — 세종(世宗)

연작농법(連作農法)의 정착, 『농사직설(農事直說)』 — 정초(鄭招)

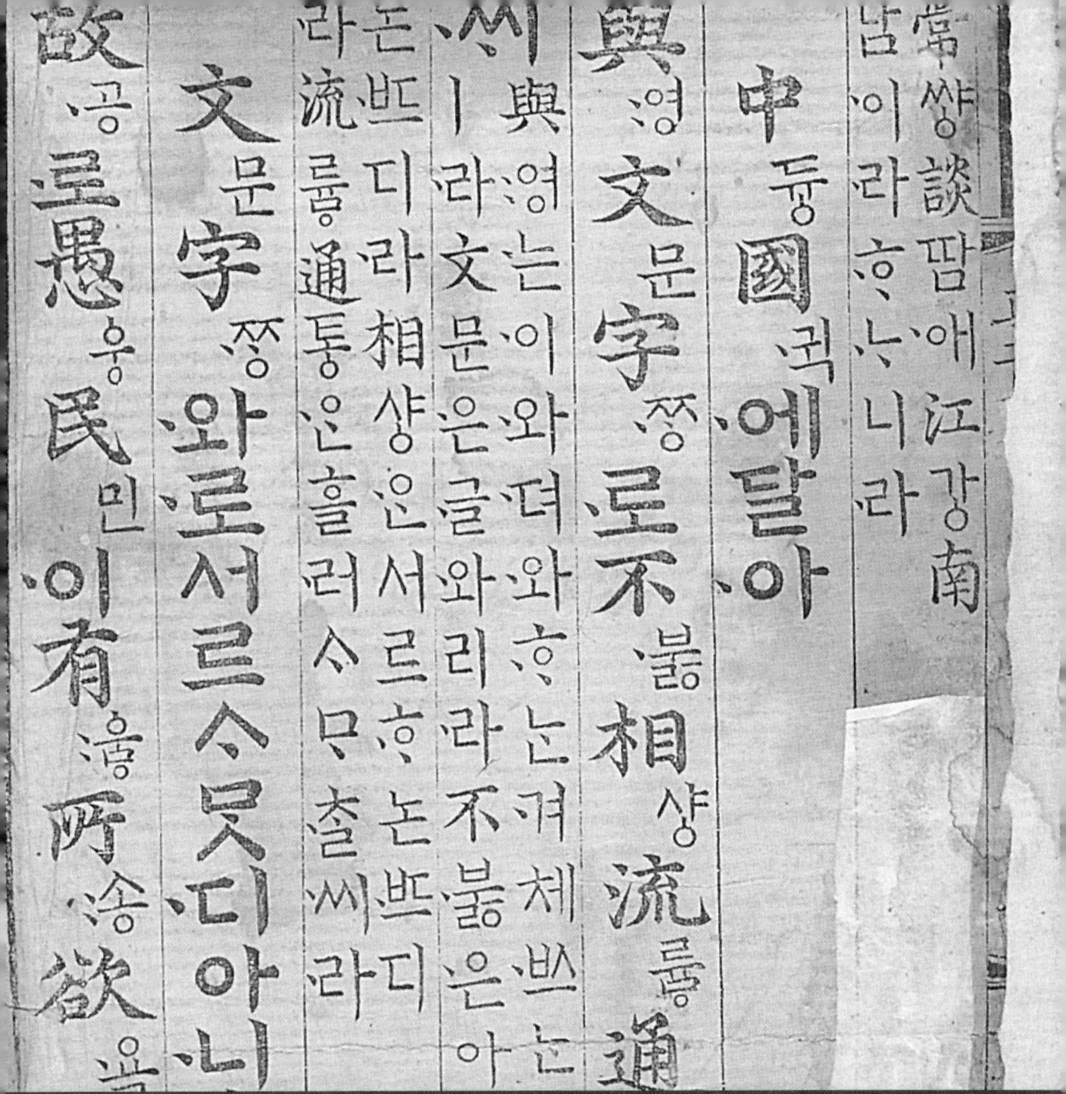

고대이후 인간은 자연에 대해 어찌할 수 없는 경외심을 품고 있었다. 그러나 동시에 자신들의 의지를 자연에 실험하기 시작했다. 중세에는 '풍수(風水)' 라는 고대의 지리적 개념이 여전히 지속되는가 하면, 추위를 견뎌내기 위한 목면 솜의 재배라든지 농업생산력의 제고를 가능케 한 연작 상경 농업을 추구하는 등 인간의 의지를 드러내려던 시기였다. 자연을 극복하고 제어하려는 인간의 의지는 이른바 과학기술의 정신에 다름 아니었으니, 국가사업으로 진행된 세종 대의 천문 관측 프로젝트는 당대 과학기술의 백미였다.

땅도 살아 있다, 풍수지리가

김위제(金謂磾)

聖神이 니ᅀᆞ샤도 敬天勤民ᄒᆞ샤ᅀᅡ 더욱 구드시리이다.
님금하 아ᄅᆞ쇼셔 洛水예 山行 가이셔 하나빌 미드니잇가.

—『용비어천가(龍飛御天歌)』 제125장—

땅도 살아 있다

지리학은 오늘날 인문·사회과학 가운데 과학기술의 응용이 가장 활발한 학문 가운데 하나이다. 인공위성을 이용한 지리 정보의 수집이라든지 컴퓨터 시뮬레이션을 이용하여 다양한 정보를 하나의 화면에 집약시키는 방법 등은 지리학의 발달이 어디까지 갈 것인가조차 가늠하기 어렵게 하고 있다. 이와같은 현대의 최첨단 지리학도 그 시원을 살펴보면, 인간이 자신을 둘러싸고 있는 땅과 바다, 산을 인식하고 대상화하려는 단순한 지적 호기심에서 출발하였다.

옛날부터 인간은 자신의 주위를 어떻게 이해할 것인지 고민하였다. 나름대로 환경을 대상화하고 체계적으로 인식하였는데, 먼저 머리를 들어 하늘이 보이자 천문 현상에 관심을 기울였으며, 다시 머리를 굽혀 대지(大地)를 바라보면서 땅의 이치를 밝히려고 했던 것

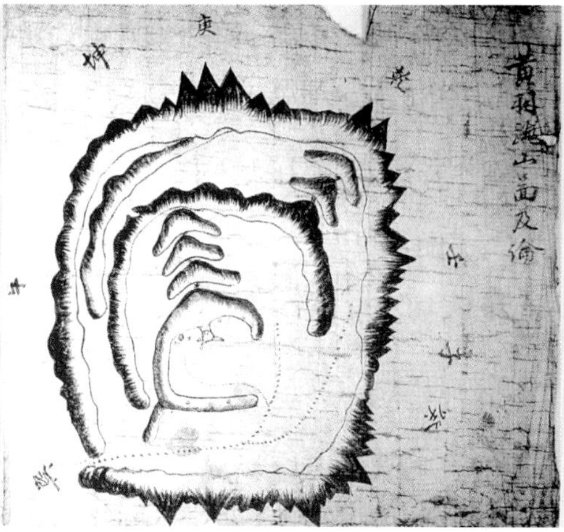

명당도(明堂圖)

좋은 묏자리나 집터를 형상화한 명당도. 좌청룡(左青龍)·우백호(右白虎)가 묘 터를 감싸고 있다.

이다. 그리고 하늘과 땅 사이의 인간 세상을 탐구하였으니 천지인(天地人) 세 가지야말로 인간을 둘러싸고 있는 가장 중요한 환경 요소였던 것이다.

고대적 사고의 가장 큰 특징은 모든 것을 살아 있는 유기체로 파악하는 방식이었다. "땅이 살아 있다"니 도대체 무슨 말인가? 이것을 일반적으로는 물활론(物活論)적 사고라 하며 지리학에 적용될 경우 유기체적 지리관의 모습으로 나타난다. 유기체적 자연관에 의하면, 하늘은 하느님이 계시는 장소이자 동시에 인간 세상을 굽어보면서 잘한 일을 칭찬하고 못된 무리를 벌하는 법의 근원으로 생각되었다. 이러한 생각은 다시 '살아 있는 땅'의 개념으로도 나타났다. 살기 좋은 땅, 죽어 있는 땅, 움직이는 땅, 기(氣)가 충만한 땅, 지세가 쇠한 땅 등의 표현들이 모두 이를 보여주는 징표들이다.

유기체적 지리관에 입각해서 땅에 대해 깊이 연구한 사람들을 일

풍수지리가

기산 풍속도 중 일부.

컬어 풍수지리가(風水地理家)라고 부른다. 물론 오늘날에도 묘지를 택하거나 집터를 잡을 때 풍수지리가들을 대동하여 자리를 잡는 경우가 있다. 그러나 풍수지리라고 하면 집터나 묘지를 잡아주는 사술(詐術) 혹은 미신으로 치부해 버리는 요즘에야 단순한 흥밋거리 그 이상도 이하도 아닌 경우가 많다. 그러나 고대에는 이와 달랐다. 땅과 대화하고 땅의 기운을 잘 살피면서 이치를 잘 이용해야 했기 때문이다.

풍수지리가 김위제

우리나라 역사상 언제부터 풍수지리가들이 활동했는지는 분명치 않다. 그러나 유사(有史)이래 정교하게 체계화되지는 않았지만 원시적인 풍수지리 사상이 움터 있었을 것이다. 그러던 것이 신라말 도선(道詵)[1]이라는 최고의 풍수지리 대가(大家)의 이름아래 본격적으로 발흥한 것으로 여겨진다.

도선은 당시 중국에서 첨단 풍수지리학을 공부하여 신라 말 혼란한 시기를 틈타 풍수사상을 널리 퍼뜨렸다. 그는 몸의 기운이 약한 부위에 뜸이나 침을 놓아 기운을 북돋아 주듯이 땅의 기운이 약한 곳에 탑을 세워 그 기운을 보충해야 한다고 주장했다. 그야말로 땅을 살아 있는 인간의 몸과 동일하게 본 것이다.

도선은 풍수지리에 관한 비밀스러운 책을 하나 저술하였다. 이른바 『도선비기(道詵秘記)』인데, 후일 이 책은 수많은 풍수지리사들의 교과서가 되었다. 고려시대 남경(지금의 서울)으로 천도할 것을

(1) 도선(827~898) : 신라말의 승려이며 풍수지리설의 대가이다. 속성은 김씨이며, 841년(문성왕 3년) 15세 때 월유산(月遊山) 화엄사에서 승려가 되었다. 846년 화엄종의 관념적, 현학적 성격의 한계를 인식하고 선종(禪宗)으로 개종한 후 곡성 동리산(桐裏山) 태안사(太安寺)의 혜철(惠哲) 문하에서 선(禪)을 수업했다. 23세 때 천도사(穿道寺)에서 구족계(具足戒)를 받고 운봉산, 태백산 등 각처를 돌아다니면서 수도하다가 37세에 광양 백계산(白鷄山) 옥룡사에 자리 잡았다. 898년(효공왕 2) 72세의 나이로 죽자 효공왕이 요공선사(了空禪師)라는 시호를 내렸고, 제자들이 징성혜등(澄聖慧燈)이라는 탑을 세워 그의 공덕을 기념했다.

도선이 풍수지리설의 대가로 알려지게 된 것은 고려 태조 왕건(王建)이 그의 풍수지리설을 신봉했기 때문인데, 왕건은 '도선이 정한 곳 이외에 함부로 사원을 짓지 말 것', '서경에 깊은 관심을 가질 것', '차령 이남은 등용하지 말 것' 등을 후왕들에게 당부하였다.

(2) 김위제 : 생몰연대 미상. 고려 중기의 풍수지리가로서 1097년(숙종2년) 위위승동정(衛尉丞同正)이 되었으며, 도선(道詵)의 지리도참설을 신봉하였다. 1097년에 도선의 도참설과 비기(秘記)로 알려져 있던 「삼각산명당기(三角山明堂記)」 등을 거론하며 남경(南京, 오늘날의 서울)으로의 천도를 주장했다. 1099년 9월에 왕이 직접 한양(漢陽)의 지세를 둘러보고 평장사(平章事) 최사추(崔思諏)와 지주사(知奏事) 윤관(尹瓘) 등에게 궁궐을 짓도록 한 뒤 1101년에 남경에 개창도감(開創都監)을 두기도 했다.

도선(道詵)의 초상화.

주장한 김위제(金謂磾)[2] 역시 『도선비기』의 영향을 많이 받았다.

김위제는 고려 숙종대 사람으로 태어난 해와 사망한 해는 알려져 있지 않다. 숙종 원년인 1096년 위위승동정(衛尉丞同正)이 되었으니, 위위시(衛尉寺)는 고려시대 의장(儀仗)에 쓰이는 예기(禮器)·병기(兵器) 등을 관장하던 관청이었다. 당시 김위제는 도선의 비기(秘記)를 배워 풍수지리에 능한 인물로 알려져 있었는데 하루는 수도를 옮길 것을 상소하였다.

서울, 서울, 서울

제가 『도선비기』를 읽어보니 "고려의 땅에 삼경(三京)이 있는데 송악은 중경(中京), 목멱(木覓)은 남경, 평양은 서경이 되니, 11월부터 4개월은 중경에 머무르고 3월부터 4개월은 남경에 머무르며, 7월부터 4개월은 서경에 머무르면 36국이 조공을 바칠 것이다"라고 기록되어 있었습니다.

또한 개국 후 160여년이면 목멱〔남경, 곧 지금의 서울〕에 도읍을 정한다고 하였으니 신의 생각으로는 지금이야말로 새 서울로 옮겨야 할 때라고 생각합니다. 또한 신이 도선의 「답산가(踏山歌)」를 보니, "송악이 떨어진 뒤에 어느 곳으로 향할 것인가. 삼동(三冬)에는 해

뜨는 평양이 있도다. 후대의 현명한 사람이 큰 우물(大井)을 만드니 한강의 고기와 용이 사해에 통하도다"라고 하였습니다.

삼동에 해가 뜬다는 것은 중동절[한 겨울을 말함]에 해가 동남쪽에 뜬다는 것인데, 목멱산은 송경의 동남쪽에 있기 때문에 그렇게 말한 것입니다. 엎드려 바라건대 삼각산 남쪽, 목멱산 북쪽의 편편한 땅에 도성을 건립하여 수시로 옮겨 거처하소서. 이는 실로 사직의 흥망성쇠와 관련되는 것이므로 신은 감히 거리낌 없이 삼가 적어서 올립니다.

-『고려사(高麗史)』「열전」, 김위제-

서울로 수도를 옮기자는 김위제의 주장에 대해 사람들이 이유를 물었다. 그는 한 번 더 도선의 비결을 인용하였다.

도선께서는 고려의 땅에 수도가 될 만한 땅이 3곳이 있다 하셨으니 개경은 곧 중경(中京)이요, 서울은 곧 남경(南京)이며, 마지막으로 평양인 서경(西京)이다. 그런데 이를 저울에 비유하자면 평양이 저울의 접시에 해당하고, 개성은 저울대에 해당하며, 서울이 저울의 균형을 만들어주는 추에 해당한다고 하였다. 특히 서울의 사방에는 오덕(五德)을 품은 산들이 있기 때문에 가장 중요한 추가 될 수 있는 법이다.

그럼 오덕(五德)이라 함은 무엇인가? 먼저 가운데 있는 면악(面岳)이 둥글어 토덕(土德)이 되고, 북쪽에 있는 감악(紺岳)이 굽은 형세로 수덕(水德)이 되며, 남쪽에 있는 관악(冠岳)이 뾰족하여 화덕(火德)이 되고, 동쪽에 있는 양주(楊州) 남행산(南行山)이 곧은 형세로 목덕(木德)이 되고, 서쪽에 있는 수주(樹州)의 북악(北岳)이 금덕

도성도(都城圖)

7책으로 구성된 광여도(廣輿圖)에 수록된 서울 지도. 광여도는 18세기 후반에 편찬된 것으로 추정되며 전국의 군현을 내용으로 한 지도집이다. 세계지도, 중국지도, 일본지도와 관방지도(關防地圖) 및 각 군현지도가 망라되어 있다.
이 지도는 특히 도성의 풍수지리적인 위치를 설명하는 데 역점을 두고 있는 것처럼 보인다. 조산(祖山)인 북한산에서 산줄기가 백악산에 이어지고, 백악산 전면의 명당에 육조(六曹)가 자리하며 그 혈(穴)에 해당하는 곳에 경복궁이 자리잡고 있는 모습을 잘 표현하였다. 그리고 백악에서 응봉을 거쳐 낙산에 이어지는 청룡과, 인왕산을 거쳐 서대문으로 이어지는 백호를 뚜렷하게 그리고 있다.

(金德)이 되는 것이다. —『고려사』「열전」, 김위제—

이것은 토수화목금의 오행(五行)[3]이 각각 원형·곡형(曲形)·첨형·직형(直形)·방형(方形)에 해당한다는 논리로서 특히 서울은 그 중에서도 물건의 경중(輕重)에 맞추어 균형을 잡는 저울추에 해당하므로 가장 중요한 곳이 될 수밖에 없다는 주장이었다.

이처럼 김위제는 거듭 남경으로의 천도를 주장하였다. 그가 천도를 주장한 근거는 먼저 서울의 중요성은 지리적으로 볼때 국토의 중심이라는 사실이다. 국토 이용에 있어 남북으로 치우치지 않으면서 중간에 자리하고 있는 서울이 국토 관리상 가장 효율적인 장소라는 것이었다. 평양과 개성은 전 국토의 입장에서 보면 아무래도 북쪽에 치우친 느낌을 지울 수가 없었던 것이다.

그러나 이 정도의 주장으로는 천도의 근거가 미약하였다. 그는 서울의 도읍지로서 특성을 더 설명하였다. 특히 국방에 유익하다는 점은 매우 인상적이다. 서울을 둘러싸고 있는 삼각산의 산세를 볼 때, 국방의 요지로서 서울만한 곳이 없다는 주장이다.

눈을 들고 머리를 돌려 삼각산의 모양을 살펴보라. 북방을 등지고

(3) 오행 : 우주의 구성원리인 목(木), 화(火), 토(土), 금(金), 수(水) 등의 다섯 가지 요소를 말한다. 전근대의 중국이나 한국인들은 이 오행의 변화로 만물의 생성소멸을 설명하였는데, 특히 오행은 음양(陰陽)과 밀접하게 연관되어 있으므로 흔히 '음양오행'이라고 통칭한다.

음양오행의 사상은 특히 고대 중국인들의 세계관과 자연에 대한 이해에서 비롯되었다. 고대인의 생활에 필수적이었던 다섯가지 재료, 즉 물과 불을 비롯하여 나무와 쇠붙이 그리고 이 모든 것의 근원인 흙을 우주 자연의 근본적인 요소로 생각한 데서 유래한 것이다.

남쪽을 향하여 팔을 벌렸으니 거의 신선의 보금자리이로다. 음양의 꽃이 삼사 겹으로 피어 있으며, 웃통을 벗어던진 씩씩한 산들이 손에 손을 잡고 명당을 지키는구나. 앞에 알현하는 산이 다섯 겹, 여섯 겹으로 엎드려 절하고 친척 부모산들이 주위에서 우뚝하게 감싸는구나. 이외에도 안팎으로 개가 각각 세 마리〔犬山〕이니 항상 임금님을 모시는 데 여념이 없구나. 청산(靑山: 낙산)과 백산(白山: 인왕산)이 같은 높이로 솟았으니 장말 훌륭하다.(中略) 이 어찌 훌륭한 임금이 도읍을 정하여 성인을 얻을 만한 땅이 아니겠는가?

다음 교통의 편리성이다. 오늘날처럼 근대적인 도로망과 교통 시설이 없던 시절에, 사람들이 가장 많이 이용하였던 교통수단은 바다나 강을 이용한 배였다. 따라서 수상 교통에 유리한 지역일수록 큰 도시로 발전하기 마련이었는데, 서울은 한강이라는 엄청난 교통로를 가지고 있다는 주장이었다.

김위제는 서울에 도읍을 정하면, "한강의 물고기와 용들이 전 세계의 바다로 나아갈 것"이거나 또는 "온 세계의 상인들이 보배를 가지고 서울로 올 것"이라고 논하였다. 당시 개성의 강줄기인 예성강이 천혜의 통상지임은 분명하지만, 한강은 더욱 좋은 교통조건을 가졌다는 것이다.

새 왕조의 꿈

명당으로 알려진 서울로의 천도는 김위제 당대인 고려시대에는 이루어지지 못했다. 서울이야말로 원래 자신들을 맞이하기 위하여 예정되어 있었던 도읍지라고 노래한 사람들은 조선의 건국세력이었다. 이제, 조선왕조는 역사의 필연에 따라 서울에 도읍을 정하였다는 주장을 펴게 되었다. 다음은 『용비어천가』 제125장을 현대문으로 풀어놓은 것이다.

천 년 전에 미리 도읍지로 정하신 한강 북쪽 땅(한양)에, (여섯 조상님들께서) 어진 덕을 쌓아 나라를 여시어 왕조의 운수가 끝이 없나이다. (그러나) 아무리 위대한 임금님이 뒤를 이으신다 해도 하늘을 공경하고 백성을 다스리는 데 부지런히 힘써야 나라의 기틀이 더욱 굳건해질 것입니다. 후대 임금들이시여! 다음 사실을 잘 아소서. (하나라의 태강왕이) 낙수란 곳에 사냥을 가서 (드디어 폐위를 당했으니 태강왕 당신은) 할아버지만 믿었더란 말입니까?[4)]

새 도읍지에 왕조를 건설하여 수백년 동안 정치를 이어가자는 조선 왕실의 소망이 잘 드러나 있다.

고려시대에 풍수지리는 잡기(雜技)의 하나로 분류되어 큰 대접을 받지는 못했다. 그러나 아마도 그들만큼 온 국토를 발로 밟고 다니면서 실증적으로 조사하고 기록한 사람들도 없었을 것이다. 따라서 풍수학을 오늘날의 과학으로 재검토해야함은 당연하지만, 단순한 미신으로만 치부해버리기는 조금 어려울 듯하다. 왜냐하면 그들이

(4) 하나라 태강왕 고사 : 중국 하나라 태강왕이 놀음에 빠져 백성의 마음이 멀어져 가는데도 할아버지 우왕의 덕만 믿고 있었다. 마침내 낙수로 사냥을 간 지 백일이 넘도록 돌아오지 않고 홍을 즐기다가 궁나라 제후 예(羿)에 의해 폐위가 되었다는 고사이다.

주장하는 풍수 선택의 이면에는 오늘날의 지리학적 관점에서 보아도 그럴듯한 부분이 많이 있기 때문이다.

김위제는 바로 이와 같은 전통적인 풍수지리학의 모습을 잘 보여주는 인물이다. 외국의 한 유명한 과학사학자는 풍수지리를 '사이비(似而非)과학'이라고 매도하였지만, 전통시대의 지리학은 풍수적 사고에 깊은 영향을 받았음이 사실이다. 물론 시간히 흘러 점차 주위의 환경을 인식하는 방법이 발달하면서 과학적인 지리학과 지도의 제작 기술은 많은 변화와 발전을 이룩하였다. 그럼에도 '풍수'는 여전히 우리 생활의 보이지 않는 밑바닥에 잔잔하게 흐르고 있는 것이다.

아이구 추워라! 솜옷 생각나는구나

문익점(文益漸)

옛날에 대부(大夫)로서 다른 나라에 사신으로 가는 이는 조그마한 한 가지 일을 보고서 그 나라 예의(禮義)가 두터운지 얕은지를 알았고, 하찮은 한 가지 물건을 보고서 그 나라 법과 기강이 서 있는지 풀리었는지를 알았다. 이것을 가지고 그 나라의 성쇠(盛衰)를 점치고 흥패(興敗)를 결정하였으니, 이를 두고 "남의 나라를 살펴 안다"고 하는 것이다. 남의 나라를 살펴 아는 것은 밝고 민첩하며 지혜가 보통 사람보다 뛰어난 사람이 아니면 할 수 없는 일이다. (중략) 옛날 문익점(文益漸)이 목화씨를 얻어 돌아와서 심고, 씨아[攪車] · 물레[軠車]의 제도까지 아울러 얻어서 민간에 전하였으므로, 민간에서는 무명실을 뽑는 틀을 '문래(文來)'라 이름하여 그의 공을 잊지 않으니, 위대하지 않은가?

—『여유당전서』「송이참판기양사연경서(送李參判基讓使燕京序)」—

제2의 피부, 옷

옷은 제2의 피부라고 한다. 인간이 동물과 다른 점 가운데 하나가 옷을 입는다는 사실이다. 옛날 사람들은 어떤 옷을 입고 살았을까? 고대인들은 풀로 엮은 옷 또는 동물의 가죽을 적당히 다듬어서 신체를 보호하였다. 동물과는 달리 털이 없었던 인간은 문명이 시작된 이래 추운 겨울을 나려고 여러 가지 방법을 모색하였다. 추위를 극복하고 살아남는 일은 자신의 생명을 보호할 뿐 아니라 나아가 종족을 보존하는 일이었기 때문이다.

전통적으로 우리나라에서는 의복의 소재로 마(麻)를 사용하였다. 삼베옷을 가장 보편적으로 입었던 것이다. 물론 뽕나무 잎을 먹여 기른 누에에서 실을 뽑아 비단을 만들기도 하였고 여러 가지 동물들의 털가죽을 이용하여 옷으로 만들기도 하였다. 가령 함경도에서는 일제시대까지 개가죽을 이용하여 구피의(狗皮衣)라는 옷가지를 만들었다고 한다. 그러나 비단이나 짐승의 가죽은 그 값이 매우 비쌌기 때문에 일반인들이 이용하기는 어려웠다.

대부분의 사람들은 베옷을 이용할 수밖에 없었다. 베는 여름철에 시원하게 더위를 식혀주는 데는 더할 나위 없이 좋은 옷감이었으나, 추운 겨울에도 구멍이 숭숭 난 베옷을 입는다면 어떠했겠는가? 그 추위는 말로 표현하지 못할 정도였다. 사람들은 체온을 유지시켜 줄 수 있는 옷감의 재료를 찾아나서야 했고 그리하여 야생에서 자라는 풀솜을 찾아내기도 했다. 물론 야생에서 채취한 풀솜은 양과 질에 한계가 있었으므로 많은 사람들이 활용하지는 못했다. 우리 역사상 본격적으로 솜을 이용하고 그 원료가 되는 목면(木棉)이 재배되었던 것은 문익점(文益漸)이라는 이름으로부터 비롯된다.

문익점과 목화

우리나라에 처음으로 목화를 들여온 문익점은 1363년 사간원 좌정언으로 있으면서 중국에 외교 업무를 수행하러 가는 이공수를 따라 원나라에 갈 수 있었다. 외교관들은 중국이나 일본 등으로 임무 수행을 떠날 때 여러 명의 수행원이 따라가는 것이 관례였다. 문익점도 그러한 수행원의 한사람이었던 셈이다.

전부터 항상 추위에 떠는 백성들에게 어떻게 하면 따뜻한 옷을 입혀 줄 수 있을 것인가를 고민했던 문익점은 원나라 사신 행차의 기회를 살리기로 하였다. 중국에는 여러 가지 물품과 식물이 풍부하다는 이야기를 익히 들어 알고 있던 터라 좋은 기회를 그냥 흘려보낼 수 없다고 생각한 것이다. 특히 목면 때문에 중국인들이 따뜻한 겨울을 보낸다는 이야기를 다시 한번 상기하였다.

문익점은 중국에서 외교 수행 일을 하던 중 어느날인가 남쪽 지방으로 가게 되었다. 그는 남부 평야의 광활한 지역이 흰색의 눈으로 덮여 있는 것을 보았다. 겨울도 아닌데 눈을 본 문익점은 속으로 놀라면서 혹시 이것이 내가 찾던 목화는 아닌가 하고 생각했다. 마침내 가까이 가서 목화를 확인한 그는 뛰는 마음을 누를 수가 없었다. 분명 목화였던 것이다. 탐스럽게 피어 있는 목화솜을 보고 있노라니 문익점의 마음은 그저 설레이기만 했다.

문익점(1329~1398)

본관은 남평(南平), 처음에 태어났을 때의 이름은 문익첨(文益瞻)이었다고 한다. 자(字)는 일신(日新)이고 호는 삼우당(三憂堂)이었으니, 매일 새로워진다는 의미의 자호(字號)대로 후일 목화솜을 들여온 공로를 세운 것이다.

도천서원

문익점의 공을 기려 그의 사당을 두고 있다. 경남 산청군 소재.

당시 목화는 상당히 비싼 수출품이었기 때문에 원나라에서는 그 씨앗을 외국으로 내보내는 일을 엄격하게 금지하고 있었다. 물론 문익점은 어떻게 해서든지 귀국할 때 목화씨앗을 가져갈 생각이었다. 시종이었던 김룡을 시켜 밭을 지키던 노파를 회유하여 어렵게 밭으로 들어갔다. 덕분에 목화 몇 송이를 따서 그 종자를 붓대 속에 넣어 가지고 올 수 있었다.

고국으로 돌아온 문익점은 충격적인 소식을 접하게 되었다. 반란의 무리와 내통하였다는 오명(汚名)을 뒤집어 쓴 채 파직 처분되어 귀향 명령이 내렸다는 것이다.

당시 공민왕은 고려의 정치에 사사건건 개입하는 원나라로부터 독립하려고 애를 쓰던 중이었다. 원나라의 쇠퇴기를 틈타 반원정책을 추진한 것인데, 친원세력에게는 매우 불리한 정책이었다. 또한 그 무렵 원나라에서 벼슬하던 고려사람 최우가 공민왕을 몰아내고자 원나라에 와 있던 충선왕의 셋째 아들 덕흥군을 왕으로 옹립하려 했던 일도 있었다. 원나라의 군사 1만 명의 지원을 받은 최우는 요동까지 진군하였지만 1364년 1월, 고려 장군 최영 등에 의해 격퇴당하고 말았다.

이처럼 문익점이 원나라에 갔던 시점은 정치적 격동기였다. 원나라에 수행원으로 따라갔던 문익점이 덕흥군을 지지하였다는 혐의를 받게 된 것도 우연이 아니었다. 귀국과 동시에 파직된 그는 고향인 경상도로 귀양을 가게 되었다.

때는 1364년, 문익점은 몰래 가져온 목화씨 10알을 경상도 진주에 있는 자신의 장인 정천익에게 심게 하였다. 면화는 기후가 온난한 지역에서 재배될 뿐만 아니라 충분한 거름을 주어야 하는 작물이었으므로 그만큼 관리하기 어려웠다. 씨앗을 뿌려 놓는다고 그냥 자라는 것이 아니었다. 때문에 첫 해에는 겨우 한 그루의 목화 씨앗만 살아남았다. 어렵게 얻어온 씨앗을 죽일 수는 없다고 생각한 문익점은 밤낮으로 목화 재배에 힘을 쏟았다. 그의 정성 덕분인지 다음번 수확에서는 한 개의 씨앗으로부터 약 100여개의 씨앗을 얻어낼 수 있었다. 이것을 가지고 목화 재배를 시작한 문익점과 정천익은 해마다 밭 면적을 늘려갔고 그 재배 기술을 개선하였다.

1367년부터 그들은 고향 사람들에게 목화 재배를 권장할 수 있는

목화를 재배하여 베짜기까지의 과정

① 목화꽃

② 목화 봉오리

③ 봉오리가 벌어 솜이 나오는 장면

④ 씨아(攪車)로 씨를 제거하는 장면

⑤ 활로 솜타기

⑥ 실을 만들기 위해 솜을 둥글고 길다랗게 만드는 모습(솜 말기)

⑦ 물레질
(실을 잣는 과정)

⑧ 실을 고르는 작업
(실 고르기 또는 날기)

⑨ 보디(베틀의 한 부품)에 실을
꿰는 작업

⑩ 실에 풀칠하기(매기)

⑪ 북(베틀의 한 부품)에 넣어 사용하기 위해 실을 감는 장면

⑫ 베짜기

수준에 이르렀다. 이후 목화 재배 지역은 남쪽 지방으로부터 북쪽으로 서서히 번져 나갔다.

그러나 목화 재배에 성공했다고 해서 일이 끝난 것은 아니었다. 목화의 솜을 따낸 뒤에는 가장 먼저 솜 속의 씨앗을 제거하고 그 다음엔 솜을 말아서 실을 만들어야 했다. 그런데 문익점은 씨를 빼내는 일이 무척 어렵다는 사실을 알게 되었다. 그러던 중 때마침 정천익의 집에 머물던 중국 승려가 솜에서 씨앗을 분리하는 기술을 알고 있다는 말을 들었다. 행운이 찾아온 것이다. 정천익은 중국 승려에게 간곡히 그 방법을 물어 씨를 빼는 씨아와 실을 뽑는 물레 만드는 법을 배웠고 드디어 기구(씨아)를 이용하여 솜 속의 씨를 제거하고 솜을 말아 실을 잣는 물레까지도 만들게 되었다. 이제 겨울에도 춥지 않은 따뜻한 옷을 만들어 입을 수 있게 된 것이다.

목면의 장점

목면이 가진 최대의 장점은 이전의 베옷에 비해 따뜻하다는 사실이다. 추운 겨울 솜옷은 정말 보기만 해도 따뜻해 보이지 않았을까? 구멍이 숭숭 난 베옷에서 해방된 사람들의 기쁨은 대단하였을 것이다. 또한 질기다는 장점도 있다. 오랜 동안 세탁을 해도 천이 보존되었으니 이전의 베옷은 몇 번 빨기만 해도 옷 코가 헤지기 시작하였다. 마지막으로 목면 옷은 염색이 잘 되어 아름답게 꾸밀 수 있는 특성도 있다.

오늘날 우리는 화려한 색깔의 옷과 디자인을 즐기고 있지만, 예전에는 베옷에 잇꽃이나 남초 또는 여러 가지 동식물성 염료 등을 사용하여 염색을 하는게 고작이었다. 그리고 설사 옷감을 물들였다고 해도 염료가 옷감에 잘 부착되지 않아 서너 번 빨면 옷감의 물이 금방 사라지는 문제가 있었다. 사실 우리 민족이 흰색을 숭상한 측면도 어쩌면 염색의 어려움이라는, 기술적 문제 때문이 아닐까 하고 생각해 보기도 한다. 염색하기가 쉽지 않았고, 또 하고 나서도 금방 물이 빠져버렸기 때문에 자연스럽게 흰색 옷을 즐겨 입게 된 것은 아니었을까 하고 말이다.

어쨌든 솜옷은 베옷에 비하여 염료의 부착성이 뛰어나 고운 색깔을 오래도록 즐길 수 있었다. 이와 같은 목면의 장점은 상품으로서의 가치도 무척이나 컸기 때문에, 사람들은 너도 나도 목면을 재배하였고 일찍부터 일본 등지에 수출하기 시작했다.

문익점이 살았던 고려 말, 새로운 지식인들은 부패한 왕조를 개

물레질하는 모습

물레질은 원료인 솜에서 실을 뽑는 과정을 말한다.

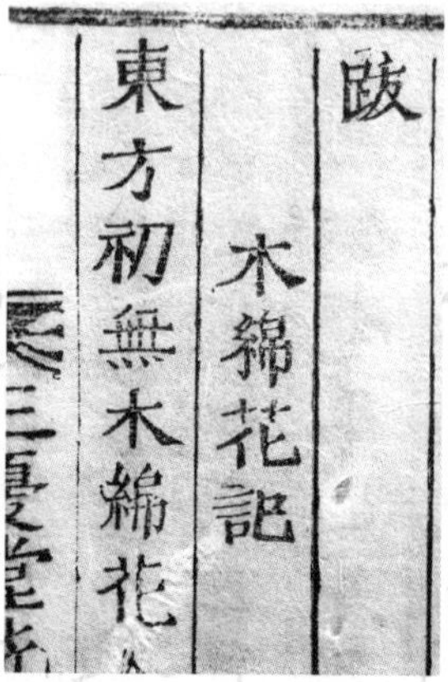
跋
木綿花記
東方初無木綿花

『삼우당실기(三憂堂實記)』

문익점(文益漸)의 시문과 사적을 모은 책이다. 시 6수와 상소문 3편 그리고 목화씨와 관련한 역사를 기록한 「목면화기(木綿花記)」 등이 수록되어 있다. 상소의 내용은 여러 가지 정책을 건의한 것이다. 가령 「경오봉사(庚午封事)」의 경우 "중앙에 학당, 지방에 향교를 세우도록" 하며, "상제의(喪祭儀)에 불교례를 폐지하는 한편 「주자가례(朱子家禮)」에 따라 사당을 세우고 신주를 봉안해 제사할 것", "원나라의 제도를 혁파하고 중화의 복제(中華服制)를 택할 것" 등을 주장했다. 이밖에 문익점의 세계(世系)와 행장, 연보 등이 실려 있다. 내용 중에 「목면화기」는 남효온(南孝溫)이 지은 것으로, 문익점이 목화씨를 수입한 공로로 해서 백성들이 겨울을 따뜻하게 날 수 있었다며 그를 치하하고 있다. 『삼우당실기』는 여러 가지 이본(異本)들이 많으며 국립중앙도서관, 서울대학교 규장각, 고려대학교 도서관 등에 소장되어 있다.

혁하려는 의지를 지니고 있었다. 나라가 기울기 시작하면서 이른바 신진사대부들은 고려를 수호하면서 개혁을 추진하려는 온건파와, 새로운 국가를 건설하려는 혁명파로 나뉘어 이념적 갈등을 노출하고 있었다. 그런데 문익점은 이색, 우현보 등과 함께 고려왕조를 유지하면서 점진적인 개선을 주장하는 그룹이었다. 사전(私田) 혁파를 비롯한 과감한 혁명을 요구한 이성계 일파와는 다른 노선을 견지한 것이다. 이 때문에 그는 역성혁명파의 한 사람인 조준의 탄핵을 받게 되었다. 그러나 목면을 보급한 그의 공로를 무시할 수 없는 일, 문익점이 죽은 후 조선 태종은 그를 참지정부사(參知政府事) 강성군(江城君)에 추증하였다. 그리고 1440년(세종22)에는 영의정에 추증하고 충선공이라는 시호를 내렸다. 뿐만 아니라 그의 고향인 단성의 도천서원과 전라남도 장흥의 월천사우에는 사당이 세워졌다.

국가에서 그를 기릴 만큼 목화종자의 보급, 목면을 이용한 의복 제조 등 공로는 말할 수 없이 컸다. 남명 조식은 후일 문익점의 공로를 두고 "백성에게 옷을 입힌 것이 농사를 시작한 옛 중국의 후직(后稷)[1]과 같다"는 시를 지어 찬양하기도 했다.

오늘날 문익점과 정천익이 처음 목화를 시험재배하였던 경상남도 산청군 단성면 사월리에는 문익점 면화 시배지가 사적 제108호로 지정되어 있다. 부근의 마을은 문익점의 출생지이기도 한데, 이 마을은 목화재배의 유래를 간직해오면서 지금도 배양마을로 불리고 있다. 배양마을에서 지리산으로 향하는 한 길가에는 오른편으로 나지막한 돌담을 둘러싼 1백 여 평의 밭이 있고 밭의 오른쪽에는 기와 지붕을 올린 비각이 있으며, 그 안에 '삼우당문선생면화시배지(三憂堂文先生棉花始培地)'라고 제목을 붙인 사적비가 있다. 이곳이 처음으로 문익점에 의해서 들여온 목화가 번식에 성공했던 옛터이다.

오늘날 좋은 난방 시설과 두툼한 겨울옷으로 추위를 잘 모르고

(1) 후직 : 중국 신화에 나오는 농업의 신(神)으로서 풍요로운 수확을 베푼다고 알려져 있다. 고대 중국인들은 지나간 일에 감사하고 또 앞으로도 계속 자비를 베풀어주기를 기대하면서 그에게 제물을 바쳤다. 전설에 의하면, 아이를 낳지 못하던 그의 어머니가 어떤 신의 발자국을 따라 걷다가 기적적으로 그를 낳았으며, 그후 그는 숲 속에서 새와 동물들의 보호를 받으면서 자랐고 고대 농업을 관장하는 관리로 활동했다고 한다. 후대 국가인 하(夏, BC 22~18세기)와 주(周, BC 600~255)의 통치자들은 후직에게 제물을 바치고 자신의 조상으로 섬겼다.

지내는 우리로서는 고려 말기에 백성들이 느꼈을 '따뜻함'을 잘 이해하지 못할 것이다. 당시 문익점의 이름 석 자는 추위를 녹여 주는 불기운과 같이 백성들의 입에 올랐고 정부에서는 그를 기념하여 자손 대대로 녹과 서훈을 내려주었다.

솜옷과 전염병

솜옷을 입게 된 이후 따뜻한 겨울을 지낼 수 있었던 것은 행운이었지만, 눈에 보이지 않는 대가를 치러야 했다. 이와 관련하여 문익점이 목화씨를 숨겨 온 과정에 대한 우스개 전설이 하나 전한다.

그가 중국에서 목화씨를 몰래 숨겨 오려는데 국경의 관리들이 몸수색을 하였다. 급한 나머지 문익점은 그 씨앗을 자신의 붓통에 넣었다. 즉 빈 붓대에 숨겨 들여온 것이다. 고향에 돌아온 문익점이 목화씨를 꺼내려 하니 그 안에 조그마한 벌레가 하나 있었다. 무심코 그는, 빈 대에 씨뿐 아니라 네놈까지 들어 있었으니 네 이름을 '빈대'라고 해야겠구나 했다는 것이다.

이렇게 하여 목면 솜옷과 빈대는 공생하기 시작하였다. 빈대나 이〔蝨〕와 같은 기생충들도 솜옷 속으로 들어가는 것이 베옷보다 겨울나기에 훨씬 유리하였다. 겨울에 따스한 옷을 입어서 좋았던 사람들은 이제 빈대나 이와 같은 벌레들과 싸워야 했다. 그리고 벌레에 의하여 옮겨지는 전염병은 한층 인간을 위협하게 되었다. 이나 빈대는 발진티푸스와 같은 질병을 일으켰는데, 조선 시대 솜옷이 광범위하게 보급된 이후에 발진티푸스는 주요한 질병의 하나로 자리잡게 되었다. 전설에서 솜옷과 빈대가 같이 등장하고 그 이름도 붓통의 빈대에서 유래하였다니 단지 우스개 소리에 그치는 것만은 아닌 셈이다.

이나 빈대가 얼마나 사람들을 괴롭혔는지 고려 말 이래 학자들의 시귀(詩句)에도 단골처럼 등장하였다. 새 바지를 선물 받고 이가 없다며 좋아하는 이규보의 표정이 눈에 선하다.

고기 찾는 이리와 승냥이들 날뛰는 판에(擇肉豺狼方作艱)
피 빠는 이 역시 나의 적이었는데(嗜膚蟣蝨又爲敵)
고맙게도 하얀 새 바지 보내 주어(得君新袴白如霜)
우선 하나의 적 없애게 되었소.(端喜今宵除一賊)

–『동국이상국집』「사밀곡주노기포고(謝密谷住老寄布袴)」–

혹은 이를 빗대어 경망한 사람들을 질책하기도 했으니 그 해충은 솜옷과 더불어 생활의 일부가 되어버렸던 것이다.

이란 놈은 낮에는 숨고 밤에 나와 사람들을 무니 반드시 밤이 깊어지면 나타나고 닭이 울면 들어간다. 사람을 물 적에 숨을 곳을 살피다가 사람이 무는 것을 느낄 때 재빨리 숨어버리곤 한다. 사람으로 하여금 밤새도록 잠들지 못하게 하고 잠들면 물고 깨면 숨으니 잡을 수가 없다. 작은 놈들은 매우 미세하여 먼지부스러기와 같으니 능히 잡을 수도 없고 숨은 곳에 연기를 피우면 더 깊이 숨어버리니 오호라 저런 미물조차 밤에 나올 때를 알고 기세를 살펴 숨을 곳을 엿보니 그 지혜가 많다 하겠다. 세상에 경망스럽게 날뛰는 인간들이 그 모양새 비록 대단한 것 같으나 그 지혜는 작은 벌레만도 못하니 슬픈 일이도다.

조선왕조 최대의 과학 프로젝트 매니저

세종(世宗)

나랏말ᄊᆞ미 듕귁에 달아 문쫑와로 서르 ᄉᆞᄆᆞᆺ디 아니홀씩 이런 젼차로 어린 빅성이 니르고져 홀배 이셔도 ᄆᆞᄎᆞᆷ내 제 ᄠᅳ들 시러펴디 몯홀 노미 하니라 내 이룰 윙ᄒᆞ야 어엿비 너겨 새로 스믈 여듧 쫑룰 뮝ᄀᆞ노니 사룸마다 힝ᄒᆡ여 수ᄫᅵ 니겨 날로 ᄡᅮ메 뼌한킈 ᄒᆞ고져 홀 ᄯᆞᄅᆞ미니라.

—『훈민정음』「해례(解例)」—

학자들을 아낀 성군(聖君), 세종

"그대가 너무 술을 좋아하여 건강을 해칠 듯하니 걱정이다. 앞으로 술을 조심하기 바란다." 최치운은 벽에다 세종 임금이 손수 내린 글을 붙이고 술을 먹지 않기로 다짐하였다. 그러나 항상 술에 취한 후 집에 돌아오기 일쑤였던 그는 그때마다 벽의 글씨를 보고 세종의 얼굴이 떠올라 어찌할 바를 몰랐다. 사죄하려는 마음에 머리를 조아리다가 상에 머리를 부딪히기도 했다.

그러나 결국 최치운은 임금의 염려를 뒤로 한 채 40여세의 젊은 나이에 술독으로 사망하고 만다. 그로 말하자면 조선 최초의 과학적인 법의학서 『무원록(無冤錄)』의 역주(譯註) 사업을 진두지휘한 학자였으니, 세종으로서는 아까운 인재를 너무 일찍 잃은 셈이었다.

세종의 학자 사랑은 널리 알려진 사실이다. 손수 집현전 학자들의 이불을 덮어주었다는 설화가 전해지고 있을 만큼 학문과 학자들에 대한 열정은 대단하였다. 물론 그 이면에는 백성들을 널리 이롭게 하려는 인정(仁政)에 대한 열의와 그 실천을 위해 우선 실용적인 과학 기술을 축적해야 한다는 속내 깊은 배려가 깔려 있었다.

조선은 중국과 달라

세종은 유난히도 '중국과 다른 조선'을 강조한 임금이었다. 세종 대에 출간된 다양한 과학기술 서적들을 살펴보면 '조선의 로칼리티(locality)'를 강조하는 내용이 상당히 많다.

조선 농부들의 경험을 집대성한 『농사직설(農事直說)』의 서문에는 "오방(五方)의 풍토(風土)가 서로 같지 아니하여 곡식을 심고 가꾸는 법도 각각 적당한 것이 있다. 그러므로 옛 농서의 내용을 그대로 사용할 수 없는 법이다. 이에 여러 도(道)의 감사(監司)에게 명하여 주현(州縣)의 경험 많은 농부들에게 농사를 짓도록 하여 이미 증명된 좋은 기술들을 수집하였다"고 적고 있다.

이뿐만이 아니다. 세종 대에 간행된 의학 서적 『향약집성방(鄕藥集成方)』은 또 어떠한가?

> 명의(名醫)들이 병을 진찰하고 약을 쓰는 데는 모두 실제 상황에 맞게 하였지 어느 한 가지 방법에만 매달리지 않았다. 대체로 백리만 떨어져도 풍속이 같지 않으며, 천리를 떨어지면 풍토가 다르고 풀과 나무도 각기 제 습성에 알맞은 지역에 자라며 사람들의 음식과 생활, 풍습 역시 다른 법이다. 우리 조선 역시 동방(東方)에 자리 잡은 한

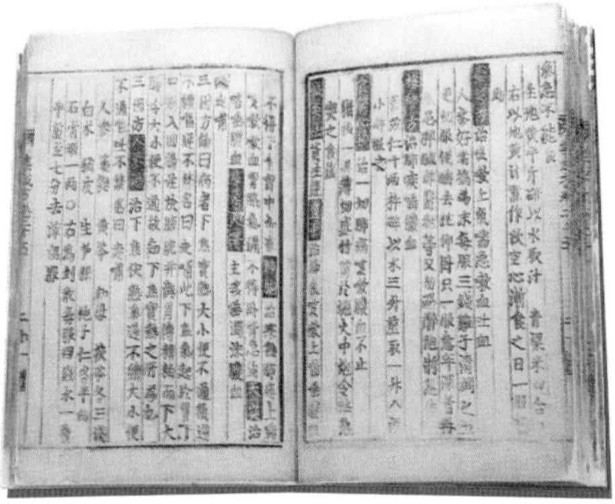

『향약집성방(鄕藥集成方)』

1433년(세종 15년) 노중례(盧重禮), 유효통(兪孝通), 박윤덕(朴允德) 등이 완성한 종합 의서로서 모두 85권 30책이다. 고려 중엽 이후 정치·경제 사정이 어려워져 일반 백성들은 값비싼 중국 약재를 사용할 수 없었기 때문에 국가에서는 『향약구급방(鄕藥救急方)』, 『향약고방(鄕藥古方)』등 '향약'의 의서들을 보급하여 값싸고 풍부한 우리 약재들을 활용하도록 했다.
고려 말의 향약의서는 이른바 삼화자에 의해 『삼화자향약방(三和子鄕藥方)』으로 집대성되었고 조선시대에 이어져 『동인경험방(東人經驗方)』 등이 추가된 『향약제생집성방(鄕藥濟生集成方)』이 태조 대에 간행되었다. 이후 세종은 이와 같은 향약의 장려정책을 계승하여 1431년 집현전 학자들에게 『향약집성방』의 편찬을 명하였으니, 이는 『향약제생집성방』을 증보한 결과 959종의 병증과 17만 706종의 방문(方文), 1416조(條)의 침구방법 등을 수록한 방대한 종합의서로 완성되었다.

지역으로 산과 바다에서 나는 여러 가지 자원들과 풀과 나무 및 약재들이 모두 백성들의 생명을 기르고 병을 치료하는 데 모자람이 없는데도 (중략) 가까운 자기 나라에서 나는 약은 소홀히 여기고, 먼데서 오는 약만 요구하니, 사람들이 병이 나면 반드시 중국에서 들어오는 구하기 힘든 약만 찾는다. 약을 구할 길이 없으니 병 또한 구할 방법이 없는 것이다.

–『향약집성방』 서문–

세계 속의 조선

중국과 다른 조선을 강조했다고 해서 단지 세종을 국수주의자라거나 편협한 지역주의자로 몰아 붙여서는 안 된다. 세종의 '조선'은 세계 속의 조선이기 때문이다. 당시의 세계는 중국 중심의 동북아시아였고, 대부분의 선진 문물은 중국으로부터 생산되어 주변국으로 흘러 들어가고 있었다. 세종 역시 중국의 최신 지식을 모두 수입, 정비할 계획을 마련했다. 그리고 이 과정에서 자연스럽게 조선의 특수성이 배어나도록 할 작정이었다.

특히 세종의 목표는 중국 원대(元代)까지 축적된 과학기술을 소화하는 것이었다. 먼저 의학의 경우를 보면, 원나라에 이르는 동안 축적된 의학 정보를 집대성할 목표로 이른바 '금원사대가(金元四大家)'의 의술을 정리하려는 계획을 수립하였다. 사람의 생명 연장과 관련된 의술은 농학과 함께 세종이 가장 힘을 기울인 분야였다. 이러한 노력의 결실은 『의방류취(醫方類聚)』[1)]라는, 세계에서 유래가 없는 의학 백과사전 프로젝트로 빛을 보게 되었다. 이른바 원대 이

(1) 『의방류취』: 세종 대에 간행된 종합의서이다. 중국 고대부터 원나라에 이르는 의서들을 수집한 후 1442년부터 1445년까지의 기간동안 집현전의 김예몽(金禮蒙), 유성원(柳誠源), 민보화(閔普和), 김문(金汶), 신석조(辛碩祖), 이예(李芮), 김수온(金守溫) 등과 의사 전순의(全循義), 김유지(金有知) 등이 모두 365권으로 만들었다. 그후 세조의 명으로 성종 대에 이르기까지(1465~77) 양성지(梁誠之)의 주관 아래 유신(儒臣)과 의관(醫官)이 함께 교정해 도합 266권으로 간행하였다.

의방류취는 진찰이나 처방을 다룬 의학 총론과 각종 질병을 95문으로 나누어 설명한 각론으로 구성되어 있다. 중국 고대의 『황제내경소문(黃帝內經素門)』으로부터 금원대에 이르는 150여종의 의서들이 망라되어 있어 오늘날의 한의학자들에게도 그 학술적 가치와 실용성을 인정받고 있다.

간의

이천 영릉에 소재.

전의 중국의 각종 처방들을 분류별로 데이터베이스화한 것이다. 그리고 이 과정에서 조선의 의학 경험이 녹아 든 『향약집성방』이 간행될 수 있었다.

한편, 농학에서는 원나라의 『농상집요(農桑輯要)』 등이 조선 초까지 활용되다가 세종 대에 정초 등의 학자에 의해 조선 농부들의 경험이 수집된 『농사직설』로 업그레이드되었다.

천문학의 경우는 더욱 중요하였다. '천문(天文)', 즉 하늘의 뜻을 이해하고 이를 백성들에게 알려주는 일을 임금의 도리로 생각한 세종은 천문학의 새로운 경지를 열고 싶었다. 이렇게 하여 원나라 곽수경(郭守敬)의 『수시력(授時曆)』과 이를 이은 『대통력(大統曆)』을 기초로 하여 관측 장치인 간의(簡儀)[2]를 만드는 프로젝트가 계획된 것이다. 물론 이 과정에서도 역시 역법에 대한 조선학자들의 이해수준이 높아지면서 자연스럽게 조선(한양)의 북극고도를 기준으로 한 독자적인 역법이 나오게 되었다.

간의(簡儀) 프로젝트

"한양의 북극고도(38도 1/4)를 측정하라!" 세종의 천문 프로젝트는 이 간단한 수치를 얻어내기 위한 간의(簡儀) 제작을 시작으로 하여 이후 수년간 많은 천문 기구들을 제작한 대규모 국가사업이었다.

조선 초에 수입된 중국의 『대통력』은 북경(北京)의 위도를 기준으로 만들어져 조선과 시차가 발생하는 문제점이 있었다. 때문에 한양을 표준으로 하는 역서(曆書)를 만들어 백성에게 반포할 필요가 생긴 것이다.

세종은 1432년에 한양의 북극고도를 측정하기 위한 간의(簡儀)를 만들 계획을 세웠다. 정초와 정인지 두 학자에게 간의 제작과 관련한 원리를 연구하도록 하고 이천과 장영실에게 그것의 제작 및 감독을 명하여 일차적으로 나무로 만들어진 목간의(木簡儀)를 완성했

(2) 간의 : 천체의 위치를 측정하는 동양의 전통적인 천문기구로서, 중국 원나라의 곽수경(郭守敬)이 전부터 사용해오던 혼천의(渾天儀)의 결함을 보충하기 위해 아라비아의 천문기구 등을 참고하여 새로 고안해 낸 것이다. 종전의 기구에 비해 크고 간략하여 관측값의 정밀도를 높였기 때문에 동양의 대표적인 관측장치가 되었다.

우리나라에서는 1432년(세종 14년)에 이천(李蕆), 장영실(蔣英實) 등이 이를 나무로 만들어 본 다음, 다시 구리로 주조해서 사용하기 시작했다. 이것을 흔히 대간의라고 불렀다. 이외에 작은 규모의 소간의도 여러 차례 제작하여 사용했다. 세종은 1438년 경복궁의 경회루 북쪽에 간의대를 크게 만들어 그 위에 지름 2m 가량의 대간의를 설치했다. 이 대간의는 높이 31자, 너비 32자, 길이 47자의 큰 규모로 되어 있었는데, 그것을 돌로 쌓은 단 위에 설치했고 그 방향을 바로잡기 위해 정방안(正方案)도 함께 만들어놓았다. 그리고 이를 사용하여 매일 밤 5명의 천문관이 하늘을 지키고, 특별히 이상한 조짐이 발견되면 즉시 임금에게 보고하게 했다. 또 급하지 않은 관측결과는 기록해서 다음날 보고하도록 규정하고 있었다. 경복궁 이외에 다른 궁궐에도 간의가 있었고, 특히 조선 초부터 관상감 자리였던 한양 북부 광화방(廣化坊, 지금의 계동 일대)에도 언제부터인지 작은 간의가 설치되어 있었다. 지금 그 자리에 남아 있는 유적은 바로 간의대였던 것으로 보인다. 또한 창경궁에도 간의가 있었다는 것을 현재 남아 있는 유적으로 알 수 있다.

자격루(自擊漏)

1434년에 제작된 자동시보 장치가 붙은 물시계. 기본적인 물시계는 눈금으로 시각을 확인할 수 있지만 자격루는 자동적으로 시각을 알리는 장치를 갖추었다. 예컨대 시, 경, 점에 따라 종, 징, 북이 울리고 인형이 나타나 몇 시인지 알려주는 것이다.
4개의 파수호(播水壺)와 2개의 수수호(受水壺) 및 12개의 살대가 물시계를 이루고 그외에 시각을 알리는 시보장치, 그리고 물시계의 부력을 시보장치로 전해주는 동력전달장치 등 세 부분으로 구성되어 있다. 작동원리를 보면, 먼저 파수호에서 흘러나오는 물은 수수호로 들어가서 살대를 들어올린다. 살대가 떠오름에 따라 이 부력이 쇠구슬과 지렛대에 전달되어 구슬이 떨어지면서 시보 장치를 움직이는데, 파수회보다 높은 곳에 목인(木人) 3명이 있어서 하나는 시각을 알리기 위하여 종을 치는 일을 맡으며, 다른 하나는 경을 알리기 위하여 북을 치는 일을 맡고, 나머지 하나는 점을 알리기 위하여 징을 치는 일을 맡도록 되어 있다. 목인 보다 낮은 위치에 평륜(平輪)이 있는데 그 둘레에 12지신(十二支神)을 배치하였으니 이들이 각각 한 시각씩 열두 시를 담당하였다.

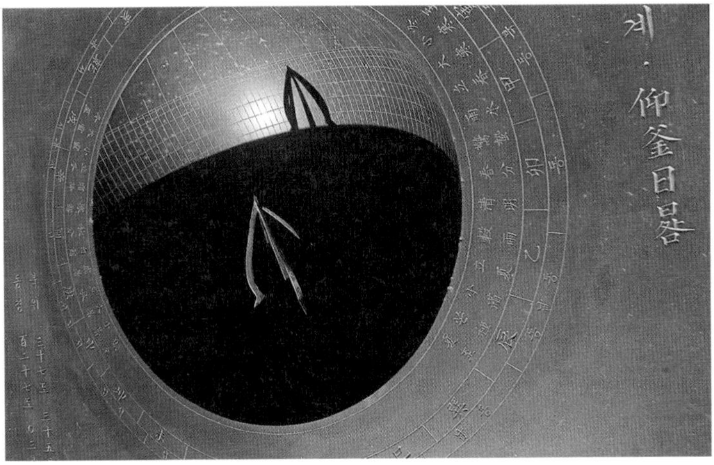

양부일구(仰釜日晷)

조선시대에 사용했던 솥(釜) 모양의 해시계. 네 발 달린 반구형(半球形)의 솥처럼 생겼기 때문에 앙부라고 불렀다. 우리나라에서는 세종 때 처음 만들었으며 이후 조선말까지 계속해서 만들어 사용하였다. 대형의 공중용으로 설치한 것과 휴대용으로 작게 제작한 것들이 있다.
앙부일구는 그림자를 만들기 위한 막대, 즉 영침(影針)을 세우고 이 영침의 끝이 기계의 중심에 오도록 하며 방향은 천구의 북극을 향하도록 하였다. 그 안쪽 면에는 13개의 절후선(節候線)을 그어 24절기를 나타내고 이를 시각선(時刻線)이 가로지르도록 제작되었다. 절후선의 가운데 있는 춘 · 추분선은 천구의 적도면과 일치하는 원(圓)이 되며 나머지 12개의 절후선은 적도에 평행하다. 태양의 고도가 여름에는 높아지고 겨울에는 낮아지므로 절후선에 닿는 그림자의 위치로 시간뿐만 아니라 당시의 절기를 파악할 수 있다.

규표(圭表)

계절의 변화와 24절기를 정밀하게 측정하기 위한 천문관측장치. 인류 역사상 동서양을 막론한 가장 오래된 천문기구로서 태양이 남중하는 시각에 수직으로 세운 막대의 그림자 길이를 측정하였다. '표(表)'란 지상에서 수직으로 세운 막대를 말하고, '규(圭)'는 표의 아래에 붙인 눈금자를 말한다. 세종 당시 경복궁 경회루 북쪽에 간의대(簡儀臺)를 쌓고 그 서쪽에 동(銅)으로 만든 표를 세웠는데 높이가 40척이었으며, 규는 푸른 색 돌을 깎아 만들었다. 표면에 장(丈)·척(尺)·촌(寸)·푼(分)의 눈금을 새겨 그림자의 길이를 측량하였다.

다. 목간의는 일종의 파일럿 제품으로 이를 통해 한양의 북극고도가 38도 1/4임을 확인하자, 본격적인 간의 제작에 들어가 구리로 주조한 대간의(大簡儀)의 제작을 시도한 것이다.

어느 정도 간의의 형태가 완성될 즈음 세종은 호조판서 안순(安純)에게 명하여 경복궁 후원 경회루 북쪽에 돌을 쌓아 간의를 놓을 대를 만들도록 하였다. 위에는 돌난간으로 둘러막은 후 구리로 제작한 간의를 설치했다.

그리고 간의대 서쪽에는 동(銅)과 푸른 돌을 깎아 규표(圭表)를 만들고 그림자가 드리워지는 표에는 장(丈), 척(尺), 촌(寸), 푼(分)을 새겨 길이를 측량할 수 있도록 하였다. 하루 중 해가 가장 높이 뜨는 정오에 그림자의 길이와 위치를 관측함으로써 절기와 시각 등을 정확히 계산할 수 있었다.

운반이 어려운 대간의는 설치된 장소에서 그대로 사용하기로 하고, 그와는 별도로 이동이 용이한 소간의 2개를 만들어 하나는 경복궁 천추전(千秋殿) 서쪽에 두고, 다른 하나는 서운관에 하사하여 천문 관측에 활용하도록 하였다. 이밖에도 해시계인 앙부일구(仰釜日晷) 역시 두 개를 만들어 하나는 혜정교(惠政橋)에 두었고 하나는 종묘 남쪽 거리에 설치하여 백성들에게 시각을 알리도록 하였다.

해시계는 밤에는 무용지물이었으므로 밤의 시각을 측정하기 위하여 일종의 별시계를 만들었으니 일성정시의(日星定時儀)가 바로 그것이다. 만춘전 동쪽에 하나를 설치하고, 나머지는 서운관과 국경지역인 동서 양계에 나누어 보내 정확한 시각을 알 수 있도록 배려하였다. 특히 국경지대에는 작전을 수행하는 군사들의 시각 측정을 위한 휴대용 해시계인 천평일구도를 특별히 제작하여 하사하기도 했다.

한편 경회루 남쪽에 3칸짜리 보루각을 지어 물시계를 설치하였는데 사신(司辰)을 나무 인형으로 만들고 각각 일정한 시각이 되면 자동으로 알리도록 하였다. 이른바 자격루(自擊漏)였으니 세종 대에 만들어진 가장 대표적인 자동시보장치였다.

세종과 과학의 힘

1432년부터 1438년에 이르는 7년여의 천문학 연구 및 관측기기 제작 프로젝트가 완료되자 각종 천문기기들과 시보장치가 갖추어져 서서히 그 위력을 드러내기 시작했다. 그 시발은 구식례(救蝕禮)라는 일종의 왕실 행사에서였다.

조선시대 일식이나 월식 등 천문 이변이 발생하면 임금들은 하늘의 뜻을 받들어 조심한다는 의미로 의식을 치렀는데, 이때 가장 중요한 것이 바로 시각(時刻)이었다. 시각뿐 아니라 분초(分秒)도 정확해야 했으니, 틀리는 날이면 서운관 관리들이 벌을 받았다. 따라서 천문 관리들은 일월식이 발생하기 이전부터 그 발생 시각을 정확히 예측하였다가 3개월 전에 이를 임금에게 알려 의식(儀式 : 구식례)을 준비하도록 하였다.

일월식 발생 2각 전에 시각을 알리는 일을 담당한 주시관(奏時官)이 "지금이 일식(혹은 월식)의 초휴(初虧 : 처음 이지러지는 것)가 발생하기 전 2각으로서 몇 시, 몇 각, 몇 분입니다"라고 적은 종이를 승지에게 올리게 된다. 또 1각 전에 다시 한번 그와 같이 한다. 드디어 정각(正刻)이 되어 일식이 나타나면 향을 사르고 북을 치면서 삼방(三方)을 상징하는 색깔의 깃발과 함께 창, 칼 등을 벌여둔다. 그리하여 식기(蝕旣 : 이미 이지러진 경우), 식심(蝕甚 : 반쯤 먹어 들어간 것), 생광(生光 : 복원되기 시작하여 조금 빛나는 것), 복원(復元 : 완전히 복원된 것)의 4단계마다 시각을 외치면서 "임금께서는 공경하고 근신(謹愼)하십시오"라고 담당관이 외친다. 임금은 일식이 동쪽에서 관측되면 동쪽으로 엎드리고 서쪽에 있으면 서쪽으로 엎드리면서 근신하는 자세를 취하였다. 일식이 정점에 오른 식심이 되면 이를 그림으로 그리도록 명하기도 했다.

월식의 경우도 마찬가지였다. 월식이 나타나면 향을 사르는데 이때는 오방(五方)을 상징하는 깃발과 창, 칼 등을 벌여두고 월식의 단계에 맞추어 시각을 알리면서 "임금은 더욱 공경하고 근신하시라"는 외침과 함께 월식을 향해 엎드리는 것이다. 마지막으로 일·월식이 복원되면 임금은 예식(禮式)을 마치고 궁궐 안으로 돌아갔다.

세종은 이 모든 일정이 새로 제작된 관측 기기에 의해 조금의 오차도 없이 행해지는 장면을 보면서 흐뭇하게 웃고 있었다.

나랏말씀과 지식의 보급

'선진 문물의 주체적인 수입', 말하자면 세종의 과학 정책은 세계 일류의 과학기술 지식을 수입함과 동시에 이를 자연스럽게 조선화하려는 이중의 목표를 완수하는 것이었다.

중국을 추종함도 아니요 그렇다고 조선만을 고집함은 더욱 더 아니었다. 이를 위해 최고의 학자들을 등용하고 그들이 능력을 최대한

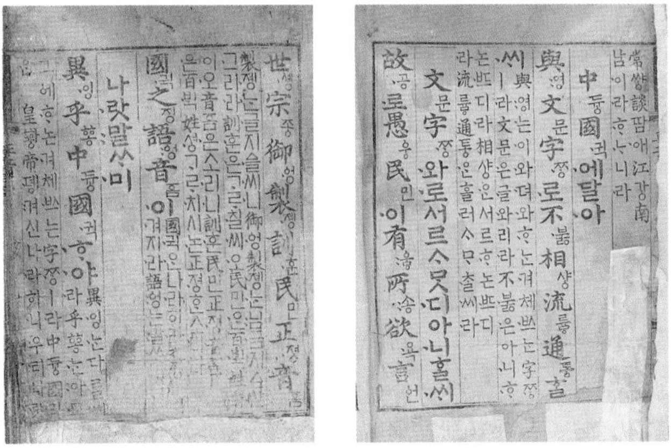

『훈민정음언해(訓民正音諺解)』

한문본 훈민정음에서 세종의 서(序)와 예의(例義)를 우리말로 옮긴 책. 언해본(諺解本)이라고도 한다. 한문으로 쓰인 훈민정음의 본문을 짧은 구절로 나누어 토(吐)를 달고, 한 글자마다 동국정운식(東國正韻式) 한자음을 표기한 후 글자 밑에 2줄로 한문의 뜻풀이를 달았으며 구절 전체를 번역했다.

발휘할 수 있도록 다독이고 격려했다. 그들이야말로 자신을 도와 나라와 백성을 이롭게 할 수 있는 실용적인 정책을 수립하고 또 집행하는 주인공이었기 때문이다.

그러나 세종을 단지 과학 프로젝트를 추진한 임금으로만 여겨서는 안 될 것이다. 바로 세종 대에 이룩했던 민본주의 과학 정책의 백미야말로 훈민정음, 즉 '나랏말씀'의 창제라는 사실이기 때문이다. 구슬이 서 말이라도 꿰어야 보배라 하지 않는가? 아무리 지식이 많다 한들 이를 교환하고 전달할 수단이 없으면 소용없기 때문이다.

한글 창제야말로 '아는 것이 힘'이라는 사실을 잘 아는 세종이 선진의 지식을 백성들에게 널리 보급하여 스스로 이롭게 할 수 있는 근본적인 방법을 알려주고자 혼신을 기울인 최고의 과학 작품이었다. ㄱ, ㄴ 과 같은 기호들과 매일 밤 씨름하였을 세종이야말로 바로 진리를 탐구하고 지식을 나누려는 진정한 과학자였음을 다시 한번 상기해야 할 것이다.

연작농법(連作農法)의 정착,
『농사직설(農事直說)』

정초(鄭招)

아흔 살에 아직도 강녕하신 어머님 / 맑은 날 높은 집에 그림 병풍 펼쳤네. / 몸에 입은 채의(彩衣)들은 모두 다 기쁨 일색 / 손에 든 금잔으로 오래 삶을 축복해 올리누나. / 능라 입은 기악(伎樂)은 앞자리에 가득하고 / 잠이 차림 손증(孫曾)들이 뒤뜰에 늘어섰네. / 나는 일찍 어버이 잃고 이제 머리 세었거니 / 그대의 이 일을 보고 눈물 금치 못하네.

—정초, 『동문선』 「중구유감(重九有感)」—

먹여 살릴 입이 늘었다

인구가 어느 정도 증가하게 되면 이에 맞추어 농업 기술이 발달하는 것인가, 아니면 농업 기술이 발달하였기 때문에 먹을 것이 늘어나고 결과적으로 인구가 증가한 것인가? 닭이 먼저냐 알이 먼저냐 하는 질문과 유사하다.

일부 학자들은 인구가 자연적으로든 혹은 기하급수적으로든 증가하게 마련이라고 주장한다. 따라서 일정한 토지 면적을 기준으로 할 때, 점차 늘어나는 인구를 부양하기 위해서 농업 생산 기술이 발달하거나 노동력을 집약적으로 투입하는 일이 나타난다고 생각한다. 한정된 면적에서 이전보다 많은 수확을 올려야 하기 때문이다.

반면에 어떤 학자들은 인간의 지적 능력과 지식의 축적을 통하여

지게

곡식이나 짐 따위를 어깨와 등에 지고 운반하는 연장. 몸체, 작대기, 발채 등으로 구성되어 있는데, 지게를 세울 때에는 작대기로 비스듬이 받쳐놓는다. 쏟아질 가능성이 있는 짐은 발채를 지게 위에 얹어 사용한다. 지게는 한국의 오랜 전통의 농기구로 최근까지지도 널리 활용되었다.

기술이 발달한다고 본다. 즉 인간의 이성과 사고가 발달함에 따라 기술이 진화하게 되므로 농업 기술이 먼저 발전하고 이에 따라 생산량이 늘어나면 부양할 수 있는 인구의 규모 역시 커질 수 있다는 해석이다.

어느 한 쪽이 옳고 다른 쪽은 그르다고 말하기 어렵다. 가장 손쉽게 정리하자면 인구 증가와 기술의 발달이 서로 원인과 결과가 되면서 상승 작용을 한다고 볼 수 있겠다. 약간씩 양보한 결과로 말이다. 그러나 아무리 그렇게 생각할지라도 기술의 발달에 따라 금방 인구가 늘어나기 보다는, 인구가 어떤 요인들에 의해 서서히 증가하게 되면 이를 먹여 살리기 위하여 농업 기술이 발달하고 집약화한다는 것이 좀 더 설득력이 있어 보이기는 한다.

어쨌든 우리 역사상 고려 말 조선 초가 바로 인구의 증가가 뚜렷하게 나타났던 시기였다. 이전 시기에 비해 한 집안의 평균 출산 자녀수가 상당히 늘어났음이 밝혀지고 있는데, 그럼 왜 인구가 늘었는가? 역시 간단히 답하기는 어려운 질문이다. 인구의 증가 원인 역시 복잡하기 때문이다. 그러나 무엇보다 중요한 요인은, 첫째 '영양'이요, 둘째 '의료'이다.

적어도 고려 말 조선 초에는 농업 생산력의 증대로 말미암아 영양 공급이 증가하였을 것으로 예측된다. 그리고 두 번째 더욱 중요한 요인이 바로 의료 혜택의 확산인데, 특히 의약학의 발달은 매우 주목할 만한 성과를 이룩했다. 이른바 '향약론'이라고 부르는 우리 약재 사용하기 운동이 그것이다.

흥미롭게도 고려 말 조선 초의 의서들에는 '향약'이란 제목이 붙어 있는 경우가 많다. 고려 말에 간행된 『향약고방(鄕藥古方)』과 『향약구급방(鄕藥救急方)』 그리고 『향약혜민경험방(鄕藥惠民經驗方)』, 『삼화자향약방(三和子鄕藥方)』, 『향약간이방(鄕藥簡易方)』 그리고 조선 초기의 『향약제생집성방(鄕藥濟生集成方)』과 세종 대에 향약 의학을 집대성한 『향약집성방(鄕藥集成方)』이 대표적이다.

그러나 16세기에 이르러 '향약'이란 말은 의서 제목에서 자취를 감추었다. 『향약집성방(鄕藥集成方)』 이후 거의 모든 약재를 향약으로 대체할 수 있는 능력이 길러지자, 굳이 의서 제목에 향약임을 드러낼 필요가 없었던 것이다.

조선 초기 개국공신 가운데 한 사람인 권근은 향약제생집성방(鄕藥濟生集成方)의 서문을 썼는데, 조선 사람의 질병은 조선 땅에서 채취한 약재로 치료하는 것이 좋다는 향약론을 잘 보여주고 있다.

우리나라 사람들이 경험한 것을 뽑아서 부문별로 같은 편을 골라 한 데 엮어놓고 『향약제생집성방』이라 하였다. (中略) 모두 구하기 쉬운 물건이요, 이미 경험한 처방이다. 참으로 이 처방만 잘 알면 한 가지 병에 한 가지 약으로 되는 것이니, 이 땅에서 나지 않고 구하기 어려운 물건을 바랄 것이 무엇이랴.

또 오방(五方)은 모두 제각기 타고난 성질이 다르고 천리를 넘어서면 풍속이 같지 않은 법이다. 그러므로 사람이 평시에 음식을 좋아하는 것이 시고, 짜고, 차고, 더운 것이 모두 각각이므로 병이 나서 약을 쓰는 것도 또한 다를 것이어서 반드시 중국의 처방과 꼭 같아야 하는 것은 아니다. 병은 이미 깊이 들었는데 먼 곳의 물건을 구하여도 얻지 못하였다거나, 혹은 많은 값을 주고 구했다 하여도 그 물건이 오래되어 썩고 좀이 나서 약 기운이 다 나갔다면, 그 지방에서 생산된 물건으로 기운이 그대로 있는 것보다는 좋지 못한 것이다. 때문에 향약(鄕藥)을 가지고 병을 고치는 것은 반드시 힘이 적게 들고 효력도 빠른 것이다.

–『양촌집(陽村集)』 권17, 「향양제생집성방서(鄕藥濟生集成方序)」–

향약의 발달로 모든 것을 설명하기는 어렵지만, 조선 땅에서 생산되는 값싼 약재의 활용으로 의료 혜택의 범위가 넓어진 것이 조선 초기 인구 증가의 중요한 요인이었음을 부인하기 어려울 것이다. 조선 초기의 인구 증가, 그것은 곧 먹여 살려야 할 입이 늘어남을 의미하는 것이었다.

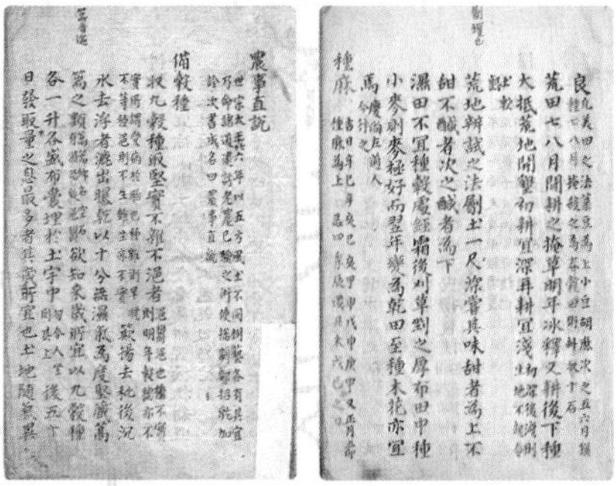

『농사직설(農事直說)』의 표지와 내용

1429년(세종 11년) 전국의 경험 많은 농부들로부터 농업 기술을 모아 책으로 간행하였다. 그 뒤 1656년(효종 7년) 신속의 『농가집성(農家集成)』에 포함되기도 했다.

농사가 천하의 근본이다

이른바 신진사대부로 불리던 신흥 정치세력은 고려의 부패한 구세력을 몰아내고 새로운 왕조를 세웠다. 이들은 우선 늘어난 인구를 먹여 살릴 방도로 새로운 농업 기술의 발굴과 확산을 도모했다. 새롭고 효율적인 기술을 백성들에게 보급함으로써 먹을 것을 하늘로 여기는 자들의 배를 부르게 하는 일이 왕정(王政)의 급선무였던 것이다.

한국 역사상 성군(聖君)의 대명사로 불리는 세종은 일찍이 권농(勸農) 교서를 내리면서 농업의 중요성을 강조한 적이 있었다.

나라는 백성으로 근본을 삼고, 백성은 먹을 것으로 하늘을 삼는 것인데, 농사(農事)는 입고 먹는 것의 근본으로 왕자(王者)의 정치에서 가장 힘써야 할 일이다. (중략) 위에 있는 사람이 성심(誠心)으로 지도하여 거느리지 않는다면 어떻게 백성들로 하여금 부지런히 힘써 농사를 지어 인생의 즐거움을 누릴 수 있도록 하겠는가?"

-『세종실록』 세종 21년 9월 10일-

이러한 정신에 기초하여 편찬된 것이 바로 『농사직설(農事直說)』이다. 그리고 이 책의 간행을 담당했던 이는 바로 세종 대의 학자 정초(鄭招)[1]였다. 그는 새로운 선진 농법을 소개하는 한편 전국적으로 농사 경험이 많은 농민들의 경험을 수집하여 정리했던 것이다.

정초는 1405년에 문과에 급제한 후 1407년에 중시(重試)에 합격하여 벼슬길에 나섰다. 특히 머리가 좋아 어떤 책이든 한 번만 보면 외웠다고 한다. 과거 시험이 이미 코앞에 다가왔는데도 놀기만 하다가 하루 만에 육경(六經)[2]을 뽑아서 보고는 책을 덮고 다시 읽지 않았지만 시험장에 이르러 그 오묘한 뜻을 모두 설명하는데 막힘이 없었다는 것이다. 또 출사 이후 한번은 어느 장군의 막부(幕府)에서 근무하였는데 군졸(軍卒) 몇 백 명을 한번 보고는 그 얼굴을 모두 기억

(1) 정초(?~1434) : 본관은 하동이며 자는 열지(悅之)다. 아버지 정희(鄭熙)는 고려 말(1376년) 문과(文科)에 합격하였으나 역성혁명이 일어나자 벼슬을 버리고 두문동(杜門洞)에 은거한 이른바 두문동 72현(賢) 가운데 한 사람이었다.

(2) 육경 : 중국 춘추시대의 여섯 가지 경서(經書)로서 『역경(易經)』, 『서경(書經)』, 『시경(詩經)』, 『춘추(春秋)』, 『예기(禮記)』, 『악기(樂記)』를 이른다. 『악기』 대신 『주례(周禮)』를 넣기도 한다.

하며 이름까지 줄줄 외우자 사람들이 그를 신처럼 여겼다고 한다.

이뿐이 아니다. 젊어서 어떤 중이 『금강경(金剛經)』읽는 것을 보고는, 그런 불경(佛經)은 한 번 보고도 외울 수 있다고 말하였다. 이에 중이 "그대가 만일 외우면 내가 잔치상을 차릴 것이요, 만일 그렇지 못하면 그대가 성찬을 차리시오"하고 시비하였다. 서로 약속한 뒤 정초가 북채를 잡고 북을 치면서 외우는데 물 흐르듯 하였다. 그러자 절반도 채 못 외었는데 그만 중이 도망쳐 버렸다고 한다. 그만큼 머리가 비상하였던 것이다. 그랬는지 세종 대의 수많은 과학기술 프로젝트에 정초의 이름이 빠진 적이 없었다.

> 농사는 천하의 대본(大本)이다. 예로부터 성왕(聖王)이라면 이를 힘쓰지 아니한 사람이 없었다. (중략) 오방(五方)의 풍토(風土)가 같지 아니하므로 곡식을 심고 가꾸는 법도 각각 지역마다 적합한 법이 있으니, 옛 농서들을 그대로 사용할 수 없는 것이다. 이에 여러 도(道)의 감사(監司)들로 하여금 주현(州縣)의 노농(老農)들을 방문하여, 농토(農土)에 이미 시험하여 효과가 있는 방법들을 갖추어 보고하게 하고, (중략) 중복된 것은 버리고 중요한 것만 뽑아서 찬집하여 한 편(編)을 만들고 제목을 『농사직설(農事直說)』이라고 하였다. 농사 외에 다른 설명은 섞지 않았으며 간략하고 바른 것에 힘을 써서 산야(山野)의 백성들도 쉽게 알도록 하였다.
>
> –『농사직설』 서문–

정초 자신이 지은 서문이다. 농법의 독자성과 실용성을 강조하였다. 조선의 풍토에 맞는 농사법이 추구되어야지 중국의 방법을 그대로 고수하는 것은 좋지 않다는 주체적인 입장과 함께 산골의 백성들도 활용할 수 있어야 한다는 주장이다.

고려시대에는 주로 중국의 농서를 수입하여 활용하였다. 특히 고려 말에는 원나라의 농서인 『농상집요(農桑輯要)』가 가장 큰 참고가 되었다. 그러나 이제 정초는 조선의 풍토에 맞는 독자적인 농사법을 강조한 것이다. 정초가 주장한 조선 농법의 기초자료는 경험이 풍부한 노농(老農)들의 실질적인 노하우였다. 따라서 그에게는 경험이야말로 곧 새로운 농업 기술의 중요한 원천이었던 것이다.

각 지역의 농사법이 모아지자, 정초는 동료들과 함께 상세히 자료를 고찰하여 중복되는 것을 삭제하고 중요한 것만 골라내서 간결하게 요점을 정리하였다. 이렇게 하여 산골의 백성들조차 모두 알 수 있는 쉽고도 긴요한 조선 독자의 농법대전(農法大典)이 만들어진 것이다.

비록 다양한 풍토를 고려하고 경험 많은 농부들의 지식을 토대로 하였지만 『농사직설』에서 가장 중시한 기술은 바로 남부 지방의 선진 농법으로, 그것은 말할 것도 없이 벼농사 위주의 기술이었다.

『농사직설』의 선진 기술

『농사직설』에는, 이듬해 파종할 종자를 준비하는 방법〔비곡종(備穀種)〕에서부터 씨를 뿌리기 전 논밭을 일구는 법〔경지(耕地)〕 등 기본적인 농사법과, 중요한 곡식들의 재배법이 소개되어 있다.

삼〔마(麻)〕의 재배 및 수확법〔종마(種麻)〕에서부터 벼〔종도(種稻)〕, 기장이나 조·수수〔종서속(種黍粟)〕, 피〔종직(種稷)〕, 콩·팥·

녹두〔종대두소두녹두(種大豆, 小豆, 菉豆)〕, 보리와 밀〔종맥(種麥)〕, 참깨〔종호마(種胡麻)〕, 메밀〔종교맥(種蕎麥)〕 등 당시 농가에서 중요하게 생각하는 10여종에 걸친 곡식들의 재배와 수확방법에 대한 설명이다.

그리고 마지막으로 인분, 재거름, 소와 말의 배설물, 녹비(참갈잎·녹두를 썩힌 것), 외양간 거름, 오줌재 등의 거름을 사용하는 방법과, 쟁기, 써레, 쇠스랑, 미리개, 번지, 곰배, 따비, 호미 등의 농기구를 소개하였다.

특히 파종 전 땅을 가는 방법과 충분한 거름 사용은 주목할 만한 내용들이다. 여말선초의 이른바 '연작상경(連作常耕)'을 가능하게 하는 요인들이었기 때문이다. 말하자면 매년 곡식을 심고 거둘 수 있다는 말이다.

오늘날 생각해보면 매년 농사를 지을 수 없었다는 사실이 더 이상하게 들린다. 왜 매년 곡식을 뿌리고 거두면 될 일이지, 1년 씩 쉬었다가 농사를 짓는 것인가? 농부가 게을러서 그렇지 왜 농사를 못 짓겠는가라는 의문이 들 수도 있는 것이다. 그러나 실제 충분한 거름을 주지 못한 고대나 중세에는 매년 농사를 지을 수 없는 것이 일반적이었다. 지력 회복을 위해 휴경을 해야만 했기 때문이다. 특히 지력이 많이 소모되는 벼농사의 경우 매년 농사를 지으려면 많은 양의 거름이 필요하였다. 오늘날처럼 화학비료가 없던 시절이었으므로 지력 회복을 위해서는 그저 한 두 해를 쉬면서 기다리는 수밖에 없었던 것이다.

중세 서양의 경우도 상황은 비슷하였다. 이른바 삼포식 농업이 그것인데 세 군데의 농지를 서로 돌아가면서 경작하는 방식으로 일정한 휴경 기간을 갖도록 하여 자연적으로 지력을 회복하는 방법이었다.

고려시대에도 역시 1년 농사를 지으면 이듬해 1년은 쉬었다가 다시 농사를 재개하는 방식이 일반적이었다. 그런데 여말선초에 이르러 농민들은 매년 농사를 짓는 연작상경에 도전한 것이다. 늘어난 인구를 먹여 살리는 유일한 방법은 농사를 짓는 일뿐이었는데, 이를 위해서 충분한 비료를 확보해야만 했던 것이다. 때문에 『농사직설』의 편찬자들은 가능한 한 다양한 거름 제조법과 사용법을 수집하여 기록함으로써 연작상경의 여건을 마련하려 했던 것이다.

충분한 비료의 확보가 어렵자 농민들은 대안을 내었다. 바로 그루갈이 농법이었다. 농지를 해마다 활용하면서 동시에 지력을 유지할 수 있는 방법으로 곡식의 종류를 바꾸어 경작하는 것이었다. 가령 늦은 가을이나 이른 봄에 밀이나 보리를 심었다가 추수를 하면서 그 뿌리를 갈아엎은 후 썩혀서 거름으로 활용하고 곧이어 늦작물인 콩을 심어 수확하는 것이다.

밀이나 보리와 같이 질소와 인산을 많이 필요로 하는 곡식을 재배하면, 지력이 소모되기 마련이다. 그루갈이는 이처럼 지력이 소모된 농지에 콩이나 팥과 같은 뿌리혹 박테리아를 가진 작물을 심어 공기 중의 질소를 땅 속에 흡수시키도록 함으로써 지력을 회복하는 동시에 작물도 재배하는, 매우 과학적이면서 합리적인 방법이었다.

서로 다른 작물을 적당한 기간 교차하면서 경작하여 동일한 땅에서 더 많은 수확을 낼 수 있었던 그루갈이는 결국 한 해에 두 번 또는 두 해에 세 번씩 곡물을 재배하면서도 토양의 비옥도를 유지하며 연작을 가능케 하는 기술이었다.

단원 김홍도의 풍속도 중 쟁기질하는 모습과 타작하는 모습

(위쪽) 소 두 마리를 이용하여 쟁기질로 전답을 갈고 있다. 한 마리로 끄는 쟁기를 '외겨리', 그림과 같이 두 마리를 이용하면 '쌍겨리'라고 한다.
(아래쪽) 최종적으로 수확한 곡식의 낟알을 터는 작업은 대개 집중적인 공동작업으로 한다. 이때, 벼나 보리는 개상이라고 하는 탈곡대(脫穀臺)를 이용하고, 다른 잡곡은 주로 도리깨라고 일컫는 연가(連枷) 등을 이용하였다. 벼를 개상에 두들겨 탈곡하는 소작인들과 이를 누워서 지켜보는 주인을 대비시켜 재미를 더한 그림이다.

그루갈이 방법 이외에도 조선 초기에 이르면 한 해에 두 번 경작하는 1년 2모작이 실험되었다. 첫 해에 먼저 보리를 심었다가 다시 콩을 심는 그루갈이 방법을 채택하고, 다음 해에는 먼저 보리를 심은 후 다시 조를 심는 2년 4작 방식이 그것이었다. 이러한 이모작 방식은 남부 지방의 경우 가을에 벼를 수확한 다음에 논바닥을 갈아엎고 보리를 심어 겨울을 나게 하며, 다시 다음해 여름에 보리를 추수하는 방법으로 정착되었다.

연작상경을 가능케 하는 또 하나의 중요한 방법은 바로 파종 전 충분한 경지(耕地)를 통해 지력을 회복해주는 일이었다. 『농사직설』에서 그토록 강조한 '충분한 써레질'이다.

지력 회복의 관건은 얼마나 여러 번 농지를 갈아주는가 하는 데 달려 있었다. 써레질을 충분히 할수록 그만큼 지력이 회복되기 때문이다. 동시에 어떻게 할 것인가도 중요했다. 가령 가을에 추수를 한 다음 거름을 주고 봄이 되면 충분히 써레질을 해야 토양이 비옥해진다든지, 가을에는 될수록 깊이 갈고 봄과 여름에는 얕게 갈아야 하는 등 경지(耕地) 방법 또한 계절에 따라 달라져야 했던 것이다.

사실 인분을 위시한 동물의 대소변 거름을 쉽게 구할 수 없었던 농민들의 경우 거름보다는 그루갈이를 활용하는 수밖에 없었다. 또 경지 작업을 할 때에도 소를 활용하여 손쉽게 땅을 갈 수 있는 농기

(3) 목작 : 흙덩이를 잘게 부수는 데 사용된 나무 농기구.

(4) 소흘라 : 써레와 비슷한 농기구로서 갈아 놓은 논바닥을 고르는 데 사용했다. 긴 각목에 둥글고 끝이 뾰족한 살을 여러 개 박고 손잡이를 가로 댄 후 각목 양쪽에 밧줄을 달아 사람이 끌거나 소와 말을 이용했다.

구가 없었으므로 목작(木斫)[3]이나 소흘라(所訖羅)[4] 같은 사람의 힘을 이용하는 개인 농구를 많이 사용할 수밖에 없었다.

가축의 힘을 농사에 동원하지 못해서 인력으로 대신했든, 거름을 충분하게 확보하지 못하여 그루갈이 방법을 모색했든 간에 조선 초기는 매년 농사를 지을 수 있는 기술상의 혁신이 이루어진 시기였다. 증가하고 있는 인구를 먹여 살리기 위한 다양한 농법의 모색 그것이 바로 『농사직설』의 탄생 배경이었던 것이다.

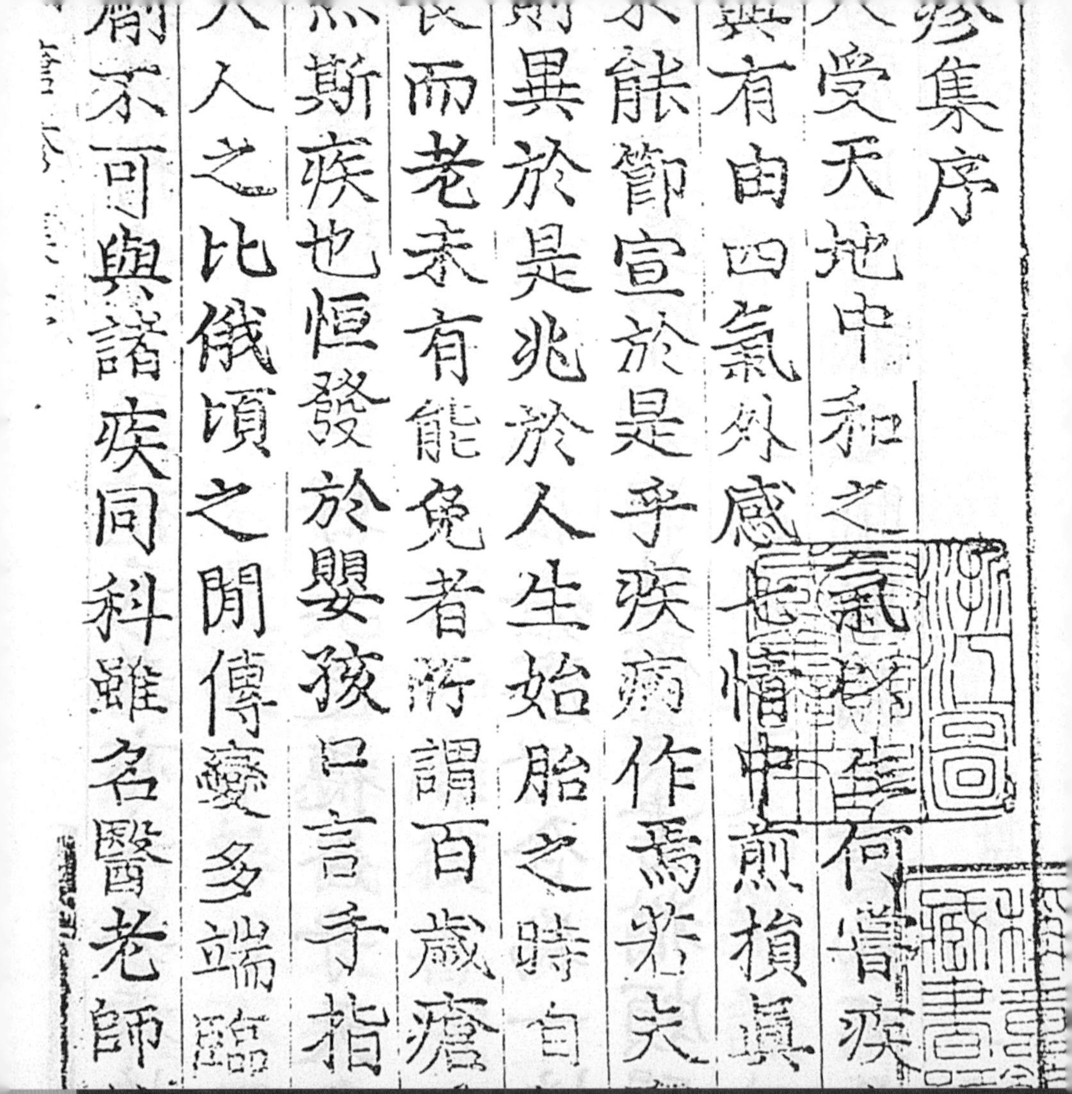

제3장 과학지식의 정비와 새로운 기술들

조선 최고(最古)의 두창(痘瘡) 치료서, 『창진집(瘡疹集)』—임원준(任元濬)

은을 만들자—김검동(金儉同)과 김감불(金甘弗)

해부를 하다니 천벌을 받을라고—전유형(全有亨)

조선 사람은 동의(東醫)로—허준(許浚)

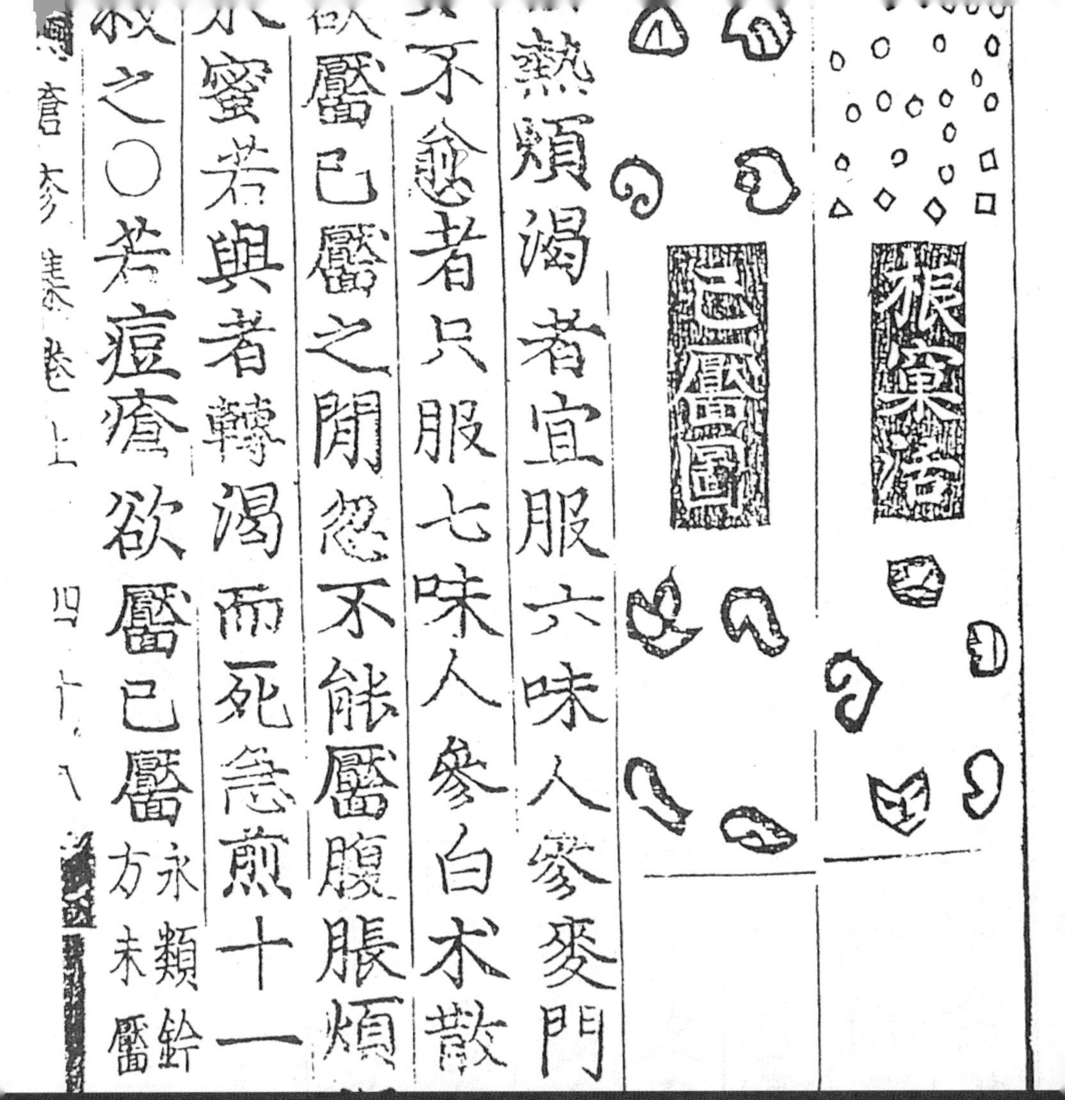

熱煩渴者宜服六味人參麥門
冬不愈者只服七味人參白朮散
靨已靨之間忽不能靨腹脹煩
靨若與者轉渴而死急煎十一
救之○若痘瘡欲靨已靨 永類鈐方 未靨

16세기는 이른바 조선의 독자적인 학문이 성숙되어 가던 때다. 세종대의 과학정책과 이후의 학문 발달에 힘입어 조선의 독자적인 과학과 기술들이 실험되고 또 발전하고 있었다. 은 제련 기술을 개발한 김검동(金儉同) 등은 전연 알려지지 않은 무명의 장인(匠人)들이지만 이들의 연은법(鍊銀法)은 당시 현실에 가장 적합한 조선식 채광 기술이었으며, '조선의학' 을 완성시킨 허준의 역작《동의보감》은 이웃 중국과 일본에서도 그 우수성을 인정받은 조선화된 과학기술의 대표적인 증거물이었다.

조선 최고(最古)의 두창(痘瘡) 치료서,
『창진집(瘡疹集)』

임원준(任元濬)

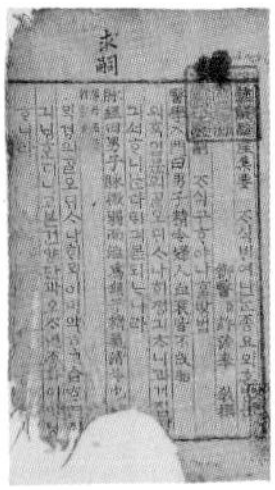

예로부터 훌륭한 제왕의 정치는 의식(衣食)으로 굶주림과 추운 것을 막아주고 또 의약으로 질병의 고통을 구제하였다. 복희와 황제 이후 성인들이 이를 이어받아 귀중하게 여기지 않음이 없었으니 바로 백성들의 부모 노릇을 하려는 뜻이었다. 우리 임금께서 하늘을 이어받아 공덕을 쌓으심이 멀리 천고(千古)를 뛰어넘었으니 백성을 위한 정치가 아닌 것이 없도다. 도리어 한 사람의 백성이라도 혹 병에 걸려 요사할까 염려하여 이 책을 급히 만들었으니 위로는 복희와 헌원씨를 따르며 아래로는 선왕들을 조술하고 더하여 은혜를 만세에 베풀었으니 참으로 지극한 일이다.

—『창진집(瘡疹集)』 서문—

가장 혹독한 역병(疫病): 두창

사실 두창(痘瘡)[1] 혹은 홍역을 포함한 발진성 역병의 기원은 불확실하다. 아마 신석기 시대 이후 인간이 밀집된 공간에서 주거생활을 영위하면서 발병의 계기가 마련되었다고 생각된다.

고대 제국이었던 이집트, 로마 등 인구 규모가 큰 지역에 위세를 떨친 역병이었으며 20세기까지도 전세계를 통하여 많은 사상자를

(1) 두창: 19세기 이후 인공 종묘를 이용한 종두법이 널리 행해지면서 '자연의 두창'이라는 의미의 '천연두'라는 용어가 널리 사용되었다. 그 전에는 두창(痘瘡)이 공식적인 의학적 명칭이었다. 일반에서는 '마마'라고 불렀다. 두창이 큰마마, 홍역이 작은 마마였다.

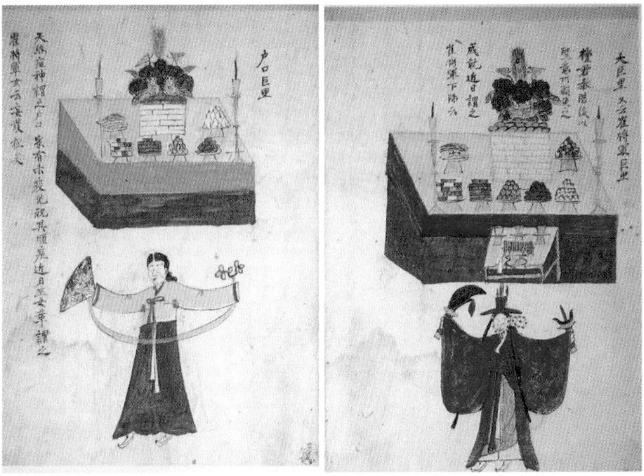

천연두를 쫓기 위해 굿을 하는 장면

(왼쪽) 호구거리를 묘사한 그림. 조선시대에는 천연두를 '호구별성마마'라고 불렀으므로, 호구 귀신을 몰아내는 굿거리를 벌여 천연두를 치료하려고 했다.
(오른쪽) 제석거리를 묘사한 그림. 제석은 주로 집안사람들의 수명, 곡물, 의류 및 길흉화복을 담당한다고 여겨져 신앙의 대상이 되었다.
이 그림들은 조선 말기의 무당에 관한 그림들을 그려놓은『무당내력(巫堂來歷)』에 수록되어 있다. 구한말의 작품으로 일제시대 경성제국대학 교수였던 아키바(秋葉隆)의 수집품으로 생각된다.『무당내력』은 주로 서울 지역의 굿거리를 묘사한 그림들로서 제석거리(帝釋巨里), 별성거리(別星巨里), 대거리(大巨里), 호구거리(戶口巨里), 조상거리(祖上巨里), 신장거리(神將巨里), 창부거리(唱婦巨里), 성조거리(成造巨里) 등을 소개하고 있다. 현재 서울대학교 규장각에 소장되어 있다.

야기하는 등 인간을 위협해왔다. 중국에도 이미 기원전에 두창이 존재했던 것으로 확인되었으며, 기원후 37년과 653년의 발생은 매우 치명적이었다고 알려져 있다. 혹은 송대 이후에 인도로부터 유래한 것이라는 설명도 있다.

두창은 고대에 이미 중국으로부터 한반도에 유입되었다가 일본에까지 전파된 것으로 보인다. 한국 역사상 두창이 일찍부터 존재하였음은 분명해 보이며, 조선시대 전 시기를 걸쳐 '두창'으로 추정되는 역병은 수도 없이 사료에 등장한다.

사실 100여년 전만 해도 두창을 앓았던 곰보 자국은 조선인의 대표적 얼굴이기도 했다. 1896년 이후 조선의 고문관으로 재직하였던 윌리엄 샌즈(William Franklin Sands)는 조선에서 두창 등은 너무 흔한 병이라고 회고하였으며, 1902년과 1903년 두 해를 외교적 사무로 한국에 근무하였던 이태리인 까를로(Carlo Rossetti)는 조선인을 위협하는 최대의 질병으로 두창과 소화불량을 꼽았다. 이보다 앞서 비숍(Isabella Bird Bishop) 여사도 조선에서 두창이 가장 위험한 질병이라 했다.

이처럼 19세기 말에서 20세기 초에 외국인들의 눈에 비친 한국인의 모습은 '두창'과 그로 인한 피해로 인상 지워졌다. 어린 나이에 두창을 앓아 생긴 곰보 얼굴을 '박색'이라 칭하였으니 두창의 이미지가 좋았을리 만무하다.

조선시대 가장 대표적인 역병 두창의 치료는 정부가 해결해야 할 급박한 임무 중 하나였다. 단지 환자를 격리시키는 방법으로는 근본적인 해결책이 될 수 없었다. 무언가 특단의 대책이 필요했으나 후일 알려진 인두법 혹은 종두법이라는 예방법으로 면역성을 기르기 전에는 완전한 치료책이 없었다.

중국의 경우, 대략 11세기 말에서 12세기 초에 중요한 소아과 의서들이 저술되면서 소아 역병의 대표격인 두창에 대한 이해가 점점 심화되고 있었다. 가령 동급(董汲)의 『소아반진비급방론(小兒斑疹

備急方論)』(1093년)과 전을(錢乙)의 『소아약증직결(小兒藥證直訣)』(1119년) 등이 대표적이다. 이들 의서의 내용을 보면 비록 완벽한 설명은 아니지만 두창을 기왕의 발진성 질병이나 감기 등으로 인한 피부 발진, 혹은 식중독의 두드러기 등과는 다른 질병으로 인식하고 있었다.

창진 혹은 두진이라고 불리는 무언가 색다른 역병에 대한 이해가 점점 높아지면서 병의 원인을 설명하려는 노력도 높아졌다. 대개 송(宋)과 그 이후 금원대(金元代)의 의사들은 두창의 원인을 어린아이가 태어나기 전 부모의 뱃속에서 이른바 독소(毒素)를 삼켰기 때문이라고 보았다. 그리고 뱃속의 독소라는 개념은 원대 이후 명대(明代)에 이르면, 태독(胎毒)이라는 개념으로 확정된다. 이와 같이 선천적으로 전해지는 것으로 생각되었던 그 독소는 태아의 몸 안에 있다가 세상의 기운이 나쁘거나 아이의 건강이 좋지 않은 경우 밖으로 나오면서 열꽃으로 피어난다고 본 것이다.

특히 남녀의 음양 교합이 필요 이상으로 음란하거나 지나친 경우 아이가 태독에 전염될 가능성이 높으며, 임신 중인 어머니가 음식을 가리지 않아 더럽거나 좋지 않은 것을 먹은 경우 발병하기 쉽다고 생각했다. 어쨌든 태아가 어머니의 뱃속에 있을 때 필연적으로 삼킬 수밖에 없는 독소가 두창의 원인이며 그것이 후일 발작하는 것이라고 믿었다.

따라서 가장 중요한 두창 예방법은 임신 중의 산모가 음식 등 태교에 주의하는 일이었다. 사실 두창의 근본 원인을 태독으로 설명하는 것은 그럴 듯했지만, 그렇다면 왜 모든 사람들이 두창에 걸리지는 않을까 하는 질문에 대한 답으로는 미흡했다. 그리고 두창에 걸린 사람들 모두 임신 중의 산모가 음식물을 함부로 먹은 데 기인한 것으로 설명하기도 어려웠다. 두창의 발병에는 개인 차가 분명히 있는 데다가 지역적 혹은 시기적인 차이마저 보이기 때문이었다.

따라서 후대로 가면서부터는 태독이 원인이지만 기후가 나쁘거나 아이의 건강이 좋지 않다는 등 주변 환경에 따라 발병할 수도, 혹은 그렇지 않을 수도 있다는 생각이 강해졌다. 제일 중요한 사실은 어머니의 뱃속에 있는 태아를 어떻게 해서든 독소로부터 보호해야 한다는 점이었지만 이와 더불어 시기(時氣)의 전염과 같은 외부적 환경 등이 더욱 중요하게 고려되었던 것이다.

현존하는 최고의 두창 치료서: 『창진집』

조선 초기에는 주로 금원대의 의학을 흡수, 정리하는 데 주력하였으므로 두창 혹은 창진을 치료하는 처방전들이 앞서 언급한 송대나 금원대 의서들의 독소설을 벗어나지 않았다. 명대 이후의 의서들처럼 태독(胎毒)이라는 표현을 강하게 사용하지 않았던 것이다. 그리고 두창이라는 용어보다는 두창과 마진(홍역)을 합친, 보다 넓은 의미의 발진성 역병을 표현하는 '창진(瘡疹)'이 주로 사용되었다. 그러다가 점차 '창진' 대신에 '두창'으로 바꿔 부르게 된 것으로 보인다. 가령 15세기에는 『창진집』이라고 되어 있는 두창 관련 의서의 제목이 16세기에 이르면 창진 대신에 '두창'으로 바뀌는 것이다. 허준은 자신의 『언해두창집요(諺解痘瘡集要)』가 바로 기왕의 『창진집』을 저본으로 하여 증보할 것은 추가하고 필요없는 것은 삭제한 의서라고 언급한 바 있다. '창진'을 떼어버리고 본격적으로 '두창'을

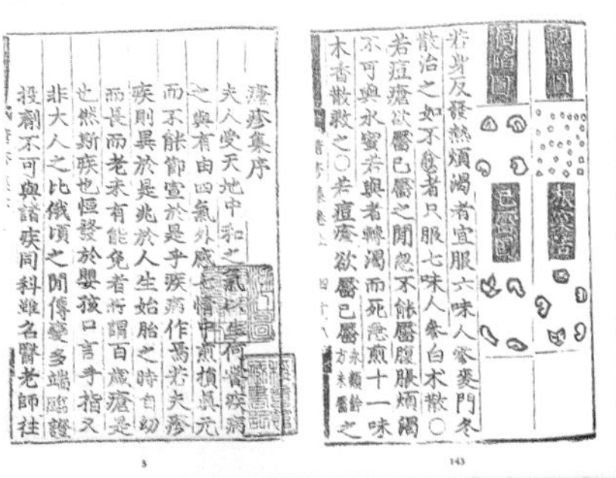

『창진집(瘡疹集)』의 내용

『창진집』은 최근 중국에서 발견되어 국내에 영인되었다. 『창진방(瘡疹方)』이라고도 하며 조선전기 『경국대전』의 의과취재(醫科取才)에 수험서로 채택되기도 했다. 후일 허준(許浚)은 이를 개편하여 『언해두창집요(諺解痘瘡集要)』를 간행하였다.

의서의 제목에 넣은 것이다.

사실 세종 대에 간행된 것으로 알려진 『창진집』은 현존하지 않는 책으로 알려져 있었다. 일제시대 미키 사카에(三木榮)나 김두종과 같은 유명한 의학사 연구자들도 『창진집』은 제목만 알려져 있을 뿐 사라진 책으로 알고 있었던 것이다. 단지 허준이 저술한 『언해두창집요』를 보고 대개 비슷한 종류가 아닐까 추측했을 뿐이다.

그런데 몇년 전 중국의 한 한국학자가 중국 남부 절강성(浙江省)의 도서관에서 세조 임금 시절 증보한 『창진집』을 발견하였는데, 이는 세종 대의 『창진방』을 저본으로 한 것이었다. 당시 어느 신문에는 이를 두고 조선시대 피부병 책이 발견되었다고 소개하기도 했다. 두창 역시 피부에 발진이 돋는 증세가 있으니 피부병 책이라고 소개했다지만 아무리 너그럽게 봐주려 해도 그말은 심했다는 생각이 든다. 엄격하게 말해서 『창진집』은 피부병 책이 아니라 두창 전문 치료서이기 때문이다. 하여튼 그 책은 후일 국내의 한 출판사에 의해

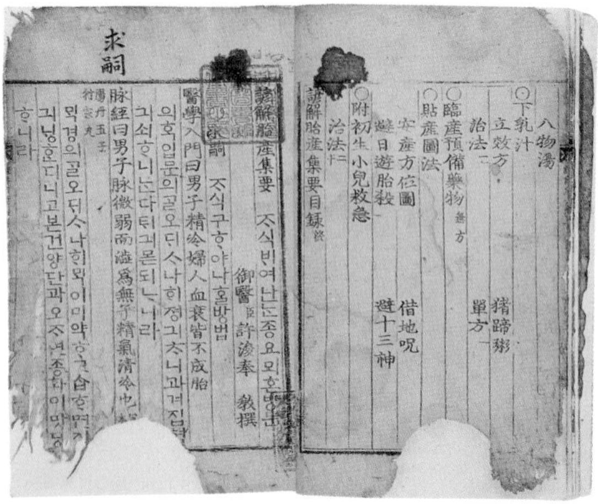

허준이 지은 『언해두창집요(諺解痘瘡集要)』의 내용

서 영인되어 선을 보이게 되었다. 현존하는 조선 최고(最古) 두창 치료서가 드디어 본 모습을 드러낸 것이다.

『창진집』은 조선의 두창 역사를 살피는 데 있어 매우 중요한 서적이다. 왜냐하면 그동안 15세기의 『창진집』은 그 원형이 남아 있지 않아 조선 전기의 두창에 대한 이해 수준이나 대처 방안 등을 알 수가 없었던 것이다. 단지 16세기말 17세기 초 저술된 허준의 『언해두창집요』와 별반 차이가 없을 것이라는 주장이 대세였다. 그러나 두 책을 살펴보면 두창 관련 지식의 시대적 차이를 알 수 있다. 세조 대의 『창진집』이 주로 송대 및 금원대의 두창 관련 의서를 수집 정리한 것이라면, 허준의 『언해두창집요』는 적어도 두창에 대한 전문적인 지식이 상당히 축적되었던 명대의 의서들에 근거하고 있기 때문이다.

한편, 세조 대의 『창진집』과 허준의 『언해두창집요』를 이어주는 가교 역할은 바로 『의림촬요(醫林撮要)』라는 16세기 중반의 의서가 담당하였다. 말하자면 15~16세기 조선의 두창에 대한 지식은 『창진방』(세종 대) → 『창진집』(세조 대) → 『의림촬요』 → 『언해두창집요』를 거치면서 발전해갔다고 볼 수 있다.

세조 대의 『창진집』은 모두 3권으로 구성되어 있다. 상권은 제가론(諸家論)으로 두창 전반에 관한 그동안의 이론들을 소개한 것인데 그 대부분은 『태평성혜방』을 비롯한 송대 의서들로부터 인용한 구절들이며 소아과와 창진 등에 관한 일반론이다. 중권과 하권은 모두 9개의 파트[2]로 구성되어 있는데, 두창의 진행 과정에 맞추어 각 단계별 처치법[3]과 자세한 대응 방법을 소개한 것으로, 실제 임상에 적용할 때 매우 활용도가 높았다. 가령 두창이 피어나기 시작하는 시초부터 꺼지는 과정, 그리고 열꽃으로부터 실명(失明)을 방지하는 방법에 이르는 다양한 처치법이 그것이다. 그리고 마지막에 부록으로 '본조경험방'이 실려 있다.

문인이자 의학자였던 임원준

그럼 『창진집』을 지은 사람은 과연 누구인가? 세조대 임원준(任

(2) 중권 : 예방지제(豫防之劑), 발출지제(發出之劑), 화해지제(和解之劑), 구함지제(救陷之劑), 소독지제(消毒之劑), 호안지제(護眼之劑).
하권 : 최건지제(催乾之劑), 멸반지제(滅瘢之劑), 통치지제(通治之劑), 금기(禁忌).
(3) 후일 두창에 대한 지식이 증가하면서, 증세의 이행과정은 모두 4단계로 압축 정리되었다.

元濬)[4]이라는 문신이었다. 그는 1423년(세종 5)에 태어나 1500년(연산군 6)에 사망한 것으로 알려져 있으며, 문신인 동시에 의학자 그리고 풍수지리에도 밝은 다양한 학문을 섭렵한 전형적인 15세기의 학자였다. 뿐만 아니라 그의 출세 과정 또한 극적이어서 개인에 대한 평가 역시 양극단을 보여준다. 한편에서는 글 잘하고 여러 분야에 다재다능한 천재로 평가받는가 하면, 다른 한편에서는 출세의 화신, 아부와 비리의 온상이라는 혹평을 받았던 것이다.

임원준이 널리 문명(文名)을 떨친 것은 20대의 젊은 나이였다. 그러나 총명이 과하여 일찍이 죄를 짓고 경상도 밀양부(密陽府)에 귀양을 갔다. 1444년(세종 26년) 진사시(進士試)에 이름을 속이고 몰래 시험장에 들어가 다른 사람 대신 글을 지어 바쳤다가 일이 발각되고 말았던 것이다. 이 때문에 그는 종신토록 과거 시험을 볼 수 없게 되었다.

당시 밀양부사가 순행을 하다가 귀양살이하던 임원준을 보고는 그의 문장을 시험해 보았는데, 놀라울 정도로 금방 금방 대답하는 것이 마치 메아리 같았다. 이에 놀란 밀양부사는 다시 한번 시험하

(4) 임원준(1423~1500) : 조선 중기의 문신으로서 본관은 풍천(豊川)이고 자는 자심(子深), 호는 사우당(四友堂)이다. 고려조에 밀직사판사를 지냈던 군보(君輔)의 증손이다. 1456년(세조 2) 문과에 을과로 급제하여 집현전부교리가 되었고 다음해 중시에 병과로 합격하여 사헌부장령, 봉상시판사(奉常寺判事) 등을 거쳐 이조참의에 올랐으며 호조·예조·병조·형조 등 4조의 참판을 지냈다. 그후 1466년에는 발영(拔英)·등준(登俊)의 양시에 합격하여 바로 예조판서와 의정부좌·우참찬에 오르기도 했으며 1471년(성종 2년) 좌리공신(佐理功臣) 3등이 되고 서하군(西河君)에 봉해졌다. 그는 문장으로 이름이 났고, 풍수·의복(醫卜)에도 능통하였다. 그러나 아들 사홍(士洪), 손자 숭재(崇載) 등과 함께 나라를 어지럽힌 간신으로 불리워 당시인들이 임원준을 대임(大任), 아들인 임사홍을 소임(小任)이라고까지 칭하였다.

기 위하여 5백 명이나 되는 기생의 명부를 가져다가 임원준에게 한 번 보인 후 명부를 감추고 기생의 이름을 외우게 하였더니, 하나도 빠뜨리지 않았을 뿐만 아니라 그 순서도 틀리지 않았다. 끝내 탄복한 밀양부사는 역마를 달려서 한양으로 올라와 세종에게 임원준을 천거했다. "이러한 사람은 동방에서 많이 얻을 수 없는 것이니 죄가 있다 하더라도 끝내 버릴 수는 없사옵니다. 빨리 불러올리소서."

세종은 부사의 말만 듣고 그를 임용할 수 없었으므로 효령대군(孝寧大君)의 별장에 갔을 때 명하여 임원준을 불러왔다. 그리고 "옛날에는 7보를 걷는 동안에 시(詩)를 지은 사람[5)]도 있고 바리를 친 소리가 끝나자 시를 지은 일[6)]도 있는데, 네가 능히 옛사람을 따라갈 수 있겠는가?"라고 묻고서는 곧 세자를 시켜 '춘운(春雲)'이라는 시제를 주도록 하고 운자(韻字)를 불러주었다. 임원준이 곧바로 시를 지어 바쳤음은 물론이다.

화창한 삼춘 날씨에
멀고 먼 만 리 구름이로다.
바람은 천 길이나 헤치고
햇빛에 오화가 문채 나네.
상서로운 빛은 옥전(玉殿)에 어리었고

(5) 위 문제(魏文帝) 조비(曹丕)가 그의 아우 조식(曹植)에게 일곱 걸음 안에 시를 지어야지 만약 짓지 못하면 죽이겠다고 하였는데 조식이 즉석에서 시를 지었다는 고사이다.
(6) 남제(南齊)의 소자량(蕭子良)이 밤에 문사(文士)를 모아 놓고 동으로 만든 바리를 치면서 운자(韻字)를 내니, 바리 소리가 사라지는 동시에 시를 지었다는 고사이다.

서기는 금문을 옹위하네.
용을 따르게 될 날을 기다려
장맛비가 되어 성군을 보좌하리라

-『연려실기술』 세조조-

세종은 한참동안 임원준을 칭찬하였고, 얼마 되지 않아 집현전(集賢殿)으로 불러들여 책 만드는 일을 담당하도록 했다.

과거 시험을 볼 수 없었던 임원준은 유학경전 이외에 의학, 천문, 지리 등 잡학(雜學)을 공부하여 출세의 터전을 삼기로 하였는데, 특히 의학에 밝았다. 많은 권문 세족들을 찾아다니면서 치료해주고 이를 인연으로 조정에 줄을 댈 수 있었던 것도 다 의술 덕분이었다.

세조는 역시 임원준을 아꼈는데 "임원준이야말로 똑똑하고 총명하여 사리(事理)에 밝고 통달한데, 심지어 의약까지 모르는 것이 없다"고 칭찬하였다. 결국 그는 1456년(세조 1년) 왕의 허락으로 과거에 응시할 수 있게 되었고 장원으로 합격해서 집현전 부교리(副校理)가 되었으며, 그후 출세의 길은 매우 탄탄하였다.

『창진집』 역시 세조가 임원준의 의학 실력을 높이 평가하여 세종대 미완성으로 간행된 『창진방』의 증보 작업을 맡긴 것이었으니 1457년의 일이었다. 임원준은 당시의 일을 다음과 같이 기록해 두었다. 다음은 그 서문이다.

오직 우리 세종대왕께서는 하늘이 낳은 성인으로 호생지덕[7]은 천

(7) 사형에 처할 죄인을 특사하여 살려 주는 제왕의 덕.

지(天地)에 합하였으니 일찍이 내의원에 명하시어 여러 의서들을 수집하고 창진(瘡疹)에 관련되는 것을 묶어 한 질의 책을 만들도록 하고 『창진집』이라 명명한 후 인쇄하여 중외에 널리 배포하도록 하였다.

그러나 책을 살펴보니 자못 틀린 것이 많아 우리 임금〔세조〕께서 특별히 고민하시다가 경연 도중에 책을 열람하시고는 미비한 것을 병되게 여기고 드디어 임원준과 이조참의 이극담 등에 명하여 덜어내고 추가하며, 어려운 구절에는 간략하게 주석을 달도록 하였으니 '자발(自發)' 부터 '멸반(滅瘢)' 에 이르기까지 대개 9개의 부분으로 나누어 3권을 만들었다. 처방과 약증(藥證)이 갖추어지지 않은 것이 없을 정도로 규모와 절목이 세밀한 부분에 이르기까지 잘 준비되었다.

그후 임원준은 호조·예조·병조·형조의 참판 등 요직을 두루 지냈으며 1466년(세조 12) 발영(拔英)·등준(登俊)[8] 두 시험에 합격하여 예조 판서, 의정부 좌·우참찬(參贊)에 승진하였다. 마지막으로 1471년(성종 2) 좌리공신(佐理功臣)으로 책훈되어 서하군(西河君)에 봉작(封爵)되었으니 세조 치세에 모든 것을 누린 인물이었다.

78세를 일기로 임원준이 사망하자 세조는 그에게 호문공(胡文公)이라는 시호(諡號)를 내려주었는데 '나이가 차도록 오래 사는 것'을 호(胡)라 하고, '학문을 부지런히 하여 묻기를 좋아하는 것'을

(8) 세조 때 임시로 시행했던 과거로서 발영은 문관 정이품 이하의 관원에게 응시하도록 했던 것이고 등준은 경재(卿宰) 이하의 문관에게 응시하도록 했던 것임.

임원준의 묘지

경기도 여주군 여주읍 능현리 산 24-8에 있다. 둘레에 호석(虎石)을 둘렀고, 봉분 앞에는 상석과 향로석을 놓았으며, 특이하게 문관석은 없이 장중한 무인석을 배치하였다. 신도비는 1500년(연산군 6)에 세운 것으로 홍귀달이 짓고 임희재가 썼다고 알려졌다. 비문은 '호문공묘비명(胡文公墓碑銘)'이라고 적혀 있으나 본문은 마멸되어 판독이 불가능하다고 한다.

문(文)이라 이른 것이었다.

그러나 『실록』의 임원준에 대한 평가는 혹독하기만 하다. 그가 비록 여러 가지 서적을 널리 알아 문장으로써 세상에 이름이 났고, 풍수(風水)·의약(醫藥)·복서(卜筮)까지 알아 임금의 총애를 한 몸에 받았다고는 하지만, 성질이 음침하고 교활할 뿐만 아니라 욕심이 많고 간사하였으며, 아들 임사홍(任士洪)및 손자 임숭재(任崇載)가 대대로 그 간사한 짓을 계승하여 마침내 나라 일을 그르치게 되었다는 것이었다.

『실록』의 준엄한 비판은 아무리 날고 기는 위세가라도 피할 수 없는 일이었으니, 조선시대 사관(史官)들의 위력과 사명감을 느끼게 하는 대목이다.

은을 만들자

김검동(金儉同)과 김감불(金甘弗)

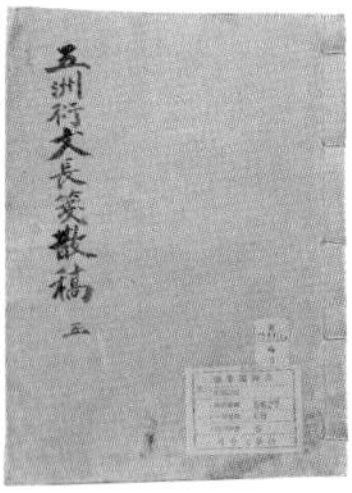

국초에는 은화(銀貨) 사용을 금지하였기 때문에 혹 역관(譯官)이 중국에 사사로이 가지고 갔다가 발각되면 사형(死刑)에 처해졌는데, 임진왜란 때에 중국에서 은을 조선에 나누어 준 후 조선에서도 군량(軍粮)·군상(軍賞)을 모두 은으로 주게 되었다. 이로써 은화가 점차 통용되었다. 선조 임금 시절에 나라의 재정이 모두 고갈되자 어사(御史)를 함경도 단천(端川)에 특별히 보내서 은을 채취하여 보충하도록 하였으며 단천의 다른 토산물이나 역(役)을 모두 면제하고 오로지 은을 공납하도록 하였다.

―『만기요람』「금은동연(金銀銅鉛)」―

조선시대의 무역

뉴스를 듣고 있자면 전 세계가 경제 전쟁을 벌이는 것처럼 보인다. 한국도 가입되어 있는 나프타(NAFTA)나 에이펙(APEC)과 같은 경제 지역권이 속속 만들어지는가 하면, 한편으로는 세계의 자유무역을 지지하는 기구(WTO)의 역할이 증대되면서 여기에 반대하는 집회로 온 세상이 떠들썩하다. 모든 것이 경쟁사회이고 경제 전쟁으로 비춰진다.

도대체 전근대에서 국제 무역은 어떻게 이루어졌을까? 한마디로 한반도가 위치하고 있는 동아시아에서는 전통적으로 중국을 중심으로 각 나라간의 특성을 존중하는 가운데 조공 무역이라는 일종의 교환 무역이 발달하였다.

조선시대에도 이러한 양상은 크게 달라지지 않았다. 특히 명나라는 전통적인 화이사상(華夷思想)[1]을 강조하면서 세계의 중심으로서 중국의 이미지를 강요하였다. 이웃 나라들에게 조공 조건을 까다롭게 한다든지 물량을 증가시키는 등 이전에 비하여 조공 무역의 조건이 엄격해졌다. 그러나 명분 이외에도 교역상의 실리를 항상 염두에 두었던 것이 조공 무역이 가지는 이중적 성격이었기 때문에 조선이나 일본이 명나라의 명령에 좌우된 것만은 아니었다. 나름대로의 경제 조건과 논리를 중시하면서 동아시아 경제권의 일원으로서 활동하였던 것이다.

16세기에 이르러 동아시아의 경제권이 매우 활발한 성장을 하면서 교역량이 크게 증대하였다. 특히 유럽의 상인들까지 참가하는 세계적인 모습을 보였다. 물론 동아시아의 교역의 핵심은 조선과 중국 그리고 일본이었다. 이 가운데 조선은 중국과 일본의 중계 역할을 함으로써 상당한 부를 축적할 수 있었다.

은, 은, 은

중국은 유럽에서 많은 양의 수입품들을 사들였는데 그 대금의 결제를 은으로 했기 때문에 은이 항상 부족하였고 따라서 조선에 많은

(1) 화이사상 : 중국 민족(漢族)이 스스로를 중화(中華)라 칭하고 주변 민족을 이적(夷狄)이라 하여 천시하던 우월주의 관념이다. 중국인들은 자신들이 속한 국가를 화하(華夏) 또는 중화(中華)라 칭하면서 지리적으로는 세계의 중심에 위치하는 동시에, 문화적으로도 가장 우수하다고 주장했다. 반면에 주변에 있는 다른 민족들을 이(夷)·만(蠻)·융(戎)·적(狄)이라 하여 열등한 종족으로 바라보았다.

양의 은을 요구했다. 이에 대해 조선은 은 생산국이 아님을 들어 계속 그 양을 줄여 보려고 노력하였다. 세종대왕 때에는 중국에서 너무도 많은 양의 은을 요구하자 세종은 광산을 폐쇄하는 강경 조치를 취하기도 하였다.

한편, 16세기에 이르면서 중국으로부터 비단 등의 고가 직물류 그리고 원사(原絲)가 수입되었고 무역량도 서서히 증가하기 시작했다. 이는 15세기 이후 100여년이 지나는 동안 국가가 부유해진 까닭이었다. 매년 농사를 지을 수 있는 연작상경의 기술이 발달하자 일년에 한번 농사를 짓는 데 그쳤던 농지에서 매년 농사를 지음으로써 보다 적극적인 농지 활용이 가능해졌고, 그 결과는 곧 경제력의 상승으로 이어졌다. 요즘과 마찬가지로 돈이 많아지자 사치품에 대한 수요가 늘어나 비단과 같은 고가품을 중국으로부터 대량 수입하게 되었던 것이다. 그리고 중국에서 그 결제 대금으로 은을 요구하자 조선에서는 그동안 부진했던 은 광업이 발달하기 시작하였다.

점차로 은에 대한 수요가 증가하게 되자 정부는 민간인의 은광 개발을 허락하는 방향으로 국가 정책을 수정하였다. 조선 개국 당시부터 추진되었던 모든 산업의 국유화 내지는 국가 관리라는 공적 관리 시스템에 변화가 생긴 것이었다. 개인의 은광 개발이 허용되면서 점점 은 광산의 개발이 활발해지고 광석으로부터 은을 제련하는 기술도 정밀해지게 되었다.

은 제련법의 발달

은을 캐는 구멍은 깊이가 얼마나 되는지 알 수 없이 깊고 또 그 구멍이 매우 좁아서 겨우 세 사람이 드나들 수 있으므로, 은을 캘 때에는 벌거벗고 코를 막고 목구멍을 가리고 횃불을 밝히고서 들어갑니다. 구멍 안에 오래 들어가 있지 못하고 곧 다시 나오는데, 형색(形色)이 죽은 사람처럼 되니 그 괴로움은 이루 말할 수 없습니다.

–『중종실록』 중종 18년 9월 12일–

조선시대 공물로 바쳤던 은을 채굴하기 위하여 민중들이 겪는 고초는 대단하였다. 그런데 이때 은 제련 기술의 발달에 한 발자국을 더 내디뎠던 인물들이 있었으니 이름도 천하고 신분도 높지 않았던 일선의 기술자들이었다. 김검동과 김감불이 그 주인공인데, 이들은 원래 궁중의 금은 세공에 동원되었던 장인이었다.

두 사람은 은을 포함하고 있는 아연광으로부터 순도 높은 은을 분리하는 방법을 개발하였다. 이것이 바로 1503년 함경도 단천에서 김검동과 김감불이 개발한 아연과 은을 따로 분리하는 새로운 제련법, 곧 단천 연은법이다. 그들이 창안한 제련법은 위의 『실록』에 자세하게 기록되어 있을 만큼 귀금속 제련 기술의 획기적인 발달을 보여준 것이었다.

쇠로 만든 화로의 안벽에 석회로 만든 내화재를 바른 다음에 그 속에 연광석 덩어리들을 채우고 노(爐)[2] 전체를 질그릇 조각들로 덮은 다음 그 위와 아래에 놓인 숯에 불을 달군다. 이때에 높은 온도로

(2) 노 : 가공해야 할 광석 등의 원료를 넣고 열을 가하여 녹이거나 굽거나 하는 시설. 용광로, 원자로, 전기로 등을 말한다. 여기서는 은을 제련하는 화로(火爐)를 가리킨다.

『천공개물(天工開物)』 가운데 은을 제련하는 광경

계속 불을 때면 광석이 녹아내리면서 은과 아연은 위로 끓어오르는데 여기에다가 물을 뿌리면 아연이 먼저 굳어져 나오고 은은 아연과 달리 구분되어 나오는 것이다.

이러한 제련법을 통해 당시 많은 양의 은이 생산되었다. 똑같은 양의 광석으로부터 순도 높은 은을 제련하였던 만큼 경제적으로 크게 효율을 높인 것이었다. 따라서 단천의 은 제련법은 빠른 속도로 퍼지게 되었다.

중국 명나라 때의 과학기술자인 송응성(宋應星)이 총 18권으로 저술한 『천공개물(天工開物)』[3)]에는 다양한 은 제련법이 소개되어 있다. 여러 가지 광석과 금속을 논하는 내용 중에 은의 제련법이 기록되어 있는데 단천 연은법과 거의 비슷하다. 노를 만들어 은과 아연이 포함된 광석들을 넣고 불을 지피다가 물을 뿌려 은을 분리하는 기술인 것이다.

그런데 『천공개물』은 1637년에 출간되었으니, 단천 연은법은 그보다도 100여 년이나 앞선 것이었다. 이때 이미 단천 연은법은 새로운 은 제련기술로 굳건히 자리를 잡고 있었다. 함경도가 한반도의 북방에 위치하여 중국과 가까웠기 때문에 그 기술이 중국으로 흘러 들어간 것이 아닐까 하고 추측해 본다. 물론 중국에서 자체적으로 이 기술을 알아내었을 수도 있다. 어쨌든 16세기 조선에서는 은 제련 기술의 발달로 순도 높은 많은 은을 제련할 수 있었던 것이다.

이 무렵 유럽의 제련 기술은 과연 어떠했을까? 유럽의 경우도 금속학의 발달은 매우 중요하였다. 철, 구리, 주석, 금, 은 등은 인간의 생활과 밀접한 관계가 있었다. 광산을 개발하고 보다 순도 높은 금속을 추출하는 것이 무엇보다도 중요하였다.

아그리콜라(Agriclola, 1490~1556)라는 인물은 유럽 금속학의 원조라고 할 수 있는데, 1556년 광산에 관한 여러 가지 저술과 함께

(3) 『천공개물』: 중국 명나라시대의 과학기술 전문서. 저자는 송응성(宋應星, 1587~1664)으로 장시성(江西省) 평신(奉新) 사람이다. 중국 고대의 농업·공업·산업·교통운수·병기제조 등에 관한 생산기술과 공예 그리고 양식(糧食)·유료(油料)·당료(糖料) 작물의 재배·가공, 양잠·양봉, 금·은·동·철·주석·아연 등 금속의 제련, 석탄·옥의 채굴, 방직·염색·지묵(紙墨)·도자기·석회(石灰)·식염·모피·수레·선박·병기 제조 등에 관해 체계적으로 기술하고 있다. 중국 전근대 과학기술종합서의 백미로서 매우 중요한 문헌이다.

『금속에 관하여』라는 대작을 남겼다. 여기에도 은을 제련하는 기술이 소개되어 있지만, 여전히 은광석을 녹여 노의 밑으로 흘러나오는 용융액을 받아 제련하는 방식이었다. 그러나 은과 아연은 녹는 온도가 비슷하기 때문에 이러한 방법으로는 단천 연은법에 비해 순도 높은 은을 만들 수 없었다.

이규경과 단천 연은법

김검동과 김감불이 창안한 은 제련법은 당시 전 세계에 내놓을 만한 훌륭한 제련 기술이었지만, 미천한 기술자들에 의하여 개발된 방법인지라 그저 역사 속에서 그냥 사라질 뻔하였다. 그러나 우리는 이규경의 책에서 단천 연은법에 대한 기록을 볼 수 있다. 19세기의 실학자 이규경은 박학다식하여 여러 분야에 걸친 지식을 정리하면서, 광물학에도 관심을 기울였으니, 그의 저술을 통하여 김검동과 김감불이 발견한 은 제련의 기술은 우리에게 그 빛을 발하게 된 것이다. 이규경이 소개한 제련 기술은 다음과 같다.

먼저 은이 포함된 광석을 채취한 후, 노(爐) 밑에 조그마한 구덩이를 파고 뜨거운 불을 먼저 깔아 둔다. 그리고 그 위에다가 아연 조각들을 깔고 은광석을 펼쳐 둔다. 사방에 불티가 남아 있는 재를 덮고 소나무로 덮는다. 부채를 가지고 불을 지피면 불길이 일어나는데 아연이 먼저 녹아 내리고 은광석은 천천히 녹는다. 그러다가 아연 녹은 물이 끓어오르면서 갑자기 은광석이 갈라지고 그 위로 아연이 흘러나온다. 이때 물을 뿌린다. 그러면 은이 응고하면서 아연과 분리된다

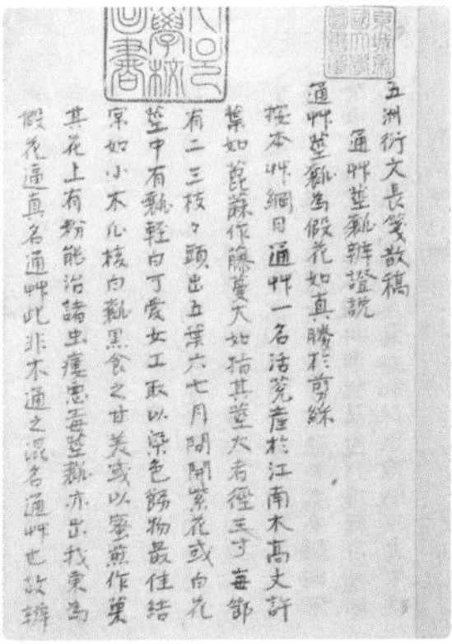

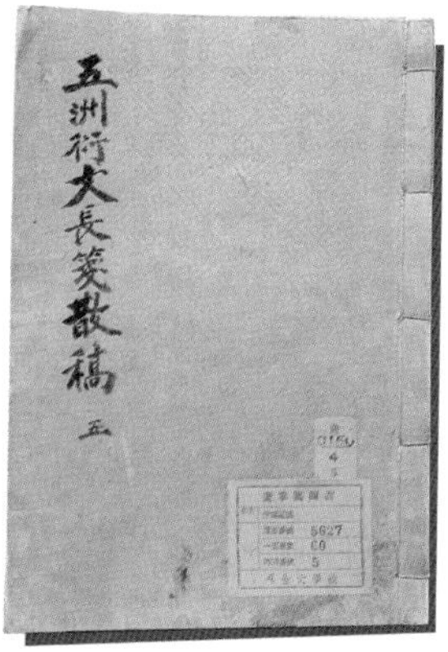

『오주연문장전산고(五洲衍文長箋散稿)』의 표지와 내용

19세기의 학자 이규경(李圭景, 1788~1856)이 편찬한 일종의 백과사전으로서 모두 60권 60책으로 구성되어 있다. 위의 사진은 그 필사본이다. 우리나라와 중국, 기타 외국의 문물과 제도를 망라하여 그 연혁과 내용을 고증하고 해설한 책이다. 내용은 천문·역법·수리·시령(時令)·부족·역사·지리·붕당·경서·문학·문자·음운·금석·고기(古器)·전적(典籍)·서학(西學)·서교(西敎)·도교·불교·서화·의학·음양·기후·오행·재이(災異)·제도·습속·예제·복식·유희(遊)·주거(舟車)·야금(冶金)·고총(古塚)·병학·무기·양전(量田)·양조(釀造)·종축(種畜)·외래물종·초목·어류·조수(鳥獸)·금속 등으로 거의 대부분의 지식 영역을 포괄하였다. 그리고 총 항목은 1400여 개 이상이다. 원본은 최남선(崔南善)이 소장하고 있었으나, 6·25전쟁 때 없어지고, 이를 필사한 것만 서울대학교 규장각에 남아 있다.

–『오주서종(五洲書種)』「단천 연은법」–

용융점이 유사한 두 금속을 분리해 내는 동시에 순도를 높일 수 있는 이 기술은 오랜 동안의 관찰과 실험이 없었다면 불가능한 방법이었다. 비록 김검동과 김감불은 무명의 기술자에 불과하였지만 이들이 개발한 연은법은 함경도 단천을 더욱 활발한 은 산지로 만들었으며, 조선은 중국과 일본의 중계무역에서 더 많은 국부(國富)를 축적할 수 있게 되었다.

점점 기술이 국운(國運)을 좌우하는 시대가 되고 있다. 기술의 발전은 하이테크놀로지 뿐 아니라 현장에서 묵묵하게 일하는 장인(匠人)들의 손끝에서도 이루어지고 있음을 잊어서는 안 될 것이다.

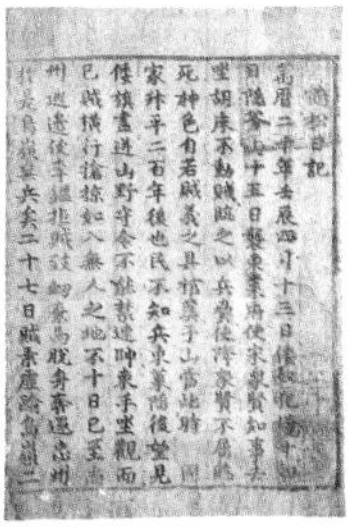

해부를 하다니 천벌을 받을라고

전유형(全有亨)

송(宋) 나라 휘종 황제 시절 사천(泗川)에서 사형수를 저자에서 죽였는데, 군수 이이간(李夷簡)이 의원과 화공을 보내어 배를 갈라 그림을 그리게 하여 사람의 장부(臟腑)를 소상히 알게 되었으니 의가(醫家)에 도움이 많았다. 또한 송나라 인종(仁宗) 황제 시절에 두기(杜杞)가 광남(廣南)의 도둑 구희범(歐希範)을 잡아다가 배를 가르고 창자를 분해하여 낱낱이 그림을 그렸으니, 지금까지 전해오는 오장도(五臟圖)가 바로 그것이다. (중략)
우리나라에서는 참판 전유형(全有亨)이 평소부터 의술에 밝았고 의서까지 저술하여 후세 사람에게 길이 혜택을 주었으니, 그 활인(活人)한 공적이 얼마나 컸겠는가? 그러나 갑자년 이괄(李适) 의 난리에 참형을 당했으니, 허물이 없는데도 앙화를 면하지 못했던 것이다. 사람들은, "그가 임진왜란 때 길거리에서 세 사람의 시체를 해부해 본 후부터 의술이 더욱 정통해졌지만, 그가 비명에 죽은 것은 이로 말미암아 재앙을 입은 것이다"라고 하였다.

—이익, 『성호사설』 「오장도(五臟圖)」—

서양 의학, 동양 의학

서양 의학과 동양 의학의 가장 큰 차이를 들라면 해부학을 먼저 떠올릴 수밖에 없다. 그만큼 서양 의학의 탄생과 발달은 해부학의 발달과 밀접한 관련을 맺고 있다. 해부된 장기들을 관찰하면서 동물과 인간의 신체 구조, 장기에 대한 지식을 의학 치료에 응용하였던 것이다. 반면에 동양 의학은 장기의 기능론적 측면을 중시했다. 해부학적 특질과 지식보다는 장기들의 기능과 신체부위의 상호 관련에 관심이 집중되었다고 할 수 있다.

서양 의학의 원조라고 불리는 히포크라테스의 저술에서도 뼈와 근육 그리고 힘줄의 기능과 구조 등이 자세하게 서술되어 있다. 히포크라테스에 이어 해부학을 본격적으로 의학에 이용한 사람은 갈레노스(129-199?)였다. 그는 페르가몬과 알렉산드리아라는 곳에서 의학을 공부한 후 로마로 갔다. 마르쿠스 아우렐리우스 황제의 군의관이 된 그는 검투사들이 시합에서 죽거나 다친 경우 상처 부위를 치료하면서 신체를 절개해 보고 해부학적 지식을 쌓았다. 특히 심하게 다쳐 내장이 드러나게 된 사람들을 보면서 해부학 실습의 기회로 삼았다.

그는 나중에 해부학 연구를 더욱 심층적으로 할 수 있는 연습실을 마련하기도 했다. 비록 원숭이를 주로 해부하였으나, 원숭이가 사람과 가장 유사하였기 때문에 원숭이를 절개하고 해부한 지식으로 인체의 기관과 구조를 유추하여 해석하였다. 중세 시대에 이르도록 갈레노스가 이룩한 해부학적 지식은 최고의 경전으로 대접받았다.

갈레노스의 해부학은 뒤에 베살리우스 등을 거쳐 15~6세기에 더욱 발전하였다. 특히 16세기 말과 17세기 전반을 통하여 활약한 하비는 해부학이 의학에서 얼마나 중요했던가를 보여주는 대표적인 인물이다. 해부학을 통한 엄밀한 실험 그리고 실험을 통한 의학의 발달은 하비 의학의 정수이다.

당시 이태리의 파도바 대학은 해부학의 메카였다. 이곳에서 하비는 해부학 연구에 열중하면서 『동물의 심장과 피의 운동에 대한 해부학적 연구』(1628)라는 저술을 통하여 근대적 의미의 해부학을 시도하였다. 특히 심장을 지나가는 혈액순환을 해부학 실험을 통해 발견해냄으로써 중세 의학이 근대 의학으로 넘어가는 데 중요한 가교 역할을 하였다.

이처럼 서양 의학의 발달은 해부학의 지식에 전적으로 의존했다고 해도 과언이 아니다. 이에 비해 동양 의학 또는 한의학은 해부학에 대해 어떤 태도를 가졌을까? 동양 의학은 특히 유교적 전통이 심화되면서 해부 자체를 금기시하였다. 인체를 손상하는 것은 살아서나 죽어서나 자신을 낳아 주신 조상님에게 큰 죄를 짓는 것으로 생각되었다. "신체발부 수지부모 불감훼상 효지시야(身體髮膚 受之父母 不敢毁傷 孝之始也)"의 이념이 지켜졌던 것이다. 자기의 몸과 머리 털, 피부는 부모님으로부터 받은 것이니, 감히 몸을 상하지 않게 하는 것이야말로 효도의 시작이라는 말이다. 따라서 부관참시나, 육시(戮屍)처럼 육신을 갈갈이 찢어 죽이는 일은 가장 무섭고도 지독한 형벌이었다. 동양 의학에서 해부학과 같은 시체의 절개와 장기의 관찰이 발달하지 못한 이유 중 하나가 여기 있다.

산 자와 죽은 자

한편, 동양 의학의 기초가 되는 기(氣)와 혈(血) 그리고 정(精)의 개념 또한 해부학 발달을 저해한 중요한 요인이었다. 가령 '정'은 사람의 생명을 탄생하고 유지하는 데 필수적인 요소로서 일종의 생령(生靈)같은 것이었다. 생령인 정을 담아 온몸을 순환하는 것이 '혈'이다. 그리고 그 에너지는 '기'로써 표현되었다. 이렇게 정과 혈과 기가 유기적으로 조화를 이루어 잘 움직여주는 것이 건강하게 살아 있다는 상징이었다. 그러나 이 3자가 삐걱거리기 시작하면 병이 나타날 징후로 파악하였다.

'생자(生者)' 즉 살아있는 사람의 구성 요소는 정, 기, 혈을 모두 가지고 있어야 한다는 점이다. 이러한 개념 속에서 건강한 자와 아픈 이가 구분되고 또 치료 행위가 이루어졌다. 산사람과 죽은 사람의 차이는 이 3가지 요소를 가지고 있느냐 없느냐의 문제였던 것이다. 여기서 동양 의학의 가장 중요한 특징이 잘 드러난다. 바로 살아있는 사람을 대상으로 하는 의학이라는 것이다. 따라서 죽은 사람 특히 기가 빠져 버린 사람을 절개하고 해부한다 한들 거기서 얻은 지식은 기를 가지고 있는 산 사람에게는 전혀 적용할 수 없는 일이다.

서양 의학에서는 죽은 사람의 장기 관찰을 통하여 얻은 지식이 살아 있는 사람의 치료와 병증의 적용에 도움이 된다는 인식이 있다. 물론 유기체적인 사고가 없는 것은 아니었지만 원자론적이고 기계적 철학에 바탕을 둔 신체관이 주를 이루었다. 따라서 죽은 사람의 육체를 구성하는 원자 또는 원소는, 살아 있는 사람의 그것과 별로 다를 것이 없다.

물론 영혼이 있고 없음의 차이가 있기는 하지만 영혼은 어차피 물질이 아니었으므로 죽은 사람의 육체와 살아 있는 사람의 육체가 다르다는 생각은 상상할 수도 없었다. 죽은 자와 산 자는 단지 인간을 구성하고 있는 원자의 운동에 차이가 있을 뿐이었다. 즉 사람을 구성하는 입자들이 운동하는 경우에 그들은 살아 있는 것이요, 그것이 멈추면 죽은 상태로 파악하였다. 서양에서 깊은 잠이 곧 죽음을 상징하는 것도 그와 같은 이유에서다.

그러나 동양의 경우는 어떠한가. 앞서도 이야기하였듯이 기가 빠진 사람은 곧 죽은 사람이다. 비록 살아 있더라도 기가 사라진 사람은 죽은 사람으로 취급되었을 정도였다. 이와 같은 기는 의학에서 더욱 중요하였다. 죽어 있는 사람은 기가 빠진 사람이고 기가 빠진 사람의 육체는 기가 충만한 사람과는 기본적으로 다른 것이었다. 따라서 죽어 있을 때의 장기와 살아 있는 사람의 장기는 엄연히 다르다는 것이다. 당연히 해부는 필요없는 것이 되었다.

물론 인간이기 때문에 인체를 해부해서 들여다 보고 싶은 충동이 있었을 것이다. 그리고 동양의 의학자들 가운데 실제로 해부를 해본 사람들도 있었을 것이다. 그러나 서양 의학의 해부학에 비한다면 동양에서의 해부는 그야말로 임시적이고 호기심 차원에 그치는 것이었다.

조선의 외과 수술

남인 실학자 이익(李瀷)[1]은 해부학과 함께 서양 의학에 어느 정도 관심을 기울이고 있던 차에 조선에도 혹시 해부와 같은 서양 의학적 체험을 한 사람이 없을까 하고 역사책을 뒤적이다가 전유형(全有亨)[2]이라는 인물을 찾아냈다. 이익이 해부학 등 서양 의학의

(1) 이익(1681~1763) : 조선 후기의 실학자. 유형원(柳馨遠)의 학문을 계승하여 실학을 집대성했다. 그의 논설들은 매우 독창적이고 박학한 데다가 항상 실용적이고 현실에 활용 가능한 것들로서 이른바 현실의 지식학을 추구하였다고 말할 수 있다. 당시 시폐(時弊)를 개혁하기 위한 방안들을 모색하는 데 주력하였고 주로 농업정책의 점진적인 개선안들을 강구하는 일에 관심이 많았다. 그의 학문은 후일 정약용(丁若鏞)을 비롯한 여러 학자들의 사상 형성에 큰 영향을 끼쳤다. 본관은 여주(驪州)이며 자는 자신(自新), 호는 성호(星湖)이다.

방법론에 관심을 기울인 덕분에 임란 때의 전유형이 다시 한번 우리의 이목(耳目)을 끌게 된 것이다. 물론 전유형이 서양의 해부학적 지식에 근거해서 사람의 시체를 해부하였는지, 단순히 호기심에서 해부하였는지는 아무도 모른다.

그럼 조선의 경우 해부학이라고 할 만한 것이 전혀 없었던 것인가? 비록 배를 가르고 장기를 꺼내는 해부는 없었다고 해도, 종기를 째고 치료하는 절개와 같은 외과 수술은 있었다. 전근대 사회의 위생 환경은 오늘날에 비해 매우 열악하여 피부 질환이 많았다. 특히 외부의 상처가 곪아서 생기는 종기가 많았다. 수십 여 년 전만 하여도 '이명래 고약'과 '조고약' 등은 종기를 치료하는 데 가장 많이 이용되었던 고유의 약들이었다. 물론 지금도 고약이 모두 없어진 것은 아니지만 조선시대에는 종기가 중요한 외과 치료의 대상이었다.

16세기 경 조선에는 종기 치료로 유명한, 임언국(任彦國)[3]이라는 의사가 있었다. 그의 출생과 사망에 대해서는 구체적으로 알려진 바가 없으나, 명종 대에 의학과 관련된 하급 관청에서 관직 생활을 했

(2) 전유형(1566~1624) : 조선 중기의 문신으로서 본관은 평강(平康). 자는 숙가(叔嘉), 호는 학송(鶴松)이다. 1594년(선조 27년) 청안현감으로 왜적의 격퇴에 힘썼다. 1603년 붕당타파와 세자보호 등에 관한 시사(時事) 15조를 상소한 바 있다. 1605년 정시문과에 장원급제하여 이듬해 감찰이 되었으며, 광해군 때에는 함흥판관, 광주목사(廣州牧使), 형조참판을 지냈다. 1624년 이괄(李适)의 난 때 반란군과 내응했다는 모함을 받아 처형되었으나, 4년 후 신원되어 이조판서에 추증되었고, 후에 괴산 화암서원(花巖書院)에 배향되었다. 저서로 『학송집』이 있으며 시호는 의민(義敏)이다.

(3) 임언국 : 생몰년도 미상. 조선 명종 때의 의원(醫員). 정읍 출신으로 알려졌으며 어떤 노승으로부터 침술을 전수받아 명성을 떨치자 조정에서 그를 불러 많은 사람의 병을 치료하게 하였다. 그때의 공로로 의복을 하사받고, 예빈시주부(禮賓寺主簿)에 특별히 임명되었다. 저서에 『치종비방(治腫秘方)』 1권이 있다.

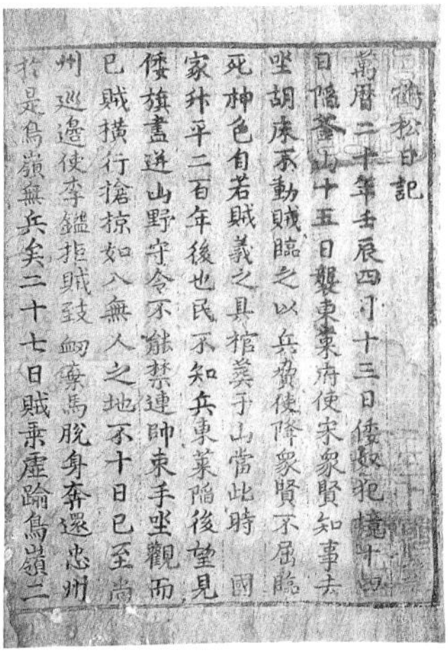
鶴松日記
萬曆二十年壬辰四月十三日倭奴犯境十四
日陷釜山十五日襲東萊府使宋象賢知事去
坐胡床不動賊臨之以兵脅使降象賢不屈臨
死神色自若賊義之具棺葬于山當此時 國
家升平二百年後也民不知兵東萊陷後望見
倭旗盡迸山野守令不能禁連帥束手坐觀而
已賊橫行搶掠如入無人之地不十日已至尚
州巡邊使李鎰拒賊跂衄棄馬脫身奔還忠州
於是鳥嶺無兵矣二十七日賊乘虛踰鳥嶺二

전유형의 문집인
『학송일기(鶴松日記)』의 서문

으며 왕으로부터 상을 받았다는 기록이 있는 정도이다.

그는 『치종비방(治腫秘方)』[4)]이라는 외과 치료법 저술을 남겼는데, 거기에는 다양한 종기들을 분류하고 치료하는 방법이 소개되어 있다. 특히 침으로 종기를 찔러 피고름을 빼낸 다음에 소금물로 소독한다는 내용은 오늘날의 처치법과 유사한 기술이었다. 무엇보다도 임언국이 크게 기여한 외과 치료술은 십자 절개법(切開法)이었다. 기술의 소개였다. 그는 농양을 절개할 때는 반드시 십자형(+, ×)으로 해야 한다고 주장하였다.

(4) 치종비방 : 조선 명종 대에 임언국(任彦國)이 지은 종양 전문치료서로서 1559년(명종 14년)에 전라도 금산(錦山)에서 간행되었다. 전라도 관찰사 안위(安偉)의 서문과 증상, 치료법으로 구성되어 있다. 임언국이 남긴 처방을 안위가 수집하여 금산군수에게 위촉·간행하였다 한다. 이 책은 농양(膿瘍)을 화정·석정(石)·수정(水)·마정(痲)·누정(縷)의 5가지로 나누어 그 증상과 치료법을 설명하고 있다. 특히 현대의 외과 기술과 같은 절개요법은 물론이거니와 소독 살균요법 등도 들어 있다.

이 기술은 후에도 계속 전승되어 『치종지남』이라는 우리나라에서 보기 드문 외과 수술법 서적에 수록되기도 했다. 여기에는 수술할 때 사용하는 외용약이 19종이나 소개되어 있는 등 수술과 소독 그리고 세척에 관한 많은 임상 기록들이 기재되어 있다.

외과 수술로 종기를 째고 세척하는 것이 서양의 해부학과는 다른 것이지만 동양 의학에서 해부학과 가장 유사한 분야라는 점에서 중요하다 할 것이다. 물론 한국 역사상 본격적으로 인체를 절개하고 장기를 들여다본 인물은 바로 전유형이었다.

해부 경험자 전유형

충청도 청원에는 다음과 같은 이야기가 전한다. 임란 때의 일이다. 왜군이 이 지역으로 진격하다가 초정리 근처 숯고개에 이르러 커다란 궤짝을 보게 되었다. 보물단지로 생각한 일본군이 궤짝을 부수었더니 그 속에서 수천만 마리의 벌들이 쏟아져 나와 혼비백산하였다. 그후 얼마를 도망가다 다시 궤짝을 만났다. 이번에는 속지 않겠다며 궤짝을 열어보지도 않은채 불을 질렀다. 그런데 이게 웬일인가. 통 안에 가득한 화약이 그만 폭발하여 병사들이 절반이나 죽게 된 것이다.

다시 도주하던 왜병들이 얼마를 가니 또 다른 궤짝이 보이는 것이었다. 열 수도, 그렇다고 불태울 수도 없자 마을 사람을 잡아다가 무엇이 들었는지 물었다. 말이 통하지 않아 모른다는 시늉뿐이었다. 한자를 쓸 줄 아는 왜병이 이 고을의 사또가 누구인지 묻기로 하였다. 마을 사람이 학송(鶴松) 전유형(全有亨)이라고 쓰자 왜병들은 걸음아 날 살려라 하며 도망치기 바빴다. 조선에 쳐들어 올 때 '우송이패(遇松而敗)' 즉 소나무를 만나면 패한다는 말을 들었던 왜군들인지라 당시 청안 현감 전유형의 호가 학송(鶴松)인 것을 보고 그대로 도주한 것이었다.

우스게 전설인 듯하지만 1594년 당시 청원현감이었던 전유형은 이미 1592년 임란이 발발하자 조헌과 함께 의병을 일으켰으며 이듬해 왜군을 방어하는 책략 10여조를 올리는 등 국방에 힘썼던 인물이다. 때문에 이같은 전설이 충청도 일대에 유행한 것으로 보인다.

전유형은 의학에도 매우 조예가 깊었다. 조선 사람들이 가장 두려워했던 전염병 즉 천연두를 치료하는 데 그의 처방전이 널리 활용되었으며, 명의 허준(許浚)이 너무 늙어 내의원 의원들을 가르칠 수

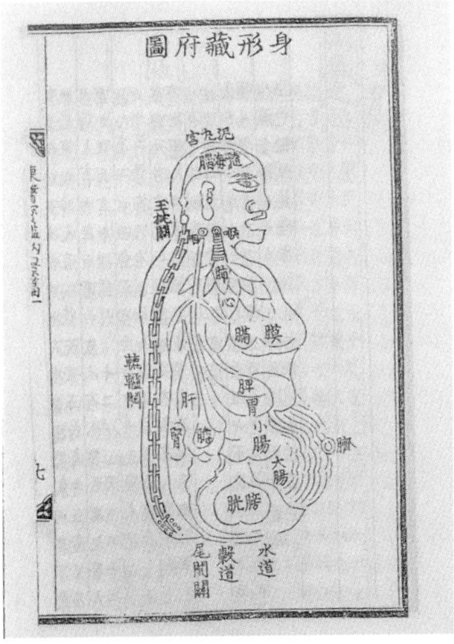

『신형장부도(身刑藏府圖)』

허준의 『동의보감』에 나오는 인체 내부도.

화암서원

전유형이 배향되어 있는 곳이다. 충북 괴산군 칠성면 두천리에 있다.

없자, 조정에서 전유형을 초빙하여 의원들의 교육을 전담시켰을 정도였다.

1624년 이괄의 난이 발발하자, 전유형은 반란군과 내통하였다는 무고를 받게 되었고 이에 곧 죽임을 당하였다. 그러자 기괴한 소문이 돌기 시작했다. 임란 당시 사체(死體) 3구를 해부한 전유형이 그 벌을 받게 된 것이라는 말이다. 이 이야기가 수백년이 흘러 실학자 이익의 『성호사설』에 수록된 채 지금까지 전해지게 된 것이다. 조선 최초의 해부학자 전유형이 임란 당시 세구의 시체를 해부하여 오장도(五臟圖)를 남겼지만 그 재앙으로 비명횡사하였다는 것이다.

과연 전유형은 어떤 생각으로 인체를 절개하였을까? 그것이 과연 사실이기는 한 것일까? 현존하는 그의 문집 어디에도 해부를 했다는 기록은 보이지 않는다. 더욱이 앞서 설명한 바와 같이 동양의 인체관에서는 정·기·혈의 3요소가 이루어내는 생명의 조화와 작용은 인체를 절개하여 들여다 볼 수 있는 것이 아니었다. 도리어 인체의 외피로 드러나게 되는데 바로 안색(顏色)이 그것이다. 안색을 통해 인체의 상태를 알 수 있는 동양 의학에서 해부란 일종의 호기심에 불과했다. 조선 최초의 해부학자(?) 전유형의 경우도 우리가 알지 못하는 심오한 이유가 있었을지 모르지만, 이후 조선에 제2, 제3의 전유형이 나타나지 않은 것은 해부의 경험이 치료에 별다른 이익을 주지 못한다는 당대의 인체관 때문이었다.

조선 사람은 동의(東醫)로

허준(許浚)

『동의보감』은 명나라 때 조선의 양평군 허준이 지은 것이다. (중략) 그럼 동의(東醫)란 무엇인가? 나라가 동쪽에 있으므로 '동(東)'이라 한 것이다. 옛날에 동원(東垣) 이고(李杲)가 『동원십서(東垣十書)』를 지어 북의(北醫)로서 강소(江蘇) 등 남쪽에서 행세했고, 단계(丹溪) 주진형(朱震亨)이 심법(心法)을 지어 남의(南醫)로서 관중(關中)의 북쪽 지방에서 두각을 나타냈다. 지금 양평군 허준이 궁벽한 외번(外蕃)의 나라에서 이 책을 저술하여 능히 중국에 행해졌으니 족히 전할 만한 것이라면 지역의 한계를 두지 않는 법이다. 보감(寶鑑)은 또 무엇을 말하는가? 햇빛이 구멍을 비추어 어두운 그늘이 사라지고 살결을 분별할 수 있을 정도가 되는 것과 같으니 사람으로 하여금 책을 한번 열어보면 일목요연하여 환한 빛과 같으므로 보감(寶鑑)이라 한 것이다. 예전에도 『위생보감(衛生寶鑑)』과 『고금의감(古今醫鑑)』 등의 서명이 있었으니 『동의보감』이라 한다고 해서 과장되거나 혐의할 만한 일은 아닌 것이다.

―능어(淩魚), 중국판 『동의보감』 서문―

허준은 누구인가?

허준(許浚)[1)]의 본관은 양천이고 호는 구암(龜巖)이다. 아버지 허론(許碖)은 무관 출신으로 부안군수, 용천부사 등 지방 외직을 두루 거쳤으며 어머니는 영광 김씨 가문의 서녀였다. 허준의 출생지에 대해서는 경기도 양천 또는 파주라는 설과, 어머니의 고향인 전라도라는 설 등 분분하다. 1569년, 30세에 내의원 의원으로 천거되었고,

그 뒤 어의(御醫) 양예수2)로부터 의학 수업을 받았으며 내의첨정(內醫僉正), 내의정(內醫正) 등 승진을 거듭하였다. 1581년 42세에 한의학의 기초가 되는 『맥경(脈經)』을 왕명에 의하여 직접 교정, 출간함으로써 새로운 전기를 마련하였다.

1590년 51세 때는 당시 왕자(후일 광해군)의 천연두를 치료함으로써 의관으로서는 파격적인 당상관 직을 제수 받았다. 53세 되던 1592년 임진왜란이 발발하자 허준은 왕궁을 떠나 선조를 의주까지 호종하였으며, 노쇠한 양예수를 대신하여 실질적으로 내의원을 주도하였고 1600년(61세) 양예수가 사망하자 명실상부한 수의(首醫)가 되었다. 이때부터 그는 주로 『동의보감』을 비롯한 의서 편찬에 주력하였다. 1601년(선조34년) 봄 허준은 민중들의 구급용 의서를 준비하라는 선조의 명에 따라 『언해태산집요(諺解胎産集要)』, 『언

(1) 허준(1539~1615) : 조선조 선조조·광해군 때의 명의. 이미 20대에 의술로 전국에 그 이름을 떨쳤으며, 고위 관료였던 유희춘(柳希春)의 가문을 치료해 준 공로로 내의원에 천거될 수 있었다. 이후 내의원에서 줄곧 활동하던 허준은 1592년 임진왜란이 일어나자 임금을 모시고 의주로 피신하기도 했다. 1596년 선조는 허준에게 의서 편찬을 명하였고 이에 儒醫 정작(鄭碏)과 태의 양예수·김응택·이명원(李明源)·정예남 등과 더불어 의서 편찬국을 설치하고 책을 만들던 중 정유재란으로 편수국이 흩어지자, 홀로 이를 도맡아 드디어 1610년 『동의보감 東醫寶鑑』 25권을 완성하였다. 1615년 76세의 나이로 사망하였으며, 그의 사후 광해군은 보국숭록대부(輔國崇祿大夫)를 추증했다.

(2) 양예수(?~1597) : 조선 중기의 의관(醫官)으로서 본관은 하음(河陰). 자는 경보(敬甫), 호는 퇴사옹(退思翁)이다. 양예수의 아버지 양건(楊建)은 부사용(副司勇)의 낮은 무직(武職) 출신이었다. 비록 집안은 무관 출신이나 삼형제가 모두 의관으로 입신하였다. 양예수는 1563년(명종 18년) 내의(內醫)로 순회세자(順懷世子)의 병을 치료하다가 세자가 죽자 투옥된 일도 있었으나, 1580년(선조 13년) 가선대부(嘉善大夫)에, 1586년 가의대부(嘉義大夫), 1595년 동지중추부사(同知中樞府事)에까지 올랐다. 그는 태의(太醫)로서 『동의보감』의 편찬에 참여했으며, 독자적으로 『의림촬요(醫林撮要)』를 남기기도 했다.

해두창집요(諺解痘瘡集要)』, 『언해구급방(諺解救急方)』을 간행하였다.

그 뒤 본격적으로 종합의서인 『동의보감』의 간행에 들어갔으나 1608년 선조가 죽자 관례대로 수의로서 책임을 추국당하고 의주로 귀양을 갔으며, 1609년 해배된 이듬해인 1610년 71세의 나이에 『동의보감(東醫寶鑑)』 25권을 완성시켰다. 또한 1613년과 1614년 연이어서 신종 전염병(성홍열)이 창궐하자 『신찬벽온방(新撰辟瘟方)』과 『벽역신방(辟疫神方)』 등을 저술하기도 했다. 그로부터 1년 후 1615년(광해군 7년) 76세로 파란만장한 일생을 마쳤고, 정부에서는 그에게 정1품 보국숭록대부를 추증하였다.

『동의보감』의 구성

『동의보감』의 전체 구성은 모두 다섯 편으로 내경편(內景篇), 외형편(外形篇), 잡병편(雜病篇), 탕액편(湯液篇), 침구편(鍼灸篇)이 있다.[3)]

먼저 내경편은 『동의보감』 전편의 의학론을 정리하고 있는 부분으로 허준의 의학론과 철학을 한 눈에 살펴볼 수 있다. 『동의보감』 편술의 원칙이 수록되었기 때문이다. 이 원칙은 기존의 의학서들이 필적하지 못하는 『동의보감』의 장점이었는데 이른바 '양생론'으로 통칭되는 수양의 방법이었다. 이밖에 「내경편」에는 주로 오늘날의 내과 질환에 해당하는 병증들도 수록하고 있다. 다음 「외형편」 4권은 몸 외부에 생기는 질병과 이비인후과, 안과, 피부과, 비뇨기과 등의 질환을 다루고 있다.

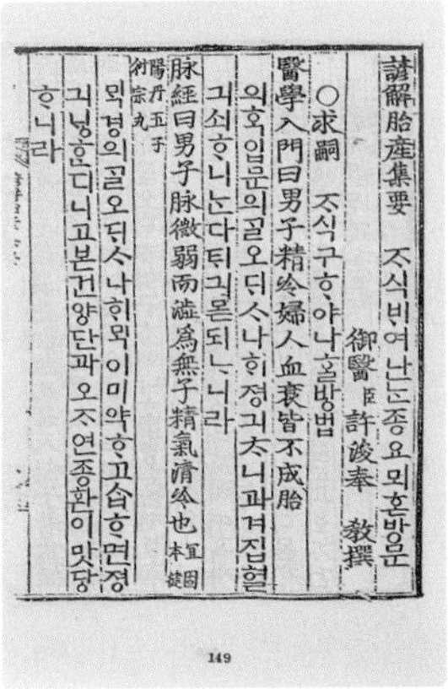

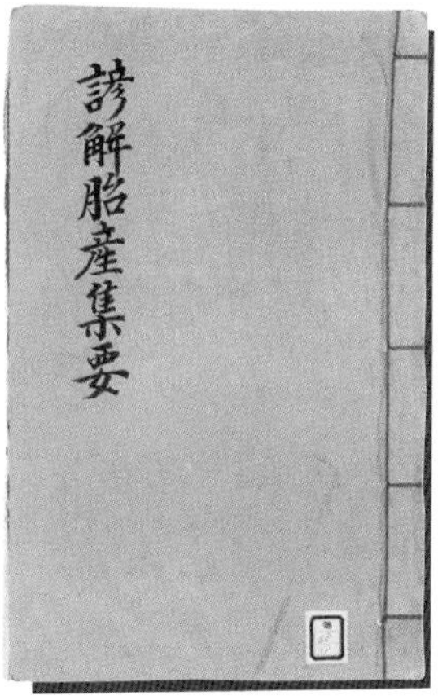

『언해태산집요(諺解胎産集要)』 표지와 내용.

1608년(선조 41)에 허준(許浚)이 왕명을 받들어 편찬, 간행한 산부인과 의서. 1책. 1434년(세종 16)에 노중례(盧重禮)가 편찬한 『태산요록(胎産要錄)』을 증보한 후 언해하여 일반인들이 참조할 수 있게 만들었다. 잉태에서부터 출산과 유아보호에 이르는 여러 가지 처방과 치료 방법을 부문별로 수집, 편찬하였다.

또한 「잡병편」 11권은 진찰법과 병의 원인, 그리고 「내경편」과 「외형편」에서 언급하지 않은 여러 가지 내과적 질병들에 대하여 그 병론(病論)과 병증(病症)에 대한 처방들을 수록하고 있다. 이른바 병리·진단학에서 부터 구급, 부인, 소아과 그리고 전염병 등에 대해 광범위하게 기록하고 있는 것이다. 「잡병편」에 별도로 기술되어 있는 구급, 부인, 소아의 질병 부분으로 인해 후일 『동의보감』은 전체적으로 보아 편차의 혼란과 중복이 있다는 비판을 받기도 하였다. 그러나 반면에 허준의 인간에 대한 이해(장부, 부인, 소아)가 가장 잘 드러나 '사회화된 몸(social body)'의 한 측면을 잘 보여주고 있다.

한편 「탕액편」 3권은 당시 우리나라에서 흔히 쓰고 있던 약물 1천여 종에 대한 효능, 적용 증세, 채취법, 가공방법, 산지 등을 밝혀놓고 있으며, 가능한 대로 약물의 이름 밑에 민간에서 부르는 향명(鄕名)을 한글로 부기하여 편의를 제공하고 있다. 이른바 조선전기 향약론으로 총칭되는 임상 약물학 혹은 본초학의 집대성이라 할만한 「탕액편」은 「내경편」과 함께 『동의보감』의 가치가 잘 드러나는 부분이다. 마지막으로 「침구편」은 침과 뜸을 놓는 방법과 인체에 있는 혈(穴)의 위치, 적용 증상 등에 대해 기술하고 있다.

(3) 모두 5편으로 된 『동의보감』의 구성을 자세히 살펴보면 다음과 같다.

1) 내경편(內景篇): 신형(身形)·정(精)·기(氣)·신(神)·혈(血)·몽(夢)·성음(聲音)·언어(言語)·진액(津液)·담음(痰飮)·오장육부(五臟六腑)·간(肝)·심(心)·비(脾)·폐(肺)·신장(腎臟)·담(膽)·위(胃)·소장(小腸)·대장(大腸)·방광(膀胱)·삼초부(三焦腑)·포(胞)·충(蟲)·대변(大便)·소변(小便)·수양(修養)·양노(養老) 등.

2) 외형편(外形篇): 두(頭)·면(面)·안(眼)·이(耳)·비(鼻)·인후(咽喉)·두항(頭項)·배(背)·흉(胸)·유(乳)·복(腹)·제(臍)·요(腰)·협(脇)·피(皮)·육(肉)·맥(脈)·근(筋)·골(骨)·수(手)·족(足)·모발(毛髮)·전음(前陰)·후음(後陰) 등.

3) 잡병편(雜病篇): 천지운기(天地運氣)·심병(審病)·변증(辨證)·진맥(診脈)·용약(用藥)·토(吐)·한(汗)·하(下)·풍(風)·한(寒)·서(暑)·습(濕)·조(燥)·화(火)·내상(內傷)·허로(虛勞)·곽란(亂)·구토(嘔吐)·해수(咳嗽)·적취(積聚)·부종(浮腫)·장만(脹滿)·소갈(消渴)·황달(黃疸)·해학(痁)·온역(瘟疫)·사숭(邪祟)·옹저(癰疽)·제창(諸瘡)·해독(解毒)·구급(救急)·괴질(怪疾)·잡방(雜方)·부인(婦人)·소아(小兒) 등.

4) 탕액편(湯液篇): 탕액서례(湯液序例)·수부(水部)·토부(土部)·곡부(穀部)·인부(人部)·금부(禽部)·수부(獸部)·어부(魚部)·충부(蟲部)·과부(果部)·채부(菜部)·초부(草部)·목부(木部)·옥부(玉部)·석부(石部)·금부(金部) 등.

5) 침구편(鍼灸篇): 침을 놓는 데 필요한 경혈(徑穴)을 그림을 그려서 설명하는 한편, 침을 통해서 병을 고치는 방법을 자세하게 설명한 내용.

조선 의학의 완성 : 동의(東醫)

『동의보감』이 완성되자 허준은 조선의 의학이 중국으로부터 독립했다는 자신감을 드러냈다. 『동의보감』의 권1 『집례』에서 허준은 중국과 조선을 포함한 동북아시아의 의학권역을 동원(東垣)의 북의(北醫)와 단계(丹溪)의 남의(南醫) 그리고 자신의 동의(東醫)로 구분한 것이다. 허준 당대의 조선 의학이 중국의 그것에 버금가는 하나의 로칼리티를 구축했다는 자부심이었다.

이미 여말선초에 신유학과 함께 수입된 금원사대가와 명초(明初)의 의학이 양예수의 『의림촬요(醫林撮要)』[4] 등을 통해 허준에게 전해졌으며 그 바탕 위에서 허준은 최신의 의학들을 나름대로의 기준으로 분류·정리할 수 있었다. 특히 16세기 중후반 조선에 새롭게 도입되고 있었던 명대(明代)의 의학은 누군가에 의하여 정리될 필요가 있었으며 이것이 이루어진다면 조선 전기의 『의방류취』나 『향약집성방』 이후 가장 큰 업적이 될 것임은 당연하였다.

실제로 『동의보감』에 인용된 의서들을 살펴보면 금원시대 및 명초의 의서가 대부분이다. 선진(先秦) 및 진한시대(秦漢時代)의 의서가 13종, 양진(兩晉) 및 남북조(南北朝) 시대의 의서가 9종, 수당(隋唐)시대의 의서가 10종, 송대(宋代)의 의서가 15종, 금원시대(金元時代)의 의서가 16종, 명대(明代)의 의서가 20종 그리고 국내 의서가 3종이었으며 그 중에서 금원시대와 명초의 의서가 가장 많이 활용되었다.

그렇다면 이러한 독자적인 정리와 편집을 가능케 하고 나아가 자부심마저도 가질 수 있게 했던 요인은 어디 있었던 것일까? 허준은 가장 먼저 조선의 의학 전통을 들고 있다. 중국과 함께 조선의 경우도 예부터 사승관계를 통한 의학·의술의 전수가 면면히 이어졌음을 강조하였다. 이는 바로 고려 말 이래 지속되었던 향약 사용의 전통과 계승이었다. 향약 사용을 중심으로 하는 경험방들의 수집과 전수는 조선 의학의 독자성을 담보하는 재료들이었다. 이는 실증의 자연학이었다. 『동의보감』「탕액편」에 보이는 수많은 '속방(俗方)' 기사들은 바로 전통적인 약물학 지식이며, 이는 조선에 분포하는 동식물에 대한 자연과학적 이해가 어느 정도 축적되어 있는지 단적으로 보여 주는 사례들이다. 따라서 조선 역시 동의를 정립하고 계승시킬 수 있다고 확신했던 것이다. 뿐만 아니라, 정리된 의서의 내용이 만물의 변화를 비추어 밝혀내는 것이라면, 이를 중국에서 '보감'이라고 하니, 조선에서도 역시 보감이라 할 수 있다고 주장했다. 자신이 편찬한 의서가 '동의의 보감'이라는 것이다.

정기신(精·氣·神)의 심신론(心身論)

허준은 실증의 자연학에 머물지 않고 『동의보감』을 자연과 인간을 분류하고 이론화하는 철학으로 승화시켰다. 바로 동양의 전통적

(4) 의림촬요:조선 선조 때 양예수(楊禮壽)가 편찬한 의서. 13권 13책으로 구성된 활자본이다. 현존하는 책에는 양예수의 찬으로 되었는데, 『동의보감』 권1 역대의방서목(歷代醫方書目)에는 정경선(鄭敬先) 찬, 양예수 교정이라고 적혀 있다. 내용은 67문(門) 121병증(病症)으로 이루어져 있다. 『의방유취(醫方類聚)』, 『향약집성방(鄉藥集成方)』과 같은 조선의 의서들을 기본으로 하고 『의학정전(醫學正傳)』 등의 명나라 의서들을 활용하였다. 선진적인 명나라 의학의 수입과 전통적인 향약의 결합이라는 점에서 후일 『동의보감』 간행에 많은 영향을 끼쳤다. 현재 서울대학교 규장각에 소장되어 있다.

인 자연관, 즉 하늘과 땅과 인간의 우주론을 인간의 몸속에 상징화한 것이다.

이상적인 인간 형상을 말로 다 설명하기 어려웠던 허준은 이례적으로 『동의보감』의 서두를 그림으로 시작하였다. 백마디의 말보다는 그림을 통해 확실하게 자신의 뜻을 보여줄 수 있다고 생각한 것이다. 이른바 신형장부도(身形臟腑圖)가 그것이다. 인체의 내부 장기 및 특징을 그림으로 표현한 것이 뭐 대단하겠는가라고 생각할 수도 있겠지만 사실 허준이 서술하려 했던 인간의 정수가 바로 이 도형에 있다 해도 과언이 아니다. 하늘을 상징하는 머리, 땅을 나타내는 몸 그리고 이 둘을 인체의 척추가 연결하여 하늘과 땅의 선천 기운과 인체의 후천 기운을 소통·순환시키고 있다. 특히 정기의 집적 장소인 신(腎)과 머리〔泥〕의 연결은 바로 정기(精氣 : 생명력의 정수)가 가득한 남자의 신체를 가장 이상적인 형태로 드러내주고 있다.

이러한 인체관에 입각하여 그는 남자의 신체를 중심으로 다룬 내경편을 시작으로, 외형편 그리고 산부인과 소아들의 질병을 다루는 잡병편, 마지막으로 약물학의 기초가 되는 탕액편과 침구편을 두는 새로운 형태의 의서 모델을 제시할 수 있었다. 이를 통해 우리는 단순한 기술자로서의 의관이 아닌 철학자로서의 허준의 모습을 상상할 수 있게 된다. 그는 한국인의 심성, 즉 하늘과 땅과 인간을 조화롭게 하는 자연 철학의 정신을 의서에서 구현하였던 것이다.

이러한 자연관은 한국의 동종(銅鐘)에서도 잘 나타난다. 종은 머리에 용 모양의 음관(音管)을 얹어 두어 하늘을 상징하며 또 바닥에 울림 장치(땅을 둥그렇게 팜)를 두어 땅을 형상화한다. 여기에 사람이 참여하여 종을 울림으로써 천·지·인이라는 삼재(三才)가 조화를 이루는 형상이다. 이는 단지 유학이나 불교 혹은 무속 등 어느 한 쪽에 치우치지 않는 삼교 회통의 자연 철학 속에서 더욱 강하게 나타났다. 바로 16세기 중후반 서울과 한강 이북의 경기도 일대에서는 유·불·선을 혼융하려는 삼교회통의 철학자들이 활동했었고 허준은 이들과의 교류 속에서 자신의 자연 철학의 기초를 마련할 수 있었다. 특히 허준의 스승인 양예수 그리고 『동의보감』 편찬의 기초를 설계했던 유의(儒醫) 정작 등에서 나타나는 유학과 도가 및 불교를 넘나드는 회통의 사상, 특히 선가적(仙家的) 분위기는 매우 중요한 의미를 지니고 있었다.

중국을 시초로 하는 동양 의학은 시작에서부터 양생 등과 같은 도가적 원칙론에 근거하고 있었다. 중국 최고의 의서인 『내경』 첫머리에 양생의 도를 설명한 이후, 전통적으로 의학과 도교의 양생설은 밀접한 관계를 유지할 수밖에 없었다. 물론 『동의보감』의 경우도 이러한 도교적인 원칙론을 뼈대로 하여 그간의 조선 의학 전통을 정리하고 있음은 당연하다. 그 서문격인 『집례』를 보면 "도(道)는 정(精)을 얻고 의(醫)는 조(粗)를 얻는다"고 되어 있다. 도가의 '도'를 강조하고 있는 듯하지만 궁극적으로는 유학의 체계 내에서 도·불을 절충하는 삼교회통의 철학이며 16세기 중후반의 조선 사상계의 특징을 반영하고 있는 것이다.

이처럼 허준은 당시 동북아시아라는 '세계'의 의학 지식을 모두 수집·정리하는 한편 이를 전통적인 자연 철학 위에 위치시킴으로써 가장 체계적인 조선 의학의 전통과 철학을 만들었으며 이를 또 후세에 물려줄 수 있었던 것이다.

『동의보감』의 의의

허준의 『동의보감』은 양예수의 『의림촬요』를 이어받아 이른바 조선 초부터 전해오는 조선 독자의 향약론(鄕藥論) 전통 위에 양예수의 스승인 장한웅(張漢雄)으로부터 전해지던 도·불 의학 및 자신의 삼교회통 정신을 결합하였을 뿐 아니라, 나아가 금원사대가(金元四大家) 의학을 충실히 정리한 명대의 새로운 의학 지식을 흡수 종합한 16세기 후반 조선 의학의 일대 결정판이었다.

특히 25권이나 되는 거질의 『동의보감』은 권수가 많고 목숨과 관련된 내용 때문에 다른 서적들보다 그 보급이 쉽지만은 않았다. 그러나 17·8세기를 통해 전국적으로 확산되기에 이르면서 급기야 18세기 후반에는 지식인이면 갖추어야 할 4대 필수 서적 —『상례비요』『동의보감』, 『삼운성휘』, 『경국대전』— 가운데 하나가 되었다.

조선 후기의 수많은 사설 약국과 의원들 그리고 일반 사대부들 대부분이 『동의보감』에 기초하여 처방했음은 물론이다. 특히 18세기 후반 조선의 의약 시장은 매우 활성화되어 대부분의 사람들이 조선 전기 국가 의료기관의 시혜적인 의료 혜택으로부터 벗어나 민간 의약업자들로부터 진료와 의약품을 공급받을 수 있게 되었다. 약령시의 성장은 풍부한 약재를 쉽게 구득할 수 있는 조건을 마련하였고 이에 따라 『동의보감』의 처방 가운데 자주 쓰이는 것들을 요약한 축약형 의서들이 발간되거나, 종합적인 성격 대신 구급, 소아 혹은 산부인과 등 한 분야를 전문화시킨 의서들이 많이 나오게 되었다.

사실 『동의보감』 이후에 간행된 수많은 의서들 모두가 그 자양분에 근거한 것이었다고 말해도 과언이 아니다. 도리어 조선 후기에

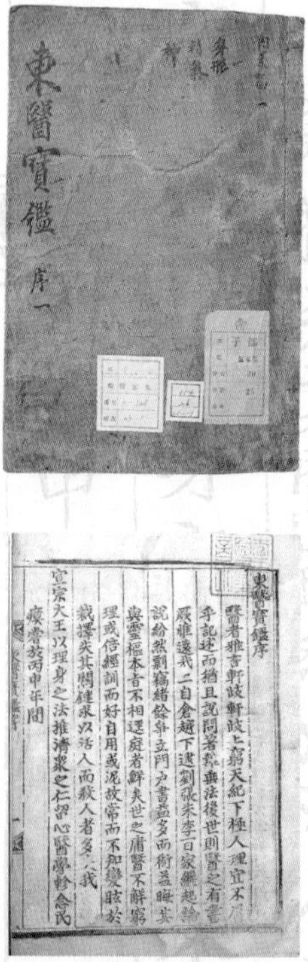

『동의보감(東醫寶鑑)』 표지와 본문.

모두 25권 25책으로 구성되었으며 1613년 훈련도감에서 간행되었다. 1596년(선조 29년) 왕명으로 허준, 정작, 양예수, 김응탁, 이명원, 정예남 등이 조선의 현실에 적합한 의서의 편찬작업 시작했으나 바로 완성하지 못하고 1597년 정유재란을 맞아 중단된 것을 허준이 마무리하여 1610년 완성했다.

이르러 의존도가 점증하면서 『동의보감』 편찬 때 활용되었던 다양한 중국본 의서들이 대부분 없어지는 결과마저 초래되었을 정도였다. 그것을 요약한 국내 의서들의 활용도가 높아진 결과 현실적으로 다른 의서가 별로 필요하지 않았기 때문이다.

한편 이들 실용적인 처방전의 활용도가 높아지면서 처방전과 약물을 손쉽게 구득할 수 있게 되자 의약물 남용이 사회적 문제로 대두되었다. 특히 효과가 강력하고 빠른 약물을 선호하는 『동의보감』의 전통으로 인해 18세기 이후 조선의 의학은 문자 그대로 '강하고 효과 빠른' 약물들만 선호하는 형태로 발전하게 되었다. 인삼, 황련, 부자 등의 강한 성질의 약물 수요가 폭발적으로 증가하였고 숙종대 이후 계속해서 값이 급등한 인삼을 가난한 사람들조차도 모두 사먹을 정도가 되었던 것이다.

요컨대 『동의보감』은 조선의 의학 수준과 의료 환경을 한 차원 높은 단계로 끌어올린 반면에, 도리어 후일 의학의 발전을 저해하기도 했던 아이러니한 위치에 놓여 있었다. 조선 전기 『향약집성방』과 같은 전통 의학의 토대 위에 명나라의 새로운 의학을 도입함으로써 조선 의학의 자립과 발전을 가져왔지만, 그 이후 『동의보감』에 대한 의존과 비중이 점점 커지면서 다른 의학 이론과 의서의 발달에 장애가 되었기 때문이다. 그러나 『동의보감』이 없었다면 이를 모태로 조선 후기 다양하게 간행되었던 수많은 의서들 역시 존재할 수 없었을 것이며 이에 따른 의학의 발달과 의료 혜택의 확산 또한 기대하기 어려웠을 것이다. 한마디로 말해 조선의학사상 어머니 같은 존재였다고 할 수 있을 것이다.

해외로 수출된 『동의보감』

『동의보감』이 중국에서조차 간행되었음은 이미 널리 알려진 사실이다. 18세기 후반 홍대용은 북경(北京)에 다녀오면서 의사들이 그 책을 매우 진귀하게 여기고 있다는 사실에 흐뭇해 하고 있다. 1766년 이후 중국에서는 『동의보감』을 간행하여 서점에서 팔고 있을 정도였다.

이는 홍대용만이 아니었다. 상당히 많은 18세기 후반 조선의 지식인들 역시 조선의 책이 중국이라는 대국에까지 전해졌다는 데 자부심을 느끼고 있었다. 그만큼 조선 지식인들의 자존심을 세워준 대표적인 저술이었다. 이는 중국에서 간행된 『동의보감』에서도 그 진가를 칭송하고 있기 때문이었다.

『동의보감』이 완성되자 조선에서 이를 중국의 조정에 바쳤는데 비각(秘閣)에 비장됨으로써 이를 얻어보기가 쉽지 않았다. 이에 전차사(軽使) 산좌(山左) 왕건(王建)이 안타까이 여기고 사람을 시켜

허준의 묘

경기도 파주시 진동면에 위치함.

도성(都城)에 가서 책을 초록(抄錄)하도록 한 일이 있었다. 그러나 인쇄하여 반포하지는 못했는데 이것을 광동성 명경(明經)의 좌한문(左翰文)이라는 사람이 널리 인쇄하여 보급했던 것이다.

한편, 중국보다 일본에 수출되었던 『동의보감』의 영향력은 더욱 중요한 것이었다. 모든 선진 문물을 조선에 의존하고 있었던 일본으로서는 의학의 경우도 예외가 아니었다.

일본 사신들이 조선에 와서 가장 많이 구하려고 했던 정보가 바로 의서들이었기 때문이다. 임란 이후 일본과의 무역이 재개되고 사신들의 왕래가 빈번해지자 일본 사신들은 이전에 간행된 『의림촬요』 등을 주로 수입해 가고 있었다. 『동의보감』을 구하려는 열망은 간행된 지 수십 년이 지난 1651년(현종3) 2월 25일 이후에나 가서야 비로소 일본에 전해지게 되었다. 이후 한번에 여러 질씩 구입하기에 이르렀다.

『동의보감』은 일본 내 확산되면서 조선 약재에 대한 광범위한 조사를 시행하도록 만들었다. 자기들이 사용하기 위해 이른바 일본판(日本版) 향약(鄉藥)을 확인하고 일본에서 재배하는 것과 연관되었다. 특히 인삼을 재배하려는 노력은 매우 시급한 일이었다.

1722년부터 조선의 약재에 대해 조사를 시작하더니 1차 임무가 순조롭게 끝나면서 조선 각지로부터 43종의 다양한 초목, 금수의 도판과 현물을 수집하게 되었다. 그리고 이러한 성과를 기반으로 하여 원원통(源元通)의 『정정동의보감(訂正東醫寶鑑)』이 1724년 간행되었고 또 1726년 막부의 본초학자 단우정백(丹羽正伯) 등에 의해 『동의보감탕액류화명(東醫寶鑑湯液類和名)』이 간행되었다.

흥미 있는 사실은, 이 무렵부터 『왜인구청등록』의 기록에는 조선 정부에 『동의보감』을 요구하는 기사가 뜸해진다는 사실이다. 조선으로부터의 의서 및 약물의 독립이 가능해진 결과로 보인다.

1748년 조선통신사 일행이 일본 낭화(浪華)에 도달하였을 때, 일행 가운데 누군가 병이 생겨 일본 의사의 치료를 받는 일이 발생했다. 이때 일본인 의사 통구형수(樋口淳叟)는 조선의 손님을 잘 치료하여 정사(正使)로부터 고맙다는 인사를 받았다. 그러나 처음부터 일본인 의사를 믿었던 것은 아니었던 모양이다. 통신사 일행은 일본 의학을 의심하였고 따라서 통구형수는 자신의 의술이 조선의 『동의보감』을 기준으로 삼고 있는데 무슨 의심을 하느냐고 반문할 정도였다는 것이다.

제4장 국력의 재정비와 과학기술

조선 최고의 화기(火器) 기술자—조천종(曺天宗)

모내기를 하자, 『농가집성(農家集成)』—신속(申洬)

하늘을 아는 자 누구인가?—송이영(宋以穎)

신비한 숫자 놀음—최석정(崔錫鼎)과 홍정하(洪正夏)

임란과 호란 등 두 번의 큰 전쟁으로 조선의 기틀은 뿌리째 흔들렸다. 지식인들은 자존심에 큰 상처를 입었으며 나라의 기강은 어지러워져, 다시 한번 '조선의 재건' 을 꾀하지 않으면 안되었다. 전쟁을 치른 경험 때문인지 국방 강화를 위한 군사 기술의 제고는 당시 제일의 급선무로 인식되었다. 또한 피폐해진 농토를 되살릴 새로운 농법들 역시 필수적이었다. 그리고 임금은 하늘의 아들인 자신의 지위를 상기시키기 위하여 적극적으로 관상수시(觀象授時)의 전통을 회복하기를 바랬다.

조선 최고의 화기(火器) 기술자

조천종(曺天宗)

대개 병기 중에 예리한 것으로 화구(火具)만한 것이 없기 때문에 도륭(屠隆)이 말하기를, "화구에는 13가지 종류가 있는데, 화통(火筩)·화총(火銃)·화포(火砲)·화궤(火櫃)·화갑(火匣)·화패(火牌)·화차(火車)·화궁(火弓)·화로(火弩)·화탄(火彈)·화전(火箭)·화박(火礴)·화창(火鎗) 등이다." 고 하였다. (중략) 우리나라 군사들은 힘이 약해서 적을 막아낼 수 없다면, 오직 화구만이라도 믿고 쓸 수 있어야 할 것인데, 만드는 방법도 모르고 처음부터 이런 병기가 있었다는 것도 알지 못하니 또한 한탄할 일이다.

—이익, 『성호사설』「화구(火具)」—

화기(火器)만이 적을 이기는 길이다.

1612년 광해군 4년의 일이다. 홍문관에 근무하던 윤선(尹銑)이라는 관리가 상소를 올려 파진포라는 화기를 이용해서 적을 방어하자는 주장을 폈다. 오늘날로 말하자면 일종의 크레모아였다.

올 봄에 조천종(曺天宗)이 호서(湖西)에서 파진포(破陣砲)를 만들었다고 하므로 서울로 올라오도록 했습니다. 그리고 3월 초 신 등이 마침 화포를 쏘는 일 때문에 모화관(慕華館)에 모였다가 조천종에게 파진포를 시험하도록 했더니, 아륜철(牙輪鐵)이 돌과 서로 마찰하면서 금방 불이 일어나 철포가 조각이 나고 연기와 화염이 공중에 가득하였으며 불덩이가 땅 위에 닿으면서 절반쯤 산을 불태웠습니다. 만일 적이 오는 길에 다수를 묻어 둔다면 승패의 변수에 크게 유익하겠습니다.

만들어 놓은 철포는 크기가 냄비만 하였으며 무쇠도 많아야 1백여 근 정도 들어가는데다, 윤철 뭉치도 무겁거나 크지 않아 합쳐서 한 마리의 말에 싣고 멀리 가져갈 수 있었습니다. 만드는 데 공역(工役)도 크지 않고 운반도 매우 간편하므로 적이 오는 길에 묻어 두었다가 스스로 부딪쳐 불이 나도록 하면 되는 것입니다. 따라서 우리 군대는 다만 요해처에 싸움을 대비해 묻어 두기만 하면 됩니다. 가령 적들이 그 길로 오지 않으면 어찌할 수 없겠지만 만일 그 길로 온다면 비록 수천 명의 군사일지라도 한 발의 포탄이면 소탕할 수 있으니, 싸움터의 무기로 이보다 교묘한 것이 없습니다.

요즘 여러 가지 화포들은 각기 이로운 점과 해로운 점이 있는데, 이 포는 이로운 점만 있고 해로운 점이 없으니 서둘러 만들어야 하겠습니다. 거기에 소요되는 잡다한 물품은 훈련도감에서 마련해 주고 사환(使喚)과 군인은 병조가 정하여 주도록 해야 하겠습니다.

한편, 화포 장인(匠人) 가운데 영리한 사람을 뽑아 장수(匠手) 조천종에게 제조하는 방법을 배우도록 하고, 조천종은 외방 사람이므로 식량을 싸가지고 서울에 머무는 것이 매우 불편하니 우선 요포(料布)를 지급해야 하겠습니다. 화포를 만든 뒤에는 두세 번 시험적으로 쏘아 보아 자세히 그 묘법을 살핀 뒤, 철이 나는 외방으로 나누어 보내서 많은 수량을 만들게 하여 싸움터의 무기로 준비해 두는 것이 마땅하겠습니다. 감히 아룁니다.

–『광해군일기』 광해군 4년 11월 12일–

임란 이후 조선은 압록강과 두만강 이북을 주시하고 있었다. 만주에서 흥기한 건주여진의 세력이 현실적인 위협으로 다가오고 있었기 때문이다. 1614년(광해군 6년) 6월 광해군은 직접 평안병사 이시언(李時言)을 불러 북방 오랑캐의 동태를 보고 받았다.

이시언은 3년 동안 평안병사로 재직하면서 관찰한 결과, 만주 여진족 추장 누르하치(奴爾哈齊)[1]의 형세가 나날이 강성해지고 있다는 보고를 하였다. 여진족의 행군 모습을 보니 호령이 엄숙하고 무기가 정예로울 뿐만 아니라 거의 1만여 기에 이르는 병력을 보유하였다고 부언하였다. 광해군이 방어책을 묻자 이시언은 여진족의 침입을 막는 유일한 방법은 화포를 사용한 수성(守城) 작전이라고 대답하였다.

곧이어 1614년 여진족과의 전투 및 사후 대책이 요구되면서 구체적으로 화포(火砲) 제작을 결정하자 화기도감(火器都監)[2]이 설치

(1) 누르하치(Nurhachi, 1559~1626) : 중국 동북방에 거주하던 만주족(여진족)의 한 부족인 건주여진(建州女眞)의 추장이며, 그의 아들이 1644년 청나라를 세웠다. 공식 이름은 쿤둘런 칸이고, 이름은 게렌구룬베 우지레 겡기옌(모든 나라에 은총을 내리는 영명한 황제)이다. 20대 초반에 부족의 지도가가 된 그는 1586년 라이벌이자 명나라의 지원을 받던 니칸 와일란을 패퇴시킨 후 다른 여진족들을 통합하고, 1601년 새로운 왕조를 창업하였다. 중국으로 눈을 돌린 그는 푸순성을 침공하기 바로 전인 1616년, 천명(天命)이라는 연호를 사용하고 자신을 '칸(汗, 황제)'으로 선언한 후 국호를 금(金, 혹은 後金)으로 칭하면서 12세기의 여진왕조를 계승했다. 이후 누르하치는 명나라를 공격하던 중 상처를 입고 1626년에 사망하였다.

(2) 화기도감 : 조선시대 총포를 제작하기 위해 병조에 임시로 설치되었던 정부 기구였다. 1592년(선조 25) 임진왜란이 발발시 왜구의 조총이 위력을 발휘하자 조선정부에서도 이에 대응하고자 조총청(鳥銃廳)을 만들어 총포를 제작하였다. 한편, 광해군 때 청나라의 세력이 급진적으로 확대되자, 북호(北胡)를 방어하기 위한 총포 제작 건의가 이어지고 1614년(광해군 6) 화기도감이 설치되었다. 불랑기(佛狼機)·현자총(玄字銃)·백자총(百字銃), 그리고 삼안총(三眼銃)·소승자장가(小勝字粧家)·쾌창(快柶) 등을 제작했다.

되었고 화포(火砲), 삼안총(三眼銃) 등을 제작하였다. 도감 사무소는 일단 옛 병조 건물을 빌려 사용하기로 하고 총책임자로 영의정 기자헌(奇自獻)을 임명하였으며 이하 호조판서 유근(柳根), 병조판서 박승종(朴承宗) 등 모두 6명의 고위 관리들을 선발하였다. 뿐만 아니라 실무 행정을 담당할 사람들도 홍문관이나 중추부 등에서 차출하였다.

문제는 실제 화기 제작을 지휘할 기술자를 뽑는 일이었다. 당시 화기 제작은 좌패와 우패 두 개의 장인 그룹으로 나누어져 각각 소속 장인들이 할당된 화기를 생산하는 시스템이었다. 이를 감독할 감조관(監造官)이야말로 화기 제작 전반에 관한 최고의 기술을 소유한 사람이어야 했다.

그리하여 당시 조선 최고의 군사전문가였던 최덕문(崔德雯)과 화기 제작자 조천종(曺天宗)이 적임자로 추천되었다. 최덕문은 군사 업무에 밝아 이미 훈련도감의 군사 훈련을 맡았고, 조천종 역시 3년 여에 걸쳐 서울과 호서지역에서 파진포 제작을 총지휘했던 베테랑 기술자였다.

전문화된 화기제조 장인(匠人)들

화기도감에서 제작해야 할 무기들은 동철(銅鐵)을 녹여 만든 불랑기(佛狼機) 4호와 5호의 대형 화포로부터 현자총통(玄字銃筒), 백자총통(百字銃筒) 그리고 정철(正鐵)로 만든 삼안총(三眼銃), 소승자가장총(小勝字家粧銃), 쾌창(快鎗) 등 소형 화기에 이르기까지 수백 기를 헤아렸다.

불랑기는 서양에서 만들어진 화포였다. 유성룡이 지은 『징비록(懲毖錄)』 등을 살펴보면 임란 초기인 1592년(선조 25)에 처음 제작되어 전투에 활용되었던 것으로 보인다. 불랑기는 이전의 조선화기들에 비해 발사 틀 구실을 하는 모포(母砲)와, 실탄을 장전한 후 모포에 탑재하여 발사할 수 있도록 마련된 자포(子砲)로 분리 구성되었다. 일종의 탄창 개념으로 이해할 수 있는 자포는 불랑기 1대당 모두 5문을 제작하여 탑재하였는데, 자포를 번갈아가면서 모포에 삽입하면 연속적으로 발사할 수 있었다.

한편, 현자총통은 전선(戰船)에 탑재하여 적선을 공격하는 필수적인 무기였으며, 삼안총(三眼銃)[3]이나 소승자총통과 달리 중대형 화기에 속하였다. 이에 비해 소승자총이나 삼안총은 개인 휴대화기였다. 삼안총은 3개의 총신으로 구성되었다 하여 삼혈포(三穴砲)라고도 불렀는데, 총신이 3개였으므로 각각 장전하여 동시에 세 발을 사격할 수 있는 장점이 있었다. 때문에 20세기 초반까지도 널리 활용되었다.

(소)승자총은 선조 초반에 병사(兵使) 김지(金墀)가 창안한 화기인데, 1583년 함경북도 지역에서 여진족과 전투를 벌인 신립(申砬)이 승리하는 데 크게 일조하였다. 다만 승자총은 쇠를 녹여서 틀에 부어 만든 제품이라, 탄알이 발사될 때 고온을 견디지 못하고 총구가 파열된다는 점이 문제였다. 이로 인해 화기 자체의 품질이 떨어

(3) 삼안총 : 조선시대에 사용되었던 휴대용 화기. 총통이 3개로 되어 있어서 3발을 동시에 장전하여 발사할 수 있었다. 주로 마상용(馬上用)으로 사용하였으며, 원거리의 적에게는 총으로 발사하였고 가까운 거리에서는 육박전에 활용되기도 했다.

지자총통

승자총통

삼안총

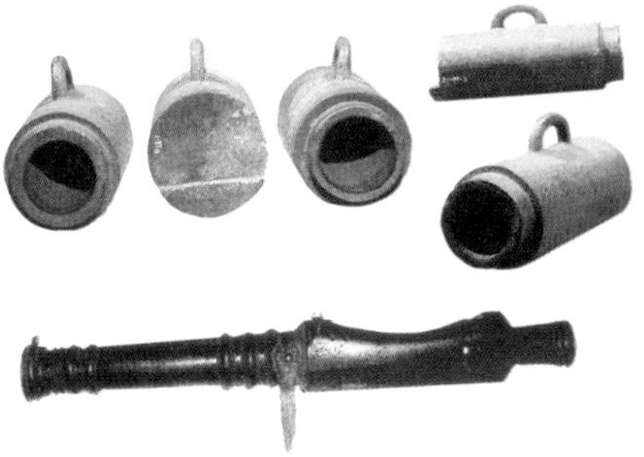

불랑기와 자포

현자총통

조선시대에 제작·사용된 각종 화포

① 지자총통(地字銃筒):조선시대에 사용된 유통식(有筒式) 화기의 일종. 천자총통(天子銃筒) 다음으로 큰 우리나라의 화포이다. 태종 당시부터 사용되었으나 사격거리가 짧아 문제점으로 지적되었다. 이를 1445년(세종 27)에 개선하여 사정거리는 8,900보로 늘리고 화살은 4발을 장전할 수 있도록 했다. 처음에는 화살(箭)을 주로 발사했으나 후일 철환(鐵丸, 鳥卵丸)과 장군전(將軍箭) 등을 사용할 수 있게 되었다.

② 현자총통(玄字銃筒):조선시대 화포. 태종 때부터 지자총통과 함께 제조되어 사용되다가 개량되었다. 『화포식언해(火砲式諺解)』를 보면, 발사물로 차대전(次大箭)·차중전(次中箭)·철환 등을 사용했다. 차대전은 사정거리가 800보, 차중전은 1,500보에 이르렀으며, 철환은 100개를 동시에 장전해 발사했다.

③ 승자총통(勝字銃筒):조선시대의 개인화기. 1575~78년에 전라좌수사와 경상병사로 있던 김지가 만들었다. 1583년 니탕개(尼蕩介)를 물리치는 데 큰 공로를 세웠다. 총구에 화약과 실탄을 장전하는 전장식(前裝式) 화기로, 철환(鐵丸) 15개를 장전하여 발사하는데 600보 정도 날아갔다.

④ 불랑기(佛狼機)와 자포(子砲):조선시대에 사용한 화포. 발사 틀 구실을 하는 모포(母砲)와 실탄을 장진하여 모포에 삽입해서 발사하는 자포(子砲)로 구성되었으며 후장식(後裝式)이다. 자포가 5개여서 연속 발사가 가능하였다.

질 뿐만 아니라 인명마저 손상되는 더 큰 문제를 야기했던 것이다. 그 때문에 당시 화기도감의 책임자들은 주물을 부어 만드는 대신 쇠를 고온에 달구어 두드리는 타조법(打造法)을 사용하기로 하였다. 제작된 화기들의 성능이 좋아졌음은 물론이다.

화기제조의 실무를 담당한 최덕무와 조천종은 장인들이 각 지로부터 서울로 올라올 것에 대비하여 먼저 그들이 사용할 화로(火爐)와 임시 숙소를 만들기로 하였다. 이를 위해 특별히 별공작(別工作)이라는 공작소를 따로 두어 별도의 장인들을 동원하는 한편, 그들을 도와줄 조역군(助役軍) 20명도 차출하였다. 이들 별공작 소속의 장인들은 화기제작을 담당한 좌패와 우패의 장인들이 사용할 큰 화로를 설치하는 일을 우선적으로 완료하였다. 그래야 곧바로 화포의 제작에 들어갈 수 있었기 때문이다.

한편, 화기제작을 위한 장인들도 속속 모여들었으니 먼저 화로를 담당하는 기술자로부터, 화기 틀만을 나무로 제작하는 목공 기술자, 주형(鑄型) 기술자, 야장(冶匠), 쇠로 제작된 화기의 마무리 줄질을 하는 기술자, 화기에 구멍을 뚫는 일만 전담하는 기술자, 가늠쇠 등을 부착하는 기술자, 화포의 장식을 담당한 기술자 등 화기 제작 공정에 따라 매우 세분화된 전문 기술인들이 동원되었다.

또한 이들 기술자들은 매일 일정한 작업량이 정해져 있었다. 가령 화로 기술자 1명은 하루에 생동(生銅) 450근을 녹여 단련하도록 정해져 있었고, 야장(冶匠) 1명은 3일에 삼안총 한 자루, 2일에 소승자총 한 자루, 2일에 쾌창 한 자루를 두드려 제작하도록 계획되었다. 줄장 역시 1명이 3일에 불랑기 4호 1대, 5일에 불랑기 5호 2대, 4일에 삼안총 한 자루, 1일에 승자총 한 자루를 줄로 마감질하도록

되어 있었다. 그리고 화기에 구멍을 뚫는 천혈장(穿穴匠)의 경우 1명이 하루에 쾌창 13자루, 혹은 불랑기 13대, 혹은 현자총통 6대, 혹은 백자총통 7대, 혹은 승자총 19자루, 혹은 삼안총 19자루에 구멍을 뚫도록 할당되어 있었다.

모든 장인들의 하루 평균 작업량이 마련되어 있었던 만큼 화기제조 과정 또한 매우 세분화되고 전문화되어 있었다. 조선시대의 장인들은 신분상으로는 천한 신분의 노비들이나 양민들이 많았지만, 기술적으로 매우 분화되어 있어서 오늘날의 전문 엔지니어라고 부를 만한 시스템을 가지고 있었던 것이다.

화기제조 및 현장 배치

당시 모든 일이 순조롭게 진행되어 화기제작은 눈앞의 현실로 다가오는 듯 보였다. 그런데 예상치 않은 문제가 발생했다. 화기를 제작하는 데 없어서는 안 될 동철(銅鐵)이 부족하여 불랑기 제조에 차질이 생긴 것이다.

결국 정철(正鐵)로 제조할 수 있는 삼안총부터 먼저 제작하기로 결정했고, 1614년 11월 드디어 좌패와 우패에 설치된 각 10개씩의 야로(冶爐)에서 삼안총 200자루와 승자총통 200자루 등 도합 400자루의 총통이 만들어져 출고되었다. 그런데 또 다른 문제점이 불거졌다. 화로의 높은 온도를 유지하기 위해 연료로 사용하던 숯이 그만 동나고 만 것이다. 충청도와 황해도에서 숯을 운반해와야 하는데 너무 추운 겨울이라 그만 강이 얼어붙어 배를 움직일 수 없게 된 것이다. 결국 동철과 납철(鑞鐵)로 제작되는 화기는 제조를 미루게 되었

화기제작에 동원된 다양한 기술자들

십장(什長)	이사종			
화포의 목형(木型)을 제작하는 장인	남궁생, 김숙년, 윤허농손			
종류	좌패	인원수	우패	인원수
화로 기술자	강말남, 김충	2	손복수, 장자근쇠	2
화기 틀 기술자	강운수, 이응선, 이복, 김룡, 백인옥	5	최허농, 홍천경, 우신생, 이오십동, 조희남	5
주형(鑄型) 기술자	엄인남, 김강, 이어리개, 어엇둔복	4	현희복, 임덕남, 오응참, 유허농	4
야장(冶匠)	김인희, 송옥수, 김허농쇠, 이개똥, 최수속, 신언남, 김청, 김두남, 최득현, 황천일	10	박환수, 김룡, 정동, 유성남, 김개똥, 김효선, 오말선, 김남, 이천, 황득신	10
줄 기술자	김붓실, 조쇠, 김무남, 오우운	4	박안복, 김파희, 피돌쇠, 김총지	4
화기에 구멍뚫는 기술자	김희남	1	김말룡, 김덕남	2
가늠쇠 부착 기술자	함언수	1	김덕윤	1
화기 장식 기술자	조범산	1	이득룡	1
목수(木手)	이원	1		
목공 기술자			박희동	1

고, 이듬해 봄이 되어서야 다시 시작할 수 있었다.

화기가 완성되면 반드시 시험발사를 하여 불량품을 확인하는 절차를 밟았다. 1614년 9월 말 삼안총의 예비 발사 실험을 홍제원(弘濟院) 근처에서 시행하였고, 이듬해 1월에는 제작 완료된 소승자총통을 동관왕묘(東關王廟) 근처에서 실험 발사했다. 이를 위해 화기부대인 파진군(破陣軍) 30명 가운데 총포를 잘 다루는 군인들을 선발했고 풍저창, 장흥고 등에서는 실험에 필요한 각종 물품을 준비하였다.

1615년 2월에도 용산의 군영(軍營)에서 소승자총통과 쾌창 400자루의 시험발사가 있었는데 역시 군기시에서 담당하여 처리하였다. 그리고 3월, 드디어 불랑기가 완성되자 불랑기 4호와 5호 각각 50대를 실험 발사하였고 성공적으로 발사가 이루어지자 모두 안도의 한숨을 쉬었다. 이제 남은 일은 국경의 수비부대에 화기를 수송하는 일이었다.

1615년 2월 북병사 이영이 여진족의 무리가 점점 강해지므로 이에 대비해야 한다는 장계(狀啓:임금에게 올리는 보고서의 일종)를 올리자, 곧바로 총포류를 함경감사에게 이송하라는 명령이 내려졌다. 또한 같은 해 2월 삼안총 200자루가 완성되자 먼저 100자루를 북변에 보내도록 하였으며, 소승자총통 170자루와 조총 30자루 등 도합 300자루의 화기를 함경도에 이송하도록 명하였다.

병조에서는 빈 가마니 30여장을 준비한 후 무기를 담고 이를 다시 풀로 엮어 12꾸러미를 만들어 무기가 아닌 것처럼 위장한 다음, 말 12필에 실어 함경감사에게 보냈다. 이어 3월에도 제작 완료된 삼안총과 승자총통이 함경도에 이송되었다.

그와 함께 화기도감에서 제조된 삼안총 50자루, 승자총통 50자루, 쾌창 100자루 등 모두 200여 자루의 화기를 평안도 감영에도 보냈다. 이렇게 하여 당시 제작된 화기 1,200여 자루 가운데 700여자루가 함경도와 평안도에 나누어 보내지고, 나머지 500여 자루는 서울의 화기도감 무기고에 비치되었던 것이다.

또한 그해 3월 말에는 중화기인 불랑기 4호와 5호 각 50대, 자포 각 250문, 현자총통 50대, 백자총통 20대 등 도합 중대형 화포 670기가 완성되어 함경도 및 평안도로 운반되었다.

화기 제작이 있은지 얼마 후 조선은 역사상 가장 굴욕적인 전쟁을 치루게 되었다. 나름대로 전쟁을 예상하고 대비책을 마련했던 것이지만 파죽지세로 쳐들어오는 만주의 여진족(청)의 기마병을 막아내기에는 역부족이었다. 당시 더 많은 파진포와 불랑기를 제작해 준비했더라면 병자호란을 승리의 역사로 바꿀 수도 있지 않았을까 상상해본다.

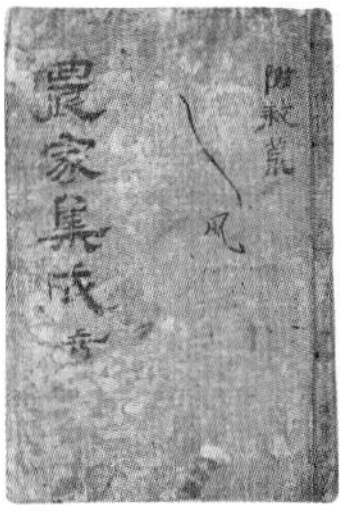

모내기를 하자, 『농가집성(農家集成)』

신속(申洬)

효종 임금이 말하기를, "내가 옛날 심양으로 가는 길에 농사일을 자세히 보니, 관개하는 일은 수차(水車) 만한 것이 없었는데, 우리나라에서는 이 제도를 전혀 알지 못하니, 빨리 조정에 이것을 의논하게 하여 그것이 편리한지 아닌지를 살펴서 지방에 전파하여 농사를 권하는 데 도움이 되게 하라" 고 지시하였다. 이는 중국 사람들의 제도이다. 그때 공주(公州)목사 신속(申洬)이 농서(農書)를 편찬 인쇄하여 올리니, 임금이 가상히 여겨 칭찬하였으며 예조에 명하여 많이 인쇄하고 널리 반포하도록 하여 민폐를 덜게 하였다.

—이긍익(李肯翊), 『연려실기술』, 효종조—

신속의 『농가집성』

『농가집성(農家集成)』은 1655년 신속(申洬)[1)]이 편찬한 농서이다. 제목에서 말해 주고 있듯이 여러 가지 농업서적들을 모아 놓았다. 먼저 송시열[2)]의 서문과, 그 다음에 세종대왕이 백성들에게 농사를 열심히 지으라고 권유한 권농문(勸農文), 이어서 본격적인 조선 시대 농서와 신유학의 시조라고 추앙되는 주자(朱子)의 권농문이 있는데 이것들은 모두 일종의 서론이었다.

그럼 대체 어떤 농서들을 집성하였을까? 본격적인 조선 시대의 농서로 잘 알려져 있는 『농사직설』과 『금양잡록(衿陽雜錄)』[3)] 그리고 『사시찬요초』[4] 등이 그 대상이었다. 물론 기왕의 내용을 그대로 복제하여 수록한 것이 아니라 그동안 나타난 기술상의 변화를 수정하여 증보한 것이었다. 예를 들면 세종 당시의 『농사직설』에서는 크게 다루지 않았던 이앙법(移秧法), 즉 모내기 방식을 다각도로 자세하게 소개하는 것이다.

신속은 젊어서 과거에 계속 응시하였으나 낙방하다가, 한참 후 겨우 천거되어 6품의 낮은 관직 생활을 시작할 수 있었다. 일단 관직에 나아간 이상 열심히 공부하고 업무도 게을리 할 수 없었으나, 그러는 중에도 과거 시험을 포기하지 않고 노력하여 드디어 1644년, 45세 때 당당히 문과에 급제하였다.

문과 급제 이후 한동안 관직생활이 순탄하게 전개되는 듯했다. 그러나 어렵게 얻은 관직생활에 곧 폭풍이 몰려들게 되었다. 신속의 외숙(外叔)은 유명한 김자점(金自點)으로서 그가 역모를 꾀하다가 반역죄로 처형당하자 조카였던 신속에게까지 화가 미치게 되었던 것이다. 김자점은 병조좌랑으로 있으면서 인조반정에 참여한 공신이었다. 광해군의 무례(無禮)한 정치를 보다 못한 인조와 주변의 동조 세력이 정치 개혁을 내세우며 광해군을 몰아내고 인조를 새로운

(1) 신속(1600~1661) : 조선 중기의 문신이자 농학자. 본관은 고령(高靈)이고 자는 호중(浩仲), 호는 이지(二知)이다. 아버지는 승지를 지낸 바 있는 경락(景洛)이며, 영원군(靈原君) 경식(景植)에게 입양되었다. 1624년(인조 2년) 진사로 명경시(明經試)에 응시하였으나 합격하지 못하고 후일 천거로 별제(別提)에 제수되었다. 충훈부도사·호조낭관·옥천현감을 지냈고, 1644년 영천군수로 정시문과에 급제하여 춘추관편수관을 겸했다. 지평을 거쳐 필선이 되어서 당시 동궁(東宮)이었던 효종을 보좌했다. 그 뒤 장령을 거쳐 1649년 인조가 죽자 사성으로 산릉감역(山陵監役)에 임명되었다. 1651년(효종 2년) 외숙인 김자점(金自點)이 역모로 처형당하자 외직으로 밀려나 양주·공주·청주 목사 등을 지냈다. 공주목사 재직시 『농가집성(農家集成)』을 편찬했다.

왕으로 옹립한 것이 바로 인조반정으로, 말하자면 인조와 서인 및 남인들의 공조로 세운 연합정권이 탄생한 것이다.

그런데 인조반정에 가담한 공으로 1등공신이 되었던 김자점은 이후 더욱 권세를 확장하였다. 그의 손자였던 김세룡이 왕가의 공주와 결혼함으로써 막강한 외척이 되기에 이르렀으나 문제는 과욕이었다. 너무 자기의 지위를 과신한 나머지 왕실의 일에 사사건건 개입하는 등 정치적 권세를 휘두르다가 효종의 즉위와 함께 여러 산림(山林)들의 비판과 탄핵으로 파직을 당하고 말았던 것이다.

파직의 울분을 곱씹던 김자점은 만주 지역을 통일하고 명을 공격하기에 앞서 조선 정벌을 계획하고 있던 청나라에 조선이 먼저 청나

(2) 송시열(1607～1689) : 조선 중기의 문신이자 학자. 본관은 은진이고, 아명은 성뢰(聖賚). 자는 영보(英甫), 호는 우암(尤庵)·우재(尤齋)·화양동주(華陽洞主) 등이 있다. 사옹원봉사 갑조(甲祚)를 지낸 아버지와 선산곽씨(善山郭氏) 어머니에게서 태어났다. 김장생(金長生)·김집(金集) 등에게 학문을 배웠고 1633년(인조 11년) 생원시에 장원급제한 후 경릉참봉을시작으로 관직에 발을 들여놓았다. 1636년 병자호란을 당한 이듬해 왕이 항복하고 소현세자와 봉림대군이 청나라에 인질로 잡혀가자 낙향하였다. 1649년 효종이 왕위에 올라 척화파와 산림(山林)들을 대거 기용하면서 복직하였으며 북벌을 강력히 주장했다. 몇 차례의 예송을 거치면서 남인들과 대결하였으며, 1689년 후일 경종이 된 세자의 책봉을 반대하다가 숙종의 미움을 받아 제주로 유배되었다가 사망하였다. 문집 『송자대전』이 전한다.

(3) 『금양잡록』: 조선 초기의 문신 강희맹(姜希孟: 1424～83)이 지은 농서. 1475년(성종 6년)에 금양(衿陽, 지금의 경기도 과천·안양지역)에 잠시 지내면서 직접 농사를 짓는 가운데 이 책을 저술했다. 『농사직설』을 보완하는 동시에 소농경영에 적합한 기술과 품종을 정리, 보급하려는 목표로 저술되었다. 「농가곡품(農家穀品)」, 「농담(農談)」, 「종곡의(種穀宜)」, 「농구(農謳)」 등의 내용으로 구성되어 있다. 1492년(성종 23년)에 간행된 것으로 보이며, 후일 신속의 『농가집성』에 합본되었다.

(4) 『사시찬요초』: 중국 당대(唐代) 한악(韓鄂)이 지은 『사시찬요』에서 필요한 내용을 초록하고 조선의 농업과 관련된 사항을 추가하여 편찬한 조선 전기의 농서이다. 『농사직설』을 보완하기 위한 목적으로 간행되었으며, 계절과 월별로 각종 작물의 재배방법이 수록되어 있다. 『농사직설』이 벼농사 중심의 농서라면 이 책은 각종 밭곡식과 채소, 목화, 약초, 염료작물 등 다양한 작물을 망라한 특징이 있다.

라를 공격할지 모른다는 정보를 흘렸다. 심지어 일부 군사들을 끌어 모아 새 임금을 옹립하려는 거사마저 계획하고 있었다. 하지만 얼마 지나지 않아서 그의 반역 행위는 발각되어 사형에 처해지고 말았다.

외숙의 죽음은 신속에게 정치적 시련으로 다가왔다. 그는 그저 지방 목사를 전전할 수밖에 없었다. 조선시대의 연좌제는 친인척 가운데 누구라도 죄를 지으면 주변의 가까운 친지들 전체가 관직 생활을 못한다든지, 함께 처벌을 받는 등 일종의 연대책임제였다. 특히 반역과 같은 정치사건이라면 연좌제가 더 엄격하게 적용되었다.

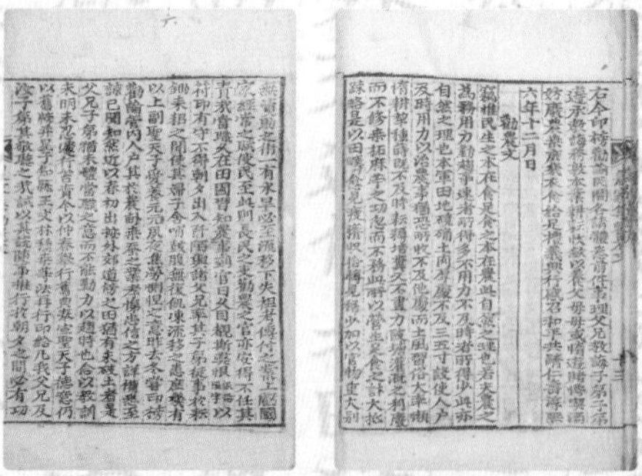

『농가집성(農家集成)』의 표지와 내용.

1655년(효종 6년) 왕명으로 비서관(秘書館)에서 처음 간행되었으며, 이후 여러 차례 중간되었다. 조선 전기의 『농사직설』, 『금양잡록』, 『사시찬요초』 및 세종의 「권농교문(勸農敎文)」, 주자의 「권농문(勸農文)」 등을 집성하였는데, 특히 『농사직설』을 중심으로 이앙법과 목화재배법을 증보하였다.

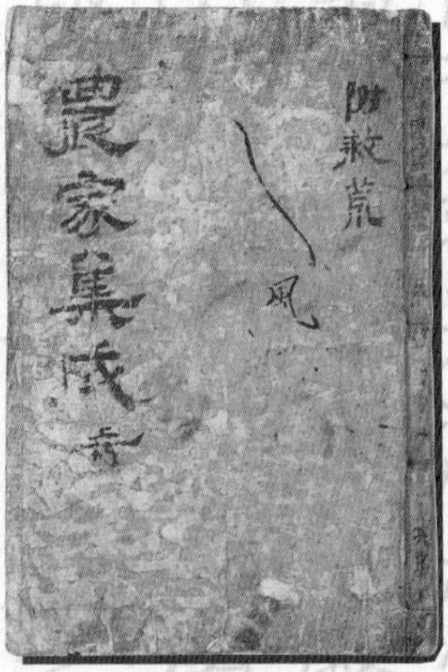

이러한 시점에서 특히 북벌의 대열에 앞장섰던 송시열과의 관계 정상화는 가장 큰 어려움이었다. 송시열은 당시 최고의 정치적 권세를 누리던 인물이었기 때문이다. 신속은 『농가집성』의 서문을 송시열에게 부탁했다. 정치적 화해의 제스추어였다. 송시열이 쓴 서문을 보면, "권세에서 밀려났다가 다시 살아난 사람이 농서를 저술한다는 것은 쉬운 일이 아닐 텐데 이렇게 훌륭한 농서를 저술하였다"는 뼈있는 말로써 관계 정상화를 암시하고 있다.

어쨌든 신속은, 당시 농학의 정리가 국가적으로 중요한 사업이었던 만큼 농서들을 정비하였고 이를 자신의 복권(復權) 기회로 삼았던 것이다. 물론 정치적 화해만을 목적으로 『농가집성』을 저술한 것은 아니었다. 그보다는 당시의 농업 현황을 잘 파악하고 이에 대비하기 위한 실질적인 문제의식 위에서 편찬하였던 것이다.

기왕의 여러 가지 농서들을 수집하다보니 단일 농서로서의 체계가 떨어지는 단점도 있었지만, 『농가집성』은 한마디로 '이앙법'을 위한 농서였다. 그러면 당시 이앙법이 왜 그렇게 중요했을까?

임란과 호란이라는 양대전란을 치른 조선 정부는 국가의 재건을 위해 많은 노력을 경주하였다. 무엇보다도 백성들의 먹을 것이 풍족하도록 하는 일이 우선이었다.

전쟁 동안에 조선의 인구는 많이 줄어들었고 백성들이 버려둔 농토는 관리되지 않은 채 묵은 전답이 되어 버렸다. 따라서 농사지을 인력이 줄어들고 농지가 관리되지 않은 상황에서 노동력을 효과적으로 사용하는 방법이 시급히 필요했다. 신속이 그토록 관심을 기울인 이앙법이야말로 최고의 노동 집약적 기술의 하나였다.

남명 조식이 기거하던 산천재의 벽화

농부가 소를 모는 장면이다.

농사를 지어 보자

전통적으로 농사짓는 방법은 대략 다음과 같은 순서로 진행되었다. 첫째 객토라고 하여 땅을 갈아엎고 거름을 넣는 과정이다. 곡식이 잘 되려면 땅이 기름져야 하는데 메마른 토양을 개선하는 방법으로 객토와 거름주기는 필수적이다. 간단히 말하면 한번 농사를 지어서 지력이 상실된 농토에 새 흙을 넣어주는 것으로, 논을 갈기 직전이나 거름을 넣기 이전에 해 주어야 한다.

거름으로는 겨울 동안 외양간에서 마련한 풀 짚을 사용하였으니, 먼저 말과 소 등을 키우면서 외양간 안에 볏짚이나 풀 등을 깔아 둔다. 그리고 겨울 내내 마소의 발에 밟혀 으깨진 짚 풀을 봄에 거두어 사람이나 가축의 분뇨와 뒤섞어 퇴비를 만드는 것이다. 이밖에 아궁이에 불을 지핀 후 나오는 재라든지 또는 누에의 똥도 거름으로 이용되었다.

1960년대까지만 해도 거름으로 쓰기 위해서 인분(人糞)을 사는 사람들이 많이 돌아다녔다. 그러나 점차 화장실이 개선되고 화학 비료가 활용되면서 인분을 비료로 쓰는 광경을 보기 어렵게 되었다. 그러나 조선시대에는 인분 확보가 매우 중요했다. 심지어 서로 많은 인분을 확보하려고 다투기도 했다고 하니 웃음이 나오는 일이다. 어쨌든 이렇게 구한 거름을 논을 갈기 전 전답에다 뿌려주었다. 혹 거름이 충분하지 못하면 산이나 들에 가서 갈잎이나 나뭇잎들을 구해다가 논에 펴 주기도 하였다.

객토와 거름주기가 끝나면 땅을 갈아주어야 한다. 지력을 회복하는 한편 씨앗을 심기 위한 기초 작업이다. 고대에는 굴봉이나 따비 등을 사용하였으나 점차 가축의 힘을 이용한 쟁기 등이 나오면서 논갈이가 쉬워졌다.

논갈이가 끝나면 가래질이라고 하여 논둑을 보수하는 일이 남는다. 논농사를 짓는 데 물이 없으면 농사를 망치기 십상이다. 따라서 논둑을 만들어 물이 논에서 새어나가지 않도록 해주어야 하는데, 겨울에 얼음이 얼었다가 다시 봄에 얼음이 녹으면서 논둑이 무너져 내리는 경우가 생긴다. 이때 가래질이 필요하게 된다. 가래는 긴 나무막대에 넓죽한 유자〔U〕형의 나무판을 깎아 붙이고 나무판의 날에 쇠를 대어 튼튼하게 만든 농기구이다. 그것의 바닥 양쪽에 구멍을 내어 끈을 묶은 다음 세 사람 정도가 협동으로 일을 하는 것이다.

조선시대의 모내기 광경을 그린 풍속도

이앙법의 효과

여기까지는 조선전기나 후기에 크게 차이가 없었던 농사풍경이었다. 그러나 본격적으로 이앙법(移秧法)이 도입되면서 농사짓는 풍경에서도 차이가 나타나기 시작했다. 이앙은 글자 그대로 묘를 다른 모판에 심어 두었다가 본 논에 이식하는 방법이다. 따라서 조선 전기처럼 이앙법이 광범위하게 보급되지 않은 상황에서는 바로 논에다가 볍씨를 뿌리고 가을에 추수하였다. 그러나 조선 후기 특히 『농가집성』에서 강조되었던 이앙법이 널리 퍼진 후에는 모판을 만들고 관리하는 것이 중요한 일로 취급되었다.

못자리는 대개 본 논의 10분의 1정도 넓이의 농지를 골라 물대기가 편리한가를 잘 살핀 후 사방에 둑을 만들어 마련한다. 그 다음에는 물을 대고 쟁기로 갈아 땅을 뒤엎어 준 뒤 써레질을 하는 것이다. 이어서 씨 뿌릴 모판 사이사이에 골을 만들고 골의 흙을 모판 위로

조선시대의 타작하는 장면을 그린 풍속도

쳐 올려 평평하게 고른 다음에 물을 뺀다. 하루나 이틀 정도 지나면 다시 물을 대고 볍씨를 뿌리는데 이때 볍씨는 미리 잘 준비해 둔 실한 것으로 하였다. 특히 볍씨는 소금물에 담가두기도 하고, 섣달 첫눈을 받아 녹인 납설수(臘雪水)에 담가 두기도 했는데 그러면 벼가 튼튼하게 자란다고 보았다.

모판을 만들어 둔 다음에는 물을 잘 가두어 두었다가 옮겨 심는 과정으로 들어간다. 바로 모내기다. 모내기를 하는 시기는 지역에 따라 약간의 차이가 있지만 대개 모판을 꾸민 지 40~50일이 지난 다음에 하는데, 먼저 모내기를 할 논의 준비를 완벽하게 갖추어야 한다. 봄에 논을 잘 갈아 둔 후 물을 충분히 가두었다가 모내기를 하기 며칠 전 다시 한번 잘 갈아준다. 그리고 모를 심기 하루 전에 세심하게 써레질을 한 다음 모를 옮겨 심는 것이다.

모내기는 많은 사람들이 줄을 맞추어 노래를 부르면서 흥을 돋우는 가운데 행해졌다. 이 과정에서 부족한 노동력들을 서로 서로 도와주면서 품앗이를 하였는데 이것이 두레와 같은 지방의 노동 조직이었다.

모내는 이유

이렇듯 번거로운 공정(工程)의 모내기는 왜 필요한 것일까? 그 이유는 모내기 이후의 논매기 과정을 살펴보면 분명해진다. 논매기란 일종의 제초작업과 복토를 겸하는 것으로, 이앙 후 대략 15~20일이 지난 다음에 호미 등을 이용하여 잡초를 제거하고 또 벼 주위의 흙을 벼에 북돋아 주는 일이다. 보통 이와 같은 잡초 제거는 3번에서 4번 정도 하는데 이때 일손이 엄청나게 많이 들었다. 때문에 "벼 싹이 사람의 노력을 안다"는 말이 나올 정도였다.

그런데 모내기를 한 논에는 벼들이 질서정연하게 한 줄로 늘어서 있기에 비록 김매기가 힘들다 해도 그냥 논에다가 불규칙하게 뿌려놓은 조선 전기의 직파 논보다는 김매기가 훨씬 수월하였다. 이앙을 하면서 줄을 맞추어 정연하게 심어놓았기 때문에 제초작업에 드는 노동력을 덜 수 있었기 때문이다.

한편, 힘이 드는 김매기까지 끝나면 벼가 익기를 기다린다. 벼를 수확할 때는 재빨리 벼를 베어 곡식을 거두어야지, 때를 놓치면 벼 알들이 모두 땅에 떨어져 새들만 신나는 일이 된다. 낫으로 베어낸 벼는 그대로 땅에다 두고 4~5일 정도 말린 후 단으로 묶어서 운반하거나 아니면 그대로 노적가리를 만들어 논에 두었다.

다음 타작이다. 이삭에 달린 곡식의 낟알을 골라내는 일로 과거에는 타작을 할 때 이삭을 훑어서 하는 방법과 두드려서 터는 방법이 이용되었다. 벼를 훑는 데는 벼훑이와 그네라는 도구가, 그리고 두드리는 데는 도리깨가 활용되었다. 그네는 빗살처럼 생긴 농기구로 벼를 집어넣고 잡아당기면 곡식 알갱이들이 떨어졌다.

탈곡이 끝은 아니다. 짚풀이나 먼지 등을 잘 골라내야 하는데, 탈곡한 벼를 마당에 펼쳐 두고 바람을 일으켜 먼저나 짚풀 등을 제거한 다음에 여인들이 키를 사용하여 잘 까불려서 알곡 만을 거두어들이는 공정이다.

마지막으로 밥을 지어먹기 직전 볍씨를 잘 빻아서 껍질을 제거하고 쌀알을 분리해내야 하니 바로 방아질이 필요하다. 디딜방아나 절구질 또는 물레방아 그리고 연자방아와 같은 농기구를 이용하여 껍질을 걷어 낸 다음에 비로소 먹을 수 있는 쌀이 만들어지게 된다.

지금까지 벼를 심어 쌀이 나오기까지 매우 길게 설명하였다. 이렇게 힘들여 설명한 이유는 농부들이 얼마나 고된 일을 했는지 그리고 밥풀 하나하나가 얼마나 소중한지를 다시한번 새기는 의미에서다.

이앙법의 적극적인 도입은 조선 후기에 들어 여러 가지 변화를 야기하였다. 가장 중요한 변화는 노동력의 효율적 사용으로 인해 생겨난 여력을 다른 곳에 활용했다는 것이다. 부지런한 농민들은 이앙법의 도입으로 생긴 여력을 황무지 개간이나 또는 상품이 될 만한 담배, 야채 그리고 약용식물 등을 재배하는 데 투입하였다. 다른 작물을 경영하거나 광작(壙作)과 같은 대토지 개간이 가능해진 것이다. 특히 상품 작물만을 전문적으로 재배하는 전문 농업인도 등장하였는데, 『농가집성』에는 이를 위해 목화(木花)를 전문적으로 심는 방법을 소개하기도 했다.

이렇게 조선후기에는 광작(廣作)과 같은 대토지 경영이나 상품 작물을 재배하는 전문적인 경영 농군(農軍)이 등장하였다. 그들은 많은 돈을 벌 수 있었고 그리하여 양반들 부럽지 않은 부농(富農)이 될 수도 있었으니 이들이야말로 조선후기 사회변동의 주역이었다.

하늘을 아는 자 누구인가?

송이영(宋以潁)

삼가 하늘은 한없이 높이 위에 있으면서 아래를 환하게 굽어보고 있습니다. 하늘과 사람은 하나의 이치로서 차이가 없으니, 재변(災變)이 헛되이 생기지 않는 법입니다. 무지개가 해를 관통한 이변과 일식(日食)의 변고가 열흘 사이에 나타나고, 태백성(太白星)이 태양을 대항하고 큰 바위가 저절로 옮겨가며, 3월에 눈이 내려 사방의 온 들판을 덮었습니다. 어찌하여 거듭거듭 나타나는 천지의 괴변이 이처럼 극도에까지 이른단 말입니까. 이는 반드시 예기치 못할 비상한 걱정거리가 눈에 보이지 않는 어두운 곳에 잠복되어 있는데도 모르고 있는 것입니다. 그러니 어찌 매우 두려운 일이 아니겠습니까.

―김육, 『잠곡유고(潛谷遺稿)』 1643년의 상소

관상수시(觀象授時)

현대는 정확한 시간에 맞추어 사는 사람을 요구한다. 그런 사람일수록 현대인이라고 하거나 나아가 문명인이라고 한다. 일할 시간이지만 일하지 않거나, 학교 가서 공부할 시간인데 놀러 다니면 '문제'가 된다. 문제를 일으키지 않으려면 시계를 차고 다니면서 수시로 보거나 벽시계나 전자시계 등에 맞추어 생활해야 하는 것이다.

정확하게 시간을 측정하고 이에 따라 행동하는 현대인의 삶에 반해 조선시대 사람들에게 정확한 시각은 그리 필요하지 않았다. 해가 머리 위에 뜨면 만나자고 하거나, 날이 따뜻하여 개구리가 뛰어 나

조선조 관리의 출퇴근 장면

조선조에는 시각 측정이 정확해지고 시보장치가 발달할수록 '약속된 시각'들이 점점 일상생활에 침투하였다. 관리들의 출근 시간 또한 예외가 아니었으니, 가령 1567년 11월 4일 미암 유희춘은 다음날 아침 조강(朝講)에 맞추어 궁궐에 출근해야 한다는 부담 때문에 잠을 이루지 못한 상황을 일기에 남기고 있다. 『경국대전』에는 여러 관사(官司)의 관원(官員)들은 모두 묘시(卯時, 24시의 일곱째 시. 오전 다섯 시 반에서 여섯 시 반까지이다)에 출근하고 유시(酉時, 24의 열아홉째 시. 오후 다섯 시 반부터 여섯 시 반까지이다)에 퇴근한다고 규정하였다. 그러나 해가 짧은 때에는 진시(辰時, 24의 아홉째 시. 오전 일곱 시 반부터 여덟 시 반까지이다)에 출근하고 신시(申時, 24시의 열일곱째 시. 오후 세 시 반에서 네 시 반까지이다)에 퇴근하도록 했다.

오면 씨앗을 뿌리는 등 자연의 시간을 따르던 사람들이 대부분이었기 때문이다. 물론 인위적으로 시간을 나누어 측정할 필요가 없었던 것은 아니었다. 관료들이거나 왕이라면 정시(定時)에 출근하거나 또 회의를 해야 하므로 정확한 시각이 필요하였다.

그럼 누가 시간을 측정하고 또 알려주었는가? 이는 반드시 하늘의 변화(天文)를 읽을 수 있는 하늘의 아들(天子)만이 할 수 있었다. 왕은 천문을 관찰하고 다시 이를 백성들에게 알리는 전통적인 관상수시(觀象授時)의 집행자였다.

조선의 천문학자들은 중국 천문학의 영향을 받아 하늘을 귤과 비슷한 형상으로 파악하였다. 귤 꼭지가 천극(天極)에 해당하며, 천극을 중심으로 귤 조각이 나뉘어져 있듯이 하늘이 분할되어 있다고 보았다. 바로 분야(分野)가 그것이다. 천상열차분야지도(天象列次分野地圖)란 바로 하늘의 모양새를 '분야'에 따라 형상화한 그림이다. 각 분야에는 28수의 별이 적도를 중심으로 늘어서 있는데 그 28수를 중심으로 하여 다른 별들을 관측하고 위치를 파악하였으며, 이때 북극성이 가장 중요하였음은 당연하다. 북극성이야말로 황제나 제왕의 자리로 생각되었기 때문이다.

그렇다면 이러한 하늘의 현상은 어떻게 관측되었을까? 사실 밤하늘의 무수한 별들을 관측하기 위해서는 아주 간단한 천문 장치만 있어도 가능하다. 몇 개의 둥근 고리를 교차시키고 그 안에 망원경을 부착한 간의(簡儀)가 그것이다. 먼저 적도를 나타내는 고리와 자오선(子午線)을 표시하는 고리 두 개를 십자(十字) 형태로 교차시킨 후 그 안에 망통(望筒)을 설치하면 된다.

중국 원나라의 천문학자 곽수경이 만들었다고 알려진 간의(簡儀)

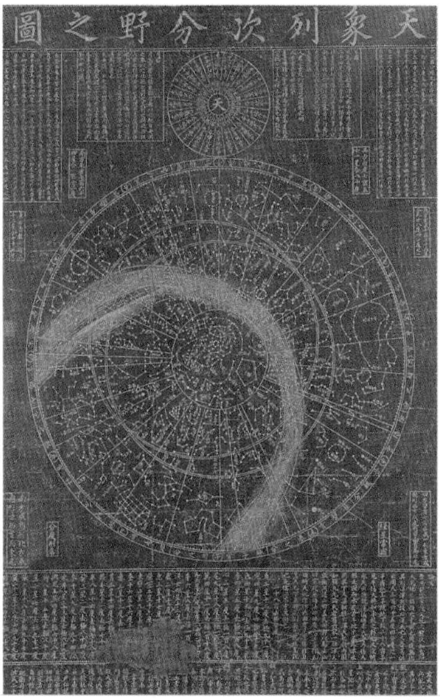

천상열차분야지도(天象列次分野之圖)

조선초기에 제작한 천문도. 천문을 12분야로 나누어 전통적으로 동양 천문학에서 중요하게 생각하는 삼원(三垣)·28수(宿)를 그려넣었다. 윗부분에 '천상열차분야지도'라고 적혀 있으며 중간부분은 별자리그림 그리고 아래에는 천문도의 제작과정과 참가자 및 제작연도(1395년, 태조 4)가 기록되어 있는데 권근(權近)이 지은 글이다.

북경 고(古)천문대의 간의

곽수경의 천문기기들을 복원하였다.

는 북경 관상각에 남아 전해지고 있다. 먼저 관측자가 북극성을 확인하기 위하여 왼쪽 아래에 서서 적도 표시의 고리 중심에 북극성이 위치하도록 맞춘다. 그 다음 가운데 직선으로 있는 관측통을 고리 안에서 회전시키면서 별들을 관측한다. 그리고 북극성과의 각도를 측정하여 별의 기준 위치를 잡는 것이다. 이처럼 간단한 기계장치지만 야외에 설치해서 밤하늘을 관측하였던 실질적인 관측용 기구였다.

조선에서도 이와 같은 장치들이 이미 세종대왕 때 만들어진 바 있었다. 이밖에도 앙부일구니 자격루니 하는 다양한 시보 장치도 개발하여 정확하게 관측된 천문 시각을 백성들에게 알려주었던 것이다.

천문기구 정비의 필요성

1628년의 어느날 적군의 기마(騎馬)가 압록강을 넘어 평양으로 향하고 있었다. 청나라의 완옌부 추장 누르하치가 만주족을 통일한 후 중국 본토를 점령하는 동시에 조선으로 진격했던 것이다. 명나라를 받들던 조선을 배후에 두고 명을 공격하기가 꺼림직했기 때문에 먼저 조선 정벌에 나선 것이다. 이른바 병자호란으로서 적의 군사는 대략 2만이었다.

산꼭대기의 봉화는 다급하게 서울을 향하여 적의 기습 소식을 알렸다. 봉화는 그 갯수로 적의 움직임을 표시했는데 많으면 많을수록 적의 움직임이 빠르고 그 기세가 대단하다는 표시였다. 국왕은 척화를 주장하는 문신들과 함께 남한산성에서 항전(抗戰)하였지만 강한 적군의 세력을 감당하지 못하고 무릎을 꿇는 치욕을 감수하였다.

조선의 왕과 유학자들은 치욕과 함께 놀라움을 금치 못했다. 오랑캐로만 알았던 청나라가 문화국 조선을 이렇게 무참히도 짓밟다니, 칼 앞에서는 도덕과 명분도 아무 소용없다는 것인가? 조선의 학자들은 깊은 반성을 통해, 한편으로는 도덕적인 명분을 강화하여 외교적 위협에 대응하고, 다른 한편으로는 무너진 국가의 위상과 기강을 회복하는 데 심혈을 기울이게 되었다.

특히 임금의 존재를 다시 한번 국민들에게 알리는 일이 무엇보다도 중요하였다. 하늘이 조선의 임금을 저버리지 않았음을 주지시키기 위해 천문 현상을 살피는 일이 필수적이었다. 따라서 혼천의(渾天儀)와 간의 등 천문 관측기구의 재정비가 이즈음에 시도된 것은 결코 우연이 아니었다.

한편, 17세기 중엽에는 전 세계적으로 이상 기후 현상이 자주 발생하였다. 서양학자들은 이 사실을 두고 수백만 년 전의 빙하기에 빗대어 작은 빙하기라는 의미의 '소빙기'라고 명명하기도 한다.

당시 조선도 예외가 아니어서 잦은 폭설과 저온 현상이 나타나곤 했다. 여름철에 눈이 내리고 가을철에 때 이른 서리가 내려 곡식을 망치기 일쑤였다. 특히 전국을 휩쓴 저온 현상으로 곡식이 익기도 전에 낟알이 땅에 떨어져 폐농이 속출하였다. 잇따른 흉년은 곡물 수확량의 감소를 유발하였고 잘 먹지 못한 백성들은 각종 질병이나 천연두 같은 역병에 쉽게 걸렸다. 17세기를 전후한 조선에서 천연두나 장티푸스와 같은 전염병이 창궐한 이유는 당시 전 지구적인 기후 변동과 무관하지 않았던 것이다. 따라서 국가의 위신을 바로 세우고 백성들에게 국왕의 권위를 심어주기 위해 시도된 천문 정책은 실로 당시의 세계적인 저온 현상에 대비한 실질적인 민생대책이기도 했던 것이다.

송이영의 천문시계

17세기 천문 관측기구와 역법의 정비는 인조 대 이후 청나라를 통한 서양 천문학의 수입과 연관이 있다. 효종 대에 김육(金堉)[1)]은 중국 연경에서 서양의 역법인 시헌력법(時憲曆法)[2)]에 관한 서적들을 사가지고 돌아와 관상감에서 연구하도록 하였다. 이어 1652년(효종 3) 3월 관상감 천문관(天文官)이었던 김상범(金尙范)이 북경에서 공부하고 돌아오면서 새 역법의 도입이 본격화되었다. 수입한 새 지식은 북경의 위도에 맞도록 계산되어 있었으므로 이를 한양의 위도에 맞추어 새롭게 계산한 후, 다음해인 1653년 1월부터 시헌력을 시행하였다. 그리고 5월에는 일단 보루각의 누기(漏器)들을 정리하면서 분위기를 일신(日新)하고자 하였다. 사실 새 역법을 시행하는 데 있어 가장 중요한 것은 정확한 천문기기를 제작하는 일이었다.

먼저 효종은 홍처윤에게 혼천의의 제작을 명하였다. 그러나 그가 제작한 혼천의는 정확하지 않았기 때문에 다시 손재주와 계산이 빠르다고 이름난 김제 군수 최유지(崔攸之)에게 기계의 제작을 의뢰하였다. 그는 1657년(효종8) 5월 이른바 물을 동력으로 이용하는 혼천의를 제작하는 데 성공하였다. 그러나 이 혼천의도 물의 물리적 성질이 겨울과 여름에 일정하지 않기 때문에 정확성을 유지할 수 없었다. 결국 다른 인물이 필요하게 되었고 이민철과 송이영(宋以潁)[3]

(1) 김육(1580～1658) : 조선 후기의 문신이며 실학자이다. 본관은 청풍, 자는 백후(伯厚), 호는 잠곡(潛谷)·회정당(晦靜堂)이고, 아버지는 참봉을 지낸 바 있는 흥우(興宇)이다. 김상헌(金尙憲)의 문하에서 수업했다. 1605년(선조 38년) 사마시에 합격한 뒤 성균관에 들어갔으며, 1609년(광해군 1년) 성균관의 동료 태학생들과 함께 김굉필(金宏弼), 조광조(趙光祖) 등의 문묘배향을 건의하다가 과거의 응시자격을 박탈당한 후 경기도 가평의 잠곡에 낙향했으나, 1623년 인조반정 이후 관직생활을 재개하였다. 1624년 음성현감을 필두로 내외직을 역임하였으며, 1645년 관상감제조로 청나라에 다녀왔고 1649년(효종 즉위시)에도 동지사로 청나라를 다녀왔다. 1650년 이후 줄곧 대동법 실시를 주창하다가 1658년 사망했다.

(2) 시헌력법 : 서양 신부 탕약망(湯若望, Adam Schall) 등이 서양역법을 기초하여 편찬한 청나라의 역법. 청에서는 1644년에 순치(順治) 2년 시헌력을 반포한 후 두 번의 개정을 거쳐 청나라 말까지 사용했으며, 우리나라에서도 김육(金堉)의 건의를 받아들여 1653년(효종 4)부터 채택하여 1895년 을미개혁 때까지 사용했다. 관상감 제조(提調) 김육은 청에 가서 시헌력에 관한 서적을 구해 가지고 돌아와 김상범(金尙范) 등에게 정밀하게 연구하도록 했으나 완전히 이해하지 못하자 1651년(효종 2)에는 김상범을 보내 청의 흠천감(欽天監)에서 이를 배워오도록 하기도 했다.

(3) 송이영 : 생몰년도 미상. 조선 후기의 과학자이다. 현종 때 관상감원(觀象監員)·현감 등을 지냈으며, 왕명을 받아 자명종(自鳴鐘)과 기계식 혼천의(渾天儀)를 제작하였다.

이 이 일을 담당하는 마지막 주자가 되었다.

이민철은 세종 대 이후의 전통적인 방식에 따라 수력(水力)으로 작동하는 혼천의를 제작하였는데 이는 자격루와 유사한 기계였다. 반면, 송이영은 서양식 자명종의 원리를 이용한 혼천의를 제작하였다. 1669년(현종 10년) 10월 24일 완성된 이 기계는 물 대신 추의 운동 에너지를 활용한 자동 시보장치였던 것이다.

송이영이 만든 혼천 시계의 구조는 다음과 같았다. 먼저 커다란 나무 상자 안에 오른쪽 절반은 중력식 진자시계를 장치하였다. 그리고 왼쪽에는 혼천의를 부착하였는데, 천문 자동 표시장치였다. 혼천의에 부착된 서양식 시계장치는 정확한 시각을 알려주는 동시에 혼천의를 움직이는 동력원으로 이용되었다. 두 개의 추가 올라갔다 내려갔다 하면서 움직이는 시계 장치는 진자에 의하여 속도가 조절되었는데, 추가 움직이면서 상자 안에 들어 있는 12시각의 시판(時版)을 돌려주었다. 그리고 타종 장치인 나무인형을 부착하여 해당 시각이 되면 저절로 소리를 내도록 하였으니 '자명종'이 분명하였다. 뿐만 아니라 상자 외부에 설치된 지구의(地球儀)를 시각에 맞추어 회전시켜 줌으로써 천상수시의 정신을 구현하였으니 이른바 조선후기 가장 훌륭한 혼천의로 칭송할 만한 것이었다. 이후 송이영의 기계는 몇 번의 고장과 수리를 거쳤지만, 그 시계 작동의 원리와 혼천의의 모습은 오늘날까지 여전히 원형을 유지하고 있다.

조선 왕실은 '우주의 도를 구현하는 의기(儀器)'를 새로 제작함으로써 명나라 멸망 이후 야만족인 청나라와 대적하는 유일한 문명국 조선의 이미지를 강화하려고 했다. 하늘을 관측하고 천도(天道)를 수행하는 적자(嫡子)의 나라 조선이 되려고 했다.

혼천시계(渾天時計)

효종 대에 송이영이 제작한 기계식 자동 시계. 그는 서양에서 도입된 자명종의 원리를 이용하여 혼천의를 제작하였는데, 이전의 수력을 이용한 자격루와는 다른 기계식 장치였다.

후일 영국의 유명한 과학사학자 조셉 니덤(Joseph Needham)[4]은 송이영의 혼천시계야말로 매우 정교한 장치로서 세계의 귀중한 과학 유물 중 하나라고 칭송한 바 있다. 그럼에도 송이영 이후 조선의 시계는 별다른 발전을 하지 못하였다.

사실 시계는 일종의 도구에 불과하므로 그 자체로서는 가치중립적이다. 그러나 이것이 사회에 활용되는 순간 사회적이고 정치적인 것으로 변하게 된다. 바로 도구를 사용하는 사람들의 사회문화적 그리고 경제적 용도와 밀접한 연관이 있기 때문이다.

(4) 조셉 니덤(1900~1995) : 영국의 생화학자이자 과학사학자이다. 아버지인 의사 조지프 니덤과 어머니인 음악가 앨리셔 애들레이드 몽고메리 사이의 외아들로 태어났다. 케임브리지대학교에서 생물학과 화학을 공부하였고, 후일 중국인 유학생 루궤이전(魯桂珍)의 영향을 받아 중국문명에 관심을 가지면서 중국과학사 연구를 하였다. 일생의 역작인 『중국의 과학과 문명(Science and Civilization in China)』을 남겼다.

당시 조선에서 시계란 무엇보다도 하늘의 움직임을 조심스레 살피고 동시에 하늘의 경계를 관찰하여 그 뜻을 백성들에게 알리는 성군(聖君)의 역할과 연결되어 있었다. 특히 천상(天上)의 움직임이 지상의 인사(人事)와 밀접하다는 생각 때문에 시각의 정확한 측정은 궁중의 행사에 적합한 길시(吉時)를 선택하는 데 주로 활용되었다. 안타깝게도 조선에서 시각이 필요했던 것은 바로 인사(人事)의 길흉화복을 점칠 때뿐이었던 것이다.

조선은 유럽과 같이 시간을 분절하여 노동을 요구할 만큼 산업이 발달하지도 못하였으며, 장식품과 신분의 상징으로 시계를 수집하던 유럽의 귀족들과 같은 취향을 가지고 있지도 않았다. 시간을 분절하여 정확하게 측정하고 이를 사용하는 일은 아직 먼 나라의 일이었다.

최석정(崔錫鼎)
홍정하(洪正夏)

구수(九數)는 내가 수놓는 법을 조금 공부하였기 때문에 그 내용이 방원(方圓)과 구고(句股:삼각법) 그리고 적멱(積冪:미적분)에서 벗어나지 않을 뿐임을 알겠다. 무릇 유학자로 마땅히 연구해야 할 것은 다만 보천(步天:천문)·악률(樂律:음악) 두 가지뿐이고, 이 외에 딴 것은 인승(因乘:곱하기)·상제(商除:나누기) 정도로 모두 통할 수 있다. 영뉵(盈朒:2원1차 연립방정식)이니, 정부(正負:음수와 양수) 같은 따위는 바로 잡가(雜家)들의 수(數)이므로 아무 소용이 없다. 성인(聖人)은 사람을 가르치는 데 반드시 쓸데없는 일에 이처럼 정신만 피곤하게 하지는 않았을 것이다.

—이익, 『성호사설』「사어수(射御數)」—

수란 무엇인가?

'수학은 모든 학문의 왕' 혹은 '수야말로 만물의 근원'이라는 말을 들어본 적이 있을 것이다. 그만큼 숫자는 고대 이래 인간의 호기심을 자아냈다. 어떤 사람은, 수란 현실 세계의 여러 가지 양적 관계를 확인하고 검토하는 기본적인 수단이라고 한다. 말이 없는 인간의 삶을 생각할 수 없듯이, 수가 없는 인간의 사고와 철학 또한 불가능하다는 것이다.

특히 기하학적 비례의 아름다움이나 만물의 원리 등을 수로 표현해보려는 노력은 아주 오랜 옛적부터 동서양을 막론하고 부단히 계속되었다. 고대 서양의 철학자 피타고라스는 그 대표적인 인물로서

16	3	2	13
5	10	11	8
9	6	7	12
4	15	14	1

마방진

'만물이 곧 수'라 하였고, 고대 중국인들도 마방진(魔方陣)이라는 일종의 숫자놀음을 통하여 수의 신비로움을 탐구하였다.

'마방진'이란 가로와 세로의 각 칸에(n×n) 1부터 n의 제곱까지의 자연 수열을 한 번씩 써넣어 행과, 열, 대각선의 각 방향의 합이 모두 같도록 만든 정방 행렬이다. 수학적으로 각 줄의 합은 $n(n^2+1)/2$가 되도록 설계되었다. '방(方)'은 정사각형을, '진(陳)'은 나열한다는 의미이니 숫자를 정방형의 사각형에 나열하여 마법과 같은 조합을 창조한다는 의미이다.

수학이란 바로 '수'를 연구하는 학문이다. 서양과학의 발전에 초석이 되었던 분야가 바로 수학이었다. 때문에 과학하면 곧 서양을 떠올리고, 수학 역시 서양이라는 공식이 자연스럽게 떠오른다. 그럼에도 인간이 수를 떠나 사고할 수 없고 생활할 수 없다면 우리 조상들의 수학과 숫자에 대한 사고방식을 묻는 것 또한 의미 있는 일이다.

석굴암의 정교한 비례 그리고 건축물에서 발견되는 수학적 비례는 이미 고대부터 한국에도 고도의 수학이 활용되고 있었음을 증명하고 있다. 그러나 수학에 관한 보다 자세한 문헌을 살피는 데는 역시 조선시대가 유리하다. 고대로부터 중국에서 들여온 여러 가지 수학 관련 전적들이 있었고 그것들을 연구하면서 독자적으로 상당수

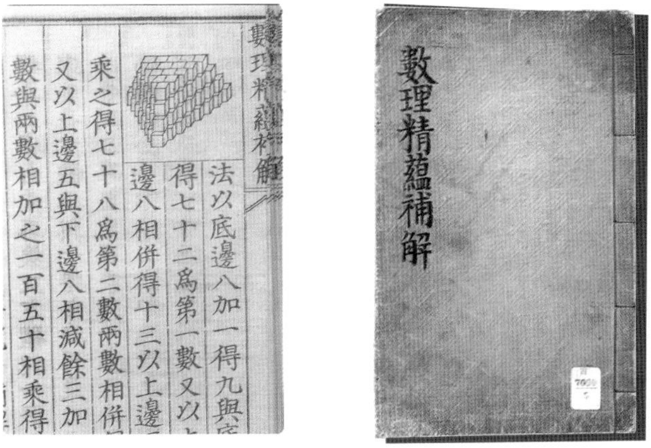

『수리정온보해(數理精蘊補解)』의 표지와 내용.

중국 청나라 때 매곡성(梅瑴成) 등이 편찬한 『수리정온』을 해설한 조선시대의 수학책으로서 편저자는 미상이다. 강희제(康熙帝)는 음률(音律), 역법(曆法), 수학(數學) 등 세 분야에 걸친 총서의 편찬을 계획하고 이를 실천하기 위하여 1713년 궁중의 몽양재(蒙養齋)에 산학관(算學館)을 세운 후 수학자 매곡성을 편수관으로 등용하여 『수리정온』을 편찬했다.

의 수학책들이 저술되었던 것이다. 이 책들은 오늘날까지 전해지고 있으며, 수(학)에 대한 조상들의 사고를 잘 보여주고 있다.

특히 조선 후기에는 『수리정온(數理精蘊)』[1] 등과 같은 서양의 영향을 받은 중국의 수학책들이 많이 수입되어 있었으며, 일상생활에 필요한 다양한 수학을 전문으로 하는 집단이 따로 존재하였다. 이른바 산학인(算學人)이라 불리는 중인집단은 수학을 기술로 천시하였던 양반들 대신에 다양한 실용수학 문제를 풀고 있었다. 이들은 주로 복잡한 방정식이나 삼각함수 그리고 루트(√‾‾) 등에 관심을 기울이고 있었다. 말하자면 오늘날 컴퓨터로 계산하는 것을 사람이 대신한 것으로 이를 위해 빠른 시간 안에 많은 문제를 정확히 풀수 있는지 시험을 치러야 했다. 반면에 양반들은 단지 수수께끼 풀이와 같은 비밀스런 문제 풀이에 더 관심을 가지고 있었다.

이처럼 조선 시대의 수학은 중인층이라는 전문 수학자의 수학과 양반들의 수학으로 크게 구분되었다. 한마디로 양반들의 수학이 유학의 기본 경전인 『주역(周易)』과 연관된 신비스러운 지식, 즉 상수학(象數學)[2]이었다면, 중인층의 수학은 현실의 구체적인 문제를 푸는 실용수학이었다.

양반 수학자 최석정

명곡 최석정(崔錫鼎)[3]은 『구수략(九數略)』이라는 수학서를 저술

(1) 『수리정온』: 매곡성·명안도(明安圖)·하국종(何國宗) 등을 중심으로 1722년경에 편찬한 수학책이다. 총 53권으로서 상편 5권, 하편 40권 그리고 삼각함수·대수표 등에 관한 8권으로 구성되어 있다. 상편 첫머리 수리본원(數理本源)의 항목에 수학이 본래 하도(河圖)·낙서(洛書)로부터 비롯된 연유를 말하고 있으며, 이 책이 전통적인 중국수학은 물론 명나라 말과 청나라 초에 전해진 유럽수학을 당시의 새 지식과 함께 소개하고 있음을 설명하고 있다.

이 책에서는 리치(Ricci,M.)가 번역한 『기하원본』과는 다른 내용의 기하학과 차근법(借根法)이라는 이름으로 대수표기법·고차방정식의 해법을 설명하고 있다. 이 밖에 비례자·로그자 등 계산기에 대한 설명도 들어 있다. 『수리정온』이 간행되자 우리나라에도 곧 수입되었으며, 근세 한국수학에 미친 영향이 대단히 컸다.

(2) 상수학: 유교 경전의 하나인『주역』을 상수(象數), 즉 괘효(卦爻)의 조합과 수의 원리로써 해석하려는 한 조류. 중국의 전한(前漢)말부터 후한(後漢)과 삼국시대에 걸쳐 성립·전개된 학설이다. 북송대(北宋代)에 이르러 소옹(邵雍)이 『주역』과 도교의 사상을 융합하여 상수학의 체계를 완성했다.

함으로써 조선시대 최고의 수학자로 이름을 남길 수 있었다. 그의 마방진 연구는 양반들의 수학이 얼마나 주역의 자연철학과 밀접했는지 잘 보여준다. 한편 홍정하(洪正夏)[4]는 대표적인 중인수학자로서 구체적인 방정식 풀이에 얼마나 능했는지를 잘 보여주고 있다.

최석정은 소론의 정치적, 사상적 입장을 견지하면서 숙종대 후반에 8번이나 영의정을 역임한 정치가이기도 하다. 정치적으로는 온건하고 타협적인 정치 노선을 유지했으며, 사상적으로는 주자 성리학에 매몰되지 않고 양명학, 병법, 수학 등 다양한 학문에 관심을 가지고 있었다. 『조선왕조실록』에는 최석정에 대하여 "주자가 편찬한 경전 등을 자기 식으로 나름대로 분류하고 배열하였으니 이때문에 사림(士林)들의 비난을 받았다"고 기록되어 있다. 당시 주자학자들의 눈에는 최석정의 학문 태도가 불만이었을지 모르지만, 다양한 학

(3) 최석정(1646~1715) : 조선 후기의 문신이자 학자. 본관은 전주(全州)이고 초명은 석만(錫萬). 자는 여화(汝和), 호는 명곡(明谷)·존와(存窩) 등이다. 영의정을 지낸 최명길(崔鳴吉)의 손자이며, 아버지는 한성좌윤을 지낸 바 있는 후량(後亮)이다. 남구만(南九萬)·박세채(朴世采)의 문인으로, 1666년(현종 7년) 진사시에 합격하고, 1671년 문과에 급제 검열·설서·봉교·교리 등을 역임했다. 1685년(숙종 11) 부제학으로 재직시 소론의 영수 윤증(尹拯)을 옹호하다가 파직되었다. 그뒤 이조참판·한성부판윤·이조판서를 지내고, 1697년 우의정이 되어 왕세자 책봉을 위한 주청사(奏請使)로 청나라에 다녀왔다. 1699년 좌의정에 올라 대제학을 겸하면서 『국조보감(國朝寶鑑)』의 속편을 간행했다. 1701년 영의정이 되었으나 장희빈의 처형을 반대하다가 진천에 유배되기도 했다. 이듬해풀려나 판중추부사를 거쳐 다시 영의정이 되었으며, 이후 소론을 영도하며 수차례 영의정을 지냈다. 문집 『명곡집』이 전하며 진천의 지산서원(芝山書院)에 제향되었다. 시호는 문정(文貞)이다.

(4) 홍정하(1684~?) : 조선 후기의 산학자(算學者). 본관은 청주(淸州)이며 자는 여광(汝匡)이다. 경기도 남양 출신으로 중인 집안에서 태어났으며, 재원(載源)의 아들이다. 아버지·할아버지·외할아버지·장인이 모두 산학자로서 전형적인 산학자 집안에서 태어났다. 『구일집(九一集)』을 저술하였다.

문을 아울렀던 최석정의 태도야말로 누구보다도 독창적인 학문적 업적의 모태가 되었다.

최석정은 1687년 천문기구인 선기옥형(璿璣玉衡 : 渾天儀)을 제작하는 데 참여하기도 했으며 이후 이조참판, 한성부판윤, 이조판서 등을 거쳐 1701년 영의정에 임명되었으나 장희빈(張禧嬪)의 죽음에 반대하다가 진천(鎭川)에 유배되었다. 그러나 그후 1702년 판중추부사를 거쳐 다시 영의정이 되었다.

그의 과학적 재능은 40대에 빛을 발하기 시작했다. 1687년 42세의 최석정은 천문 관측기구들과 역법을 만드는 일을 맡아보면서 수학을 공부하게 되었고 그 결과 『구수략』이라는 수학책을 펴낼 수 있었다.

그의 책에는 10^{44}과 같은 매우 큰 수에서부터 10^{-22}이라는 작은 수까지가 다루어졌는데 이른바 무한의 개념이 도입된 것이다. 특히 그는 조선에도 많은 수학자들이 있었던 만큼 수학 강국이라고 자랑하기도 했다. 그가 거명한 수학자들 대부분이 이율곡이나 서경덕 그리고 이황 등 당대의 유학자들이었다. 최석정이 생각하는 수학은 단순히 중인의 기술적인 산수가 아닌 수학의 이론적 구명에 관심이 많았던 유학자들의 상수학이었음을 알 수 있다.

일종의 숫자놀음인 마방진은 최석정이 가장 많은 노력을 기울인 분야였다. 최석정은 1부터 81까지의 수를 가로와 세로로 9줄씩 늘어놓고 각각의 합이 369가 되는 마방진 도표를 작성하였는데 오로지 창작의 결과였다고 말한 바 있다. 그에게 구(九)는 우주와 세상을 의미하는 수였으므로 책이름 역시 "구(九)에 관한 대략의 논의"라는 의미의 『구수략』이라고 명명하였다.

최석정의 묘

충북 청원군 북이면 대율리에 있다.

최석정의 글씨

충북 진천군 초평면 금곡리에 있다.

대략의 논의라고는 하지만 최석정 자신은 그 안에 이미 우주의 원리가 포함되었다고 생각하였다. 특히 1부터 81까지의 숫자를 이용하여 각각 가로와 세로에 9개씩 9줄의 배열을 만들고, 그 가로와 세로의 각각의 합이 공교롭게도 모두 369의 일정한 값을 가지게 마방진을 작성하였으니 일종의 수학적 신비주의라고 할만하다.

언급한 바와 같이 양반들은 주로 고대의 하도(河圖), 낙서(洛書)[5]나 『주역』의 신비스러운 수학적 원리를 이해하고픈 강렬한 욕망을 지니고 있었다. 그들에게 『주역』이란 우주의 원리를 담고 있는 성전(聖典)으로 그 원리가 바로 수학적 비례와 큰 연관이 있었다. 양반들의 수학은 비록 정밀한 계산과 수학적 추론을 이용하지만, 궁극적으로는 세계와 우주에 대한 철학적 질문에 대한 답을 얻는 도구였다.

신비로운 마방진

최석정은 『구수략』에서 모두 48개의 마방진을 작성하고 이에 대해 해설하였다. 이를 모두 소개할 수는 없으므로 흥미로운 몇 가지만 그려본다. 이제 최석정이 벌여놓은 사사(四四), 오오(五五), 육육(六六), 칠칠(七七), 팔팔(八八), 구구(九九)의 숫자 행렬을 통해

(5) 하도와 낙서 : 중국 상고시대에 나타났다는 상서로운 징조. '하도(河圖)'는 복희씨(伏羲氏) 때 황하(黃河)에서 나온 용마(龍馬)의 등에 그려져 있었다는 그림이고, '낙서(洛書)'는 우(禹) 임금이 홍수를 다스릴 때 낙수라는 강의 신이(神異)한 거북이의 등에 쓰여져 있었다는 글이다. 하도는 북방에 1과 6, 남방에 2와 7, 동방에 3과 8, 서방에 4와 9 그리고 중앙에 5와 10이 그려져 있다. 낙서는 1을 남방에, 3을 동방에, 5를 중앙에, 7을 서방에, 9를 북방에 배치하고, 2는 서북방, 4는 동북방, 6은 서남방, 8은 동남방에 배치하고 있다.

숫자의 신비로움에 빠져 보자.

(1) 사사도(四四圖)

2	16	13	3
11	5	8	10
7	9	12	6
14	4	1	15

(2) 오오도(五五圖)

1	23	16	4	21
15	14	7	16	11
24	17	13	9	2
20	8	19	12	6
5	3	10	22	25

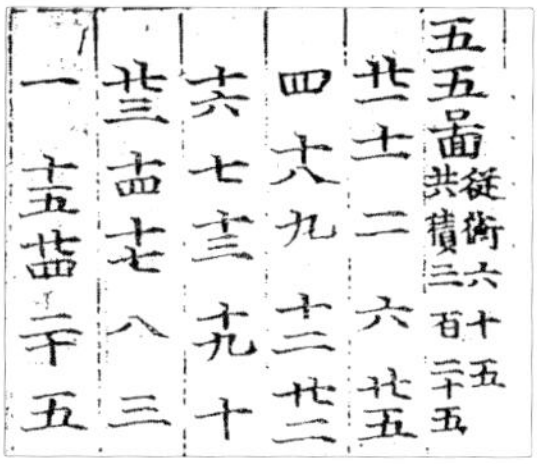

(3) 육육도(六六圖)

13	22	18	27	11	20
31	4	36	9	29	2
12	21	14	23	16	25
30	3	5	32	34	7
17	26	10	19	15	24
8	35	28	1	6	33

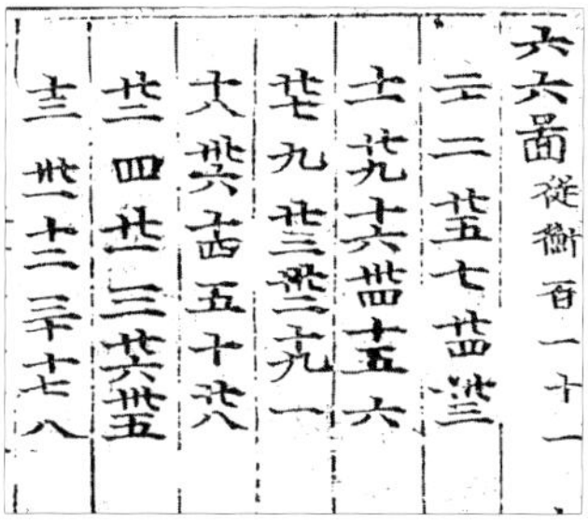

(4) 연수도(衍數圖)〔七七〕

46	8	16	20	29	7	49
3	40	35	36	18	41	2
44	12	33	23	19	38	6
28	26	11	25	39	24	22
5	37	31	27	17	13	45
48	9	15	14	32	10	47
1	43	34	30	21	42	4

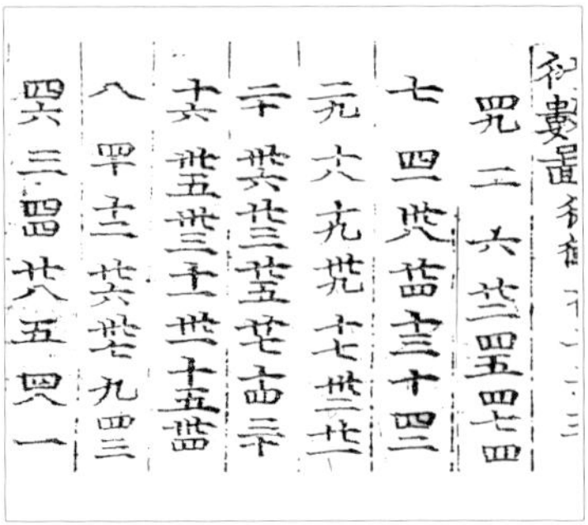

(5) 역수도(易數圖)〔八八〕

61	4	3	62	2	63	64	1
52	13	14	51	15	50	49	16
45	20	19	46	18	47	48	17
36	29	30	35	31	34	33	32
5	60	59	6	58	7	8	57
12	53	54	11	55	10	9	56
21	44	43	22	42	23	24	41
28	37	38	27	39	36	25	40

(6) 구수도(九數圖)〔九九〕

31	76	13	36	81	18	29	74	11
22	40	58	27	45	63	20	38	56
60	4	49	72	9	54	65	2	47
30	75	12	32	77	14	34	79	16
21	39	57	23	41	59	25	43	61
66	3	48	68	5	50	70	7	52
35	80	17	28	73	10	33	78	15
26	44	62	19	37	55	24	42	60
71	8	53	64	1	46	69	6	51

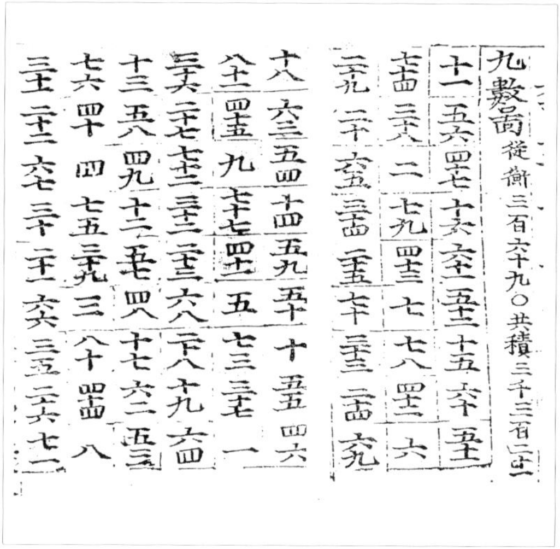
九數圖 從衡三百六十九○共積三千三百二十一
十一 五十六 四十七 十六 六十一 五十二 十五 六十 五十一
七十四 三十八 二 七十九 四十三 七 七十八 四十二 六
二十九 二十 六十五 三十四 二十五 七十 三十三 二十四 六十九
十八 六十三 五十四 十四 五十九 五十 十 五十五 四十六
八十一 四十五 九 七十七 四十一 五 七十三 三十七 一
三十六 二十七 七十二 三十二 二十三 六十八 二十八 十九 六十四
十三 五十八 四十九 十二 五十七 四十八 十七 六十二 五十三
七十六 四十 四 七十五 三十九 三 八十 四十四 八
三十一 二十二 六十 三十 二十一 六十六 三十五 二十六 七十一

중인 수학자 홍정하

그러면 중인 수학자들의 수준은 어느 정도였는가? 중인 수학자들은 그야말로 정확한 계산을 자신들의 무기로 삼았다. 철학적 논리 전개의 도구라기보다는 세금을 계산한다거나 상행위시 교환되는 여러 가지 물건의 합리적인 등가를 계산하는 일 그리고 토지의 넓이와 등급에 따르는 수확량을 재는 일 등이 주요 업무였다. 그들에게 수학 계산은 바로 삶의 수단이었던 것이다.

이들 중인 수학자 가운데 17세기 후반에 태어난 홍정하라는 인물이 있었다. 그에 대한 기록은 국가수학고시 합격자 명단인 『주학입격안(籌學入格案)』이 유일한데, "홍정하는 자가 여광이고, 1684년에 태어났다. 남양 홍씨로서, 아버지도 수학 전문가로 일했고, 친할아버지와 외할아버지가 모두 수학 전문가였다. 동시에 그의 장인까지도 수학 전문가였다"고 적혀 있다. 그야말로 수학자 집안에 태어난 것이다.

홍정하는 『구일집(九一集)』이라는 문제집을 저술하여 현재까지 전하고 있는데, 오늘날 고등학생 정도면 대개 풀 수 있는 수준이다. 중인 수학자였던 그는 양반 최석정보다 훨씬 구체적인 문제 풀이 과정에 관심을 기울이고 있었으니, 곱하기와 나누기 등의 문제로 시작하여 방정식의 해를 구하는 문제로 마무리하고 있다.

방정식 해법은 당시 산학가들이 풀어야 했던 대부분의 문제 유형이었다. 그 이유는 대동법(大同法)이라는 조세법과 관련이 있어 보인다. 대동법이란 현물로 받던 세금들을 모두 돈으로 환산하여 일괄 수납했던 방식인데, 현물과 화폐의 등가 교환을 계산해야 할 필요가

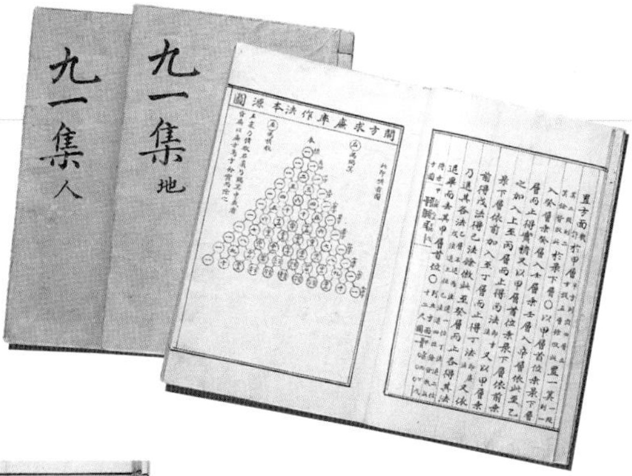

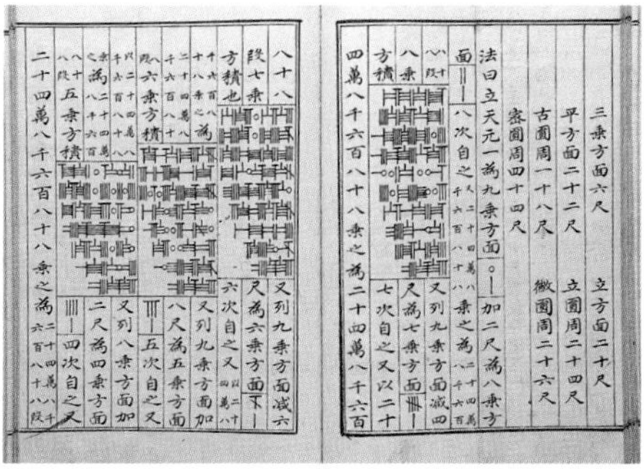

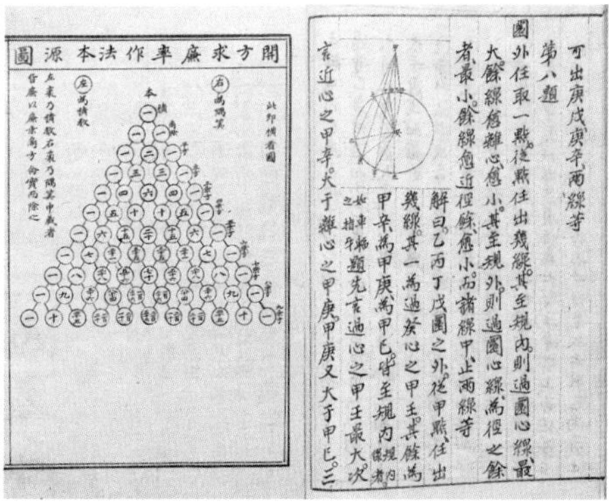

『구일집(九一集)』의 표지와 내용

『구일집』은 9권 3책으로 구성되어 있으며 목판본으로서 홍정하의 5세손인 홍영석(洪永錫)이 간행했다. 권1에서는 물물교환의 가격 산정법, 농지측량법 등을, 권2에서는 여러 종류의 물건을 구입할 때 각 단가나 구입 개수를 구하는 문제를 소개하고 있으며, 권3은 분수의 통분과 부정방정식(不定方程式)을, 권4는 다원일차연립방정식, 부피와 두께가 있는 구(球)의 무게 계산법 등을, 권5는 피타고라스의 정리를 다루고 있다. 권6~8에는 제곱근(세제곱근) 등 천원술(天元術)을 사용한 2·3차 방정식을 구하는 문제를, 권9는「잡록」으로서 간단한 천문계산방법 및 중국인 수학자와의 대담 등을 수록하고 있다.

있었던 것이다. 결국 그 해결에 '방정식의 해법'이 활용되었다.

당연히 수학 전문가들이 동원되어 방정식을 풀어냄으로써 현실적 문제들을 해결하도록 했을 것이다. 이렇게 보면, 『구일집』이 대부분 방정식 문제를 수록한 이유를 알 수 있을 것이다.

홍정하는 중국의 수학자 하국주와 만나 서로 대담한 적이 있다. 이 대담에서는 조선 수학과 중국의 차이 그리고 각각의 수준이 잘 드러나고 있어 매우 흥미롭다. 1713년 5월 29일 홍정하는 유수석(劉壽錫)이라는 수학자와 함께 당시에 조선에 사신으로 와 있던 하국주를 만날 수 있었던 것이다. 그는 조선 수학을 상당히 깔보면서 대국의 수학을 어찌 감히 조선의 일개 수학자가 알겠는가 하고 생각했다. 그러나 홍정하 역시 기죽지 않고 자신은 조선의 중급(中級)정도의 산학자라고 대답하였다. 곧바로 중국 수학자 하국주는 가장 간단한 곱셈과 나눗셈의 문제를 출제하였다.

1) 360명이 1인당 은 1량 8전을 내기로 한다면 합계가 얼마인가?

2) 은 350량이 있다. 쌀 1가마니의 값이 1량 5전이라면 몇 가마니를 구입할 수 있는가?

–『구일집』「잡록」–

물론 오늘날 초등학교만 제대로 나왔다면 풀 수 있는 문제였다. 홍정하는 1)번의 답은 648냥이며, 2)번의 답은 234석이라고 간단하게 답변했다. 그러자 하국주는 조금 있다가 다시 한 단계 어려운 질문을 던졌다.

제곱한 넓이가 225척(尺²)[5]인 땅이 있다. 각 면의 길이는 얼마인

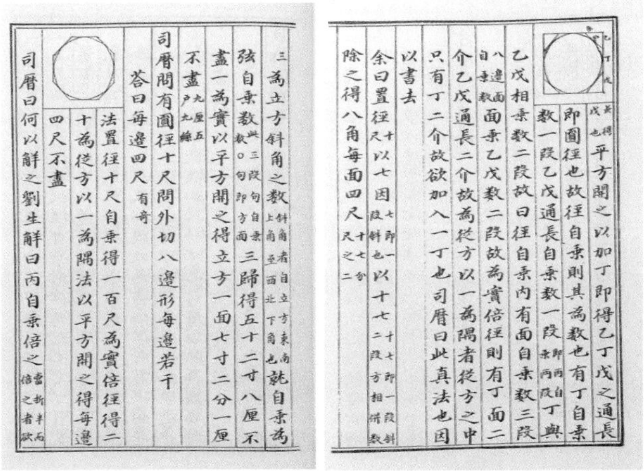
平方開之以加丁即得乙丁戊之通長
即圓徑也故徑自乘則其爲數也有丁自乘
數一段乙戊通長自乘數一段丁與
乙戊相乘數二段故曰徑自乘內有面自乘數三段
面乘乙戊數二段故爲實倍徑則有丁面二
介乙戊通長二介故爲從方以一爲隅者從方之中
只有丁二介故欲加入一丁也司曆曰此真法也因
以書去
余曰置徑以七因以十七
除之得八角每面四尺
三爲立方斜角之數就自乘爲
弦自乘數三歸得五十二寸八厘不
盡一爲實以平方開之得立方一面七寸二分一厘
不盡
司曆問有圓徑十尺問外切八邊形每邊若干
答曰每邊四尺
法置徑十尺自乘得一百尺爲實倍徑得二
十爲從方以一爲隅法以平方開之得每邊
四尺不盡
司曆曰何以解之劉生解曰丙自乘倍之

『구일집』의 문제풀이 내용

가? 그리고 막대의 왼쪽 끝에 3량의 돌을 달고 오른쪽 끝에는 물건을 매단 후 수평을 이루도록 막대를 들어 올렸을 때, 이 점으로부터 왼쪽 끝까지 거리는 5촌 8푼, 오른쪽 끝의 거리는 7촌 2푼 5리였다고 한다. 물건의 무게는 얼마인가?

—『구일집』「잡록」—

모두 방정식으로 풀어야 하는 문제들이었다. 방정식이라면 자신이 있었던 홍정하는, 각 면의 길이는 15척이고 물건의 무게는 3냥 7전 5푼이라고 금방 문제를 풀어냈다.

하국주는 새삼 홍정하를 칭찬하면서 "그럼 나한테 문제를 한번

(5) 척 : 예전에는 제곱의 표기도 똑같이 길이의 표시인 척으로 나타내었다. 따라서 2尺은 2척의 길이가 될 수도 있고 2척의 넓이도 될 수 있다. 문맥에 따라 잘 읽어야 한다.

내 보시오"라며 자신의 실력을 과시하려고 했다. 옆에 있던 중국인도 그를 거들면서 "하국주는 중국 수학의 제4인자 중 하나이다. 여러분들은 도저히 하선생의 수준에 따라오지 못할 것이다"고 했다.

홍정하는 기분이 상했다. 자신이 중국의 최고이면 최고이지 조선에 와서 잘난 척 할 이유는 없지 않은가. 불쾌한 심정을 억눌렀다. 속으로 못마땅하게 생각했던 홍정하는 어려운 문제를 하나 던졌다.

> 좋소이다. 하 선생의 수준이 높으시니 한 수 배우리다. 지금 여기에 구형의 옥돌이 있소이다. 이것으로 도장을 하나 만들려고 하는데 안에 내접한 입방체(도장)를 가상할 때, 도장을 뺀 무게가 265근 5량 5전이외다. 단 입방체(도장)와 옥돌 사이의 두께는 4촌 5푼지요. 이때 옥돌의 지름 및 내접하는 입방체의 한 변의 길이는 각각 얼마이온지요?

하국주는 당황해서 말을 더듬었다. "어려운 문제군요. 당장에는 풀지 못할 것 같으니 내일 제가 이 문제를 풀어 답을 보여 드리도록 하지요" 금새 꽁무니를 빼는 중국인을 보고 홍정하는 기분이 무척 좋았다. "그렇게 잘난 척을 하더니 간단한 방정식도 하나 풀지 못하는군. 산수에 천원술(방정식)은 기본인데."

결국 하국주는 이 문제를 풀지 못하였다. 다음날 답을 못 가져온 하국주는 무안한 나머지 다음과 같은 질문을 했다. "지름이 10척이 되는 원에 외접하는 정 8각형이 있다고 합니다. 1변의 길이는 얼마인지요?"

홍정하는 4척이라고 금방 답을 내놓았다. 그러자 하국주는 어떻게 문제를 금방 풀었는지 과정을 말해보라고 다그쳤다. 홍정하와 같이 갔던 조선의 수학자 유수석은, 조선에서는 주로 산가지[6]를 이용하여 문제를 푼다고 답해주었다. 가령 나무 가지를 세로로 하나 늘어놓으면 1이고 가로로 놓으면 5, 그리고 십자로 교차하면 10을 나타내는데, 이를 이용하여 계산한 것이다.

조선의 수학자들은 방정식에 뛰어난 실력을 발휘하였다. 그들이 비록 당시에 서양의 기하학과 같은 첨단 수학에는 관심을 기울이지 못하였지만 당시 조선 사회가 요구하였던 수학에는 훌륭하게 답할 수 있었다.

수학이야말로 시대를 초월한 학문으로 역사와 무관할 것 같은 분야이지만, 역사를 뛰어넘는 과학과 지식 체계가 존재하지 않는다는 사실을 조선 시대의 중인 수학자들이 다시 한번 증명하고 있다.

(6) 산가지 : 동양에서 옛날부터 계산에 사용되었던 나뭇가지로서 산대 또는 산책(算策)이라고 한다. 삼국시대에 중국으로부터 전래되어 조선 말까지 주로 사용되었다. 주로 나무로 만들었으나 쇠붙이·상아·옥 등으로 제작하기도 했다. 산가지의 배열은 한 자리수와 10자리수가 서로 혼동되지 않게끔 세로와 가로로 구별하여 번갈아 놓도록 되어 있다.

제5장 과학기술의 힘을 발견하다

조선 최고의 어류(魚類) 연구가—정약전(丁若銓)

조선 법의학계의 최고봉—구택규(具宅奎), 구윤명(具允明) 부자

민중에게 헌신한 명의—이헌길(李憲吉)

기술은 곧 힘이다—무명의 장인(匠人)들

지식의 힘을 깨닫게 된 순간 학자들은 자연에 대한 정보들을 분류하고 정비하기 시작했다. 조선 후기 과학기술의 특징 중 하나는 바로 유서(類書)의 활발한 등장이다. 말하자면 백과사전의 발달인데, 각종 지식과 기술을 관찰하고 이를 활자화하려는 노력의 일환이었다. 장인(匠人)들의 몸에 배인 기술이 지식으로 활자화되는 과정에서 지식의 권력이 재정비되었다. 기술은 곧 힘이었으니 어류와 의술 그리고 검시(檢屍)에 관련된 기술들이 새로운 분류와 정리세례를 받고 힘을 발휘하게 되었다.

조선 최고의 어류(魚類) 연구가

정약전(丁若銓)

인가(人家)가 총총하고/ 땅도 농사짓기에 알맞으니/ 쟁기로 갈게 되면/이 명(銘)이 먼저 드러나리/ 이곳은 철인의 유골이 묻힌 곳이니/ 드러나게도 말고 손대지도 말라/ 일찍이 주공과 공자를 사모하여/ 우리들과는 벗도 하지 않았으나/ 비천한 무리들과 교유하며/ 고관(高官)을 대하듯 하였도다/ 조정에 들어갔으나/ 막혀서 서용되지 못하고/ 마침내 불운(不運)을 만나/ 섬으로 유배되니/ 정통하고 슬기로운 지식을/ 묵묵히 마음 깊이 간직했도다/ 이곳이 선영의 고장이라/ 멀리서 와서 장사지냈도다.

—정약용 「선중씨 정약전 묘지명(先仲氏 丁若銓 墓地銘)」—

나를 알아주는 형님

정약전(丁若銓)[1]은 다산 정약용의 둘째 형이었다.

정약전을 낳을 당시 그의 어머니는 아들 셋을 얻는 꿈을 꾸었다. 그래서 약전의 어릴 적 이름은 삼웅(三雄)이었다. 어려서부터 범상치 않았으며 자란 뒤에는 호걸다운 성격의 소유자로서, 정약용이 조금 섬세하고 조용한 편이었다면 정약전은 보다 활동적인 데가 있었

(1) 정약전(1758~1816) : 1758년(영조34) 3월 경기도 광주군 마현리에서 출생하였다. 자는 천전(天全)이며, 누호(樓號)는 일성(一星), 재호(齋號)는 매심(每心)이라 하였다. 흑산도로 유배된 이후에는 호를 손암(巽菴)이라고 하였으니, 손(巽)은 곧 들어간다[입(入)]는 뜻으로 흑산도 유배를 의미하였다.

다. 젊어서는 이윤하, 이승훈 등 서울의 젊은 선비들과 교유하면서 견문을 넓히고 뜻을 높게 가졌으며, 성호 이익(李瀷)의 문하에 들어가 공부를 시작했다. 이익은 이미 서양의 다양한 학문에 밝았으므로 그에게 지대한 영향을 주었다. 이후 녹암(鹿菴) 권철신(權哲身)에게서 가르침을 받기도 했다.

정약전은 1783년(정조 7년)에 진사가 되었으나 과거에 뜻을 두지 않고, 기하학이나 서학(西學)에 더욱 빠져 들었다. 그러나 과거에 합격하지 않으면 임금을 섬길 방법이 없다는 것을 깨닫고 1790년 설행된 증광별시에 응시 급제하였다. 정조는 그의 능력을 인정하여 규장각에 불러 일하게 했는데 당시 동생 정약용이 이미 규장각에 근무하는 있는지라 형이 동생 밑에 있는 것이 좋지 않다고 생각하여 규장각을 그만두었다. 이후 성균관 전적을 거쳐 병조 좌랑에 오르는 등 관직생활이 순탄한 듯 보였다.

그러나 1801년 봄 순조의 즉위와 함께 불어 닥친 신유박해로부터 시련은 시작되었다. 수많은 천주교인들이 죽임을 당했는데 이때 정약전의 형 정약종은 사형을 당하였고, 정약전 본인은 전남의 신지도에, 동생 정약용은 장기현으로 유배되는 처지가 되었다. 더욱이 이해 가을 황사영 백서(帛書)[2]에 연루되었다는 혐의를 받고 역적으로 몰리게 되었다. 다행히 관련이 없는 것으로 밝혀지면서 신지도로 유배되었던 정약전은 흑산도로, 장기로 유배되었던 정약용은 강진으로 다시 이배(移配)되었다.

1801년 11월 22일, 정약전과 약용 두 형제는 새 유배지로 옮겨가던 도중 나주의 한 주막에서 서로 재회할 기회가 있었다. 후일 다시는 서로 만나지 못하였으니 이날이 두 사람의 마지막 만남이었던 셈이다. 형제가 헤어진 지 16년 뒤인 1816년(순조 16년) 6월 6일, 정약전은 내흑산(內黑山) 우이도에서 59세의 나이로 생애를 마쳤기 때문이다. 애끓는 이별의 슬픔을 정약용은 다음과 같이 읊고 있다.

> 제일 미운 것은 율정(栗亭) 주점의
> 문 앞 길이 두 갈래로 난 것이네
> 원래 한 뿌리에서 태어났는데
> 낙화처럼 뿔뿔이 흩날리다니
> 천지를 넓게 볼 양이면
> 모두가 한 집안이건만
> 좀스레 내 꼴 내 몸만 살피자니
> 슬픈 생각 언제나 가이 없지 (이하 생략)
>
> —『여유당전서』「봉간손암(奉簡巽菴)」—

흑산도에서 유배생활을 하는 동안 정약전은 불행하게 생을 마감한 아들 생각에 자주 과음을 했다. 1801년 봄 화성(華城) 남쪽 유천(柳川)의 어느 주막에서 정약전은 당시 11세인 아들 학초와 헤어졌다. 아들은 집에 있던 사안주(蛇眼珠: 뱀 눈이 오래되어 구슬처럼 된

(2) 황사영 백서: 1801년(순조 1년) 천주교 신자였던 황사영(黃嗣永)이 신유박해(辛酉迫害)의 전말과 대응방안을 적어 중국 베이징(北京)의 구베아 주교에게 도움을 청한 밀서(密書). 그 내용에는 신유박해 당시 처형당한 청나라 주문모 신부 등의 순교자 내역과 천주교가 조선 땅에서 사라질 위기에 처했다는 것 그리고 조선 교회의 재건을 위해 서양의 여러 나라가 재원(財源)을 지원하는 동시에 조선 정벌도 가능함을 언급하여 큰 충격을 주었다. 현재 로마 교황청에 보관되어 있다.

김홍도의 고기잡이 그림

어살(조수간만의 차이를 이용해 고기를 잡는 어구)을 이용하여 고기를 잡고 있다. 이 어살은 주로 서남해안에서 사용되었는데, 일정한 간격을 두고 기둥을 세운 후 대나무 등으로 발을 엮어 만조시 어류가 조류를 따라서 나가다가 잡히도록 장치한 것이다.

보물) 하나를 가져 와 주면서, "흑산도는 초목이 무성하여 뱀·독사가 많으니 이 구슬로 보호하소서"라며 떠나가는 아버지를 걱정하던 속 깊은 녀석이었다. 이 구슬이 있는 곳에는 뱀·독사 따위가 감히 가까이 오지 못하며, 또 만약의 경우 구슬로 비추면 뱀들이 모두 그

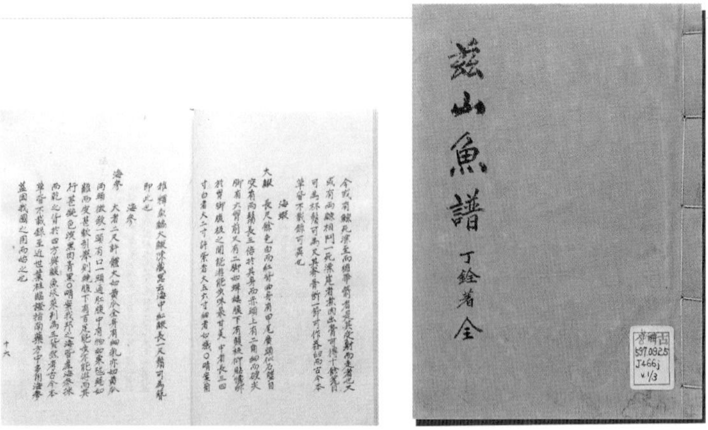

『자산어보(玆山魚譜)』의 표지와 내용

『자산어보』는 모두 3권 1책으로 되어 있으며, 이 사진은 필사본이다. 정약전(丁若銓)은 실학자 정약용의 형으로 천주교를 믿어 1801년(순조 1) 신유사옥 때 흑산도(黑山島)로 귀양갔다. 1814년 정약전은 흑산도에서 직접 보고 들은 것을 토대로 하고 중국과 우리나라의 문헌을 참조하여 이 책을 만들었다. 어류(魚類)·패류(貝類)·조류(藻類) 및 해금충수류(海禽蟲獸類) 등 어류의 분포형태, 습성 등을 연구하였다.

자리에서 죽어 마른 나무가 되어 버릴 것이라고 했다. 그처럼 기특했던 아들 학초가 얼마 살지 못한 채 세상을 뜨고 말았던 것이다.

정약전은 흑산도 사람들을 친구처럼 격의없이 대하였다. 그런 성격 때문에 많은 사람들이 그를 흠모하였는데 특히 거친 뱃사람들과도 잘 지냈으며 그가 흑산도를 떠나려고 하면 가지 못하도록 붙들었다고 한다.

정약용은 한때 그런 형님을 못마땅하게 생각했다. 공부에 전념하지 않은 것처럼 보였던 것이다. 그리고는 "나의 형님 정약전은 재질로 말하자면 나보다 훨씬 낫다. 머리가 좋아서 수학책을 보면 금방 이해하곤 했다. 그런데도 쉬엄쉬엄 공부하는 타입이다. 근면의 차이로 인하여 저술한 책이 나에 비하여 적다"고 그의 형님을 회상한 바 있다.

정약전은 비록 많은 저서를 남기지는 않았지만 흑산도에 서재를 설립하여 후학 양성에 힘쓰는 한편, 간간이 저술 활동도 계속했다. 현재 전하지는 않지만 『논어난(論語難)』 2권, 『역간(易柬)』 1권 등의 경전 해설서를 저술하였고, 이제 살펴볼 『자산어보(玆山魚譜)』 2권과 최근 발견된 『송정사의(松政私議)』 1권을 남겼다. 『송정사의』는 소나무 정책에 대해 의견을 전개한 책으로서 2003년에 발견되었다.

흑산도의 어류 연구

정약전의 최고의 업적은 바로 『자산어보』이며 우리나라 최초의 어류연구서로서 그 가치를 높이 평가받고 있다. "꿀벌이 꿀을 모아 벌집을 만들 듯이 세상의 모든 지식을 분류하고 정리하는 일이 과학자의 첫 걸음"이라고 설파한 영국의 과학자 베이컨의 말대로, 정약전은 흑산도 해안의 어류를 관찰·수집하고 정리한 뛰어난 업적을 남긴 것이다. 『자산어보』의 서문을 보면 정약전이 그 책을 서술하게 된 과정이 잘 나타나 있다.

> 자산은 흑산이다. 내가 흑산에 유배되어 현지에 와서 보니 흑산(黑山)이라는 이름의 뜻이 깊고 아득하다는 것처럼 바다 물결이 공포심을 자아낼 정도였다. 곧 집안의 서재를 자산이라고 하였으니, 자(玆)는 그 뜻이 흑(黑)과 통하는 까닭이다.
>
> 자산의 바다에는 어족이 풍부하지만 그 이름을 아는 자가 극히 적었다. 내가 보기에 흑산은 박물학자들의 연구처로서 적합하였다. 나

는 어보(魚譜)를 만들기 위해 많은 섬사람들을 방문하여 여러 가지 질문을 던지고 자료를 수집하였다. 그러나 사람마다 부르는 어물(魚物)의 이름이 서로 달라서 그 지방 생선들의 표준 이름을 정하기가 매우 힘들었다.

그런데 흑산도 사람 가운데 장창대(張昌大)라는 학자가 있었다. 그는 문밖을 나가지도 않고 손님 오는 것도 물리치면서 오직 공부에만 전념하고 있었다. 옛 책을 연구하고 공부하는 독학자인데 집안이 가난하여 책 구하기가 어려웠으나 아는 것이 너무 많아 대단하게 생각되었다. 그 성격이 매우 치밀하고 자세하여 초목(草木)과 어류 그리고 새들을 자세히 관찰하고 성질을 연구하였으므로 나는 그를 집에 불러 함께 연구를 거듭하였다.

차례대로 연구한 것을 묶어서는 『자산어보』라고 이름 짓는 동시에 바다짐승과 해초류까지 연구 기록하여 후세 사람들의 공부에 도움이 되고자 하였다. 다른 책들에서 이름을 찾지 못한 어류들의 이름은 새로 지어서 기록하기도 했다. 후학들이 『자산어보』를 잘 활용한다면 병을 치유하거나 생활에 도움이 될 만한 지식들을 이용할 수 있을 것이다.

이렇게 하여 우리나라 최초의 본격적인 어류 분류학이 시도되었다. 총 3권으로 구성된 『자산어보』는 제1권 인류(鱗類: 비늘이 있는 어류), 제2권 무인류(無鱗類) 및 개류(介類: 껍질이 있는 종류), 제3권 잡류(雜類)로 되어 있다. 각 항목에 소개되어 있는 몇 가지만 정리해 보면 아래와 같다.

① 비늘이 있는 종류: 석수어(石首魚)·치어(鯔魚)·노어(鱸魚)·

강항어(强項魚)·시어(裏魚)·벽문어(碧紋魚)·청어(青魚)·사어(露魚)·검어(黔魚)·접어(䱳魚)·소구어(小口魚)·도어(㺚魚)·망어(䰶魚)·청익어(青翼魚)·비어(飛魚)·이어(耳魚)·전어(箭魚)·편어(扁魚)·추어(錘魚)·대두어(大頭魚)

② 비늘이 없는 종류:분어(鱝魚)·해만려(海鰻鱺)·해점어(海鮎魚)·돈어(魨魚)·오적어(烏賊魚)·장어(章魚)·해돈어(海豚魚)·인어(人魚)·사방어(四方魚)·우어(牛魚)·회잔어(鱠殘魚)·침어(鱵魚)·천족섬(千足蟾)·해타(海𧋍)·경어(鯨魚)·해하(海蝦)·해삼(海蔘)·굴명충(屈明蟲)·음충(淫蟲).

③ 껍질이 있는 종류해구(海龜)·해(蟹)·복(鰒)·합(蛤)·감(蚶)·정(蟶)·담채(淡菜)·호(蠔)·나(螺)·율구합(栗毬蛤)·구배충(龜背蟲)·풍엽어(楓葉魚).

④ 기타 : 해충(海蟲)·해금(海禽)·해수(海獸)·해초(海草).

해설 방식은 이름과 속명(俗名), 크기, 모양, 색, 성상과 습성, 회유시기, 분포, 잡는 법, 요리법, 유독성과 먹었을 때의 증상, 의약상의 효능 순이다. 특히 주석이 필요한 경우에는 작은 글씨로 『본초강목(本草綱目)』[3)] 등을 활용해서 부연 설명하였다.

(3) 본초강목:명나라 때 이시진(李時珍, 1518~1593)이 지은 본초(약물학)이며 모두 52권이다. 『신농본초경(神農本草經)』 등 중국 역대의 의서에서 내용을 편집하여 1578년에 완성했다. 모든 약에 대해 "정명(正名)으로 강(綱)을 나타내고 이를 풀이하여 목(目)을 붙였다"고 하여 '본초강목'이라 불렀다. 전체 내용은 16부(部) 60종류, 약 190만 자로 이루어졌으며 1,892종의 약물(藥物)이 실려 있고 약물의 이름, 산지, 형태, 재배, 채집방법 등을 기술하는 한편, 약물의 진위와 문헌의 오류 등을 바로잡았다. 중국의 본초서 가운데 세계에 가장 널리 알려진 저술이다.

『자산어보』에는 전설로 전해지는 인어(人魚)에 대한 설명도 있다. 사람을 닮았다고 해서 인어(人魚)라 하는데 대략 5가지의 설로 압축된다고 정의한 후 각각에 대한 설명을 첨가했으며, 마지막에는 자신이 생각하기에 과학적이라고 여겨지는 총설을 부록하였다.

1) '제어'라는 설 : 강이나 호수에 살며 모양과 색이 모두 메기를 닮았고 그 아가미 뚜껑 소리가 삐걱거리면서 소리를 내는데 꼭 아이 우는 소리와 같기 때문에 인어라고 한다.

2) '예어'라는 설 : 메기를 닮았고 네 발이 있으며 앞은 원숭이를 닮았고 뒤는 개를 닮았다. 소리가 어린아이 우는 소리와 같고 큰 놈은 몸길이가 8, 9자나 된다. 산골 물에서 살며 모양이나 소리가 모두 제어와 같지만, 나무 위로 올라갈 수 있다는 점이 다르다.

3) '납어(혹은 탑어)'라는 설 : 모양이 메기와 같고 네 발이 있으며 꼬리가 길고, 소리는 어린아이를 닮았으며 대나무에 잘 오른다. 또한 납어는 곧 바다에 사는 인어로서 귀·입·코·손·손톱·머리를 모두 가지고 있으며, 살갗이 희기는 구슬과 같고, 비늘이 없고 가는 털이 있다. 오색의 머리털이 말꼬리 같고 길이가 5~6자가 되며, 몸의 길이도 5~6자가 된다. 바다 가까이 사는 사람이 잡아 못에서 길렀더니 암수가 교합하는 것이 사람과 다를 바가 없다.

4) '교인(鮫人)'이라는 설 : 물 속에 있으며 물고기와 같고 베틀로 베를 짜는 일을 버리지 않으며, 눈이 있어 우는데 눈물이 곧 구슬이 된다.

정약전의 묘

경기 광주군 퇴촌면우산리 앵자산 기슭에 있다.

5) 부인인어(婦人人魚)설: 중국에 사중옥(謝仲玉)이라는 사람의 부인이 물 속에 드나드는 것을 보았는데 허리 이하 모두 물고기였으니 곧 인어였다고 한다.

마지막 부분에는 "지금 서·남해에 두 종류의 인어가 있는데 그 하나는 상광어(尙光魚)이며 모양이 사람을 닮아 두 개의 젖이 있다. 본초(本草)에서 말하는 해돈어(海豚魚)가 그것이다. 다른 하나는 옥붕어이며 길이가 8자나 되는데 몸은 보통 사람과 같고 머리는 어린아이와 같다. 턱수염과 머리카락은 치렁치렁하게 아래로 드리워졌고, 하체는 암수의 구별이 있어 사람의 남녀와 서로 매우 닮았다. 뱃사람들은 이것을 몹시 꺼려 혹시 어망에 들어오면 불길하다 하여 버린다"는 기록이 나온다. 이는 자주 인어로 오인되었던 어류들을 설명하고자 한 것으로서 전설을 넘어 과학적인 설명을 모색한 것이었다.

이 중 상광어는 오늘날 돌고래류가 분명하다. 그러나 옥붕어는 그 정체가 모호한데 아마도 듀공(dugong : 홍해·인도양·서태평양 해안에서 서식)이나 바다소(海牛) 등을 인어로 오인하는 사례가 많다는 세계 학계의 설명을 보면 이와 같은 종류였을 것이다.

『자산어보』는 그 분류 방식이 오늘날과는 다르다. 상어는 배 속에서 알을 부화시키기 때문에 알을 낳는 것이 아니라 새끼를 낳는데 이를 제대로 알지 못하여 잘못 설명하는 등 분명한 오류도 포함되어 있다. 그러나 알을 낳는 어류들의 경우 수컷이 먼저 정액을 쏟아 놓으면 거기에 암컷이 알을 낳아 새끼로 부화한다든지, 또 다양한 어류의 회유에 대한 관찰기록들을 보면, 그의 노력과 지적 호기심이 얼마나 대단했는지를 알 수 있다.

(4) 신증동국여지승람 : 이행(李荇), 윤은보(尹殷輔), 신공제(申公濟), 홍언필(洪彥弼), 이사균(李思鈞) 등이 중종의 명에 따라 1530년(중종 25년) 기존의 『동국여지승람』을 새로 증보한 전국 지리지로서 55권 25책이다.

원래 『세종실록 지리지』가 나온 이후 1477년 양성지(梁誠之) 등이 여러 가지 내용을 증보하여『팔도지리지』를 완성했는데, 여기에 우리나라 문인들의 시문(詩文)을 첨가하여 1481년(성종 12년)『동국여지승람』 50권이 만들어졌다. 후일 이를 다시 증보한 것이 바로 『신증동국여지승람』이다.

『신증동국여지승람(新增東國輿地勝覽)』[4]이라는 지리서에 수록된 16세기의 어류 정보를 살펴보면, 평안도에 35종, 황해도에 27종, 함경도에 38종, 강원도에 27종, 경기도에 38종, 충청도에 41종, 전라도에 54종, 경상도에 48종 등 대략 200종 정도이다. 이처럼 조선 전기 전라도 지역에서 확인된 어류가 54종이었는데 비해 후일 정약전은 흑산도 근해의 어류만 백여 종 이상을 확인하고 정리하였던 것이다. 그의 연구가 얼마나 자세하고 정밀한 것이었는지 더 이상 말이 필요없을 것이다.

특히 고등어와 청어의 회유(回遊)에 관한 관찰은 당시 생선을 잡아 생계를 꾸려나가는 어민들을 위해 보다 많은 어획량을 올리기 위한 방편으로 연구했던 것이니, 정약전의 학문이 실학(實學)이 아니라면 무엇이겠는가? 최근 그가 유배되어 삶을 마감했던 흑산도에 이른바 '자산문화관'이 설립되어 그의 자취가 보전된다고 하니 매우 기쁜 일이 아닐 수 없다.

조선 법의학계의 최고봉

구택규(具宅奎) 구윤명(具允明) 부자

> 우리나라 사대부들은 으레 법률을 공부하지 않으니, 소송과 살옥(殺獄)의 판정이 이치에 맞지 아니한 경우가 많은 것은 당연하다. 하물며 검험(檢驗)은 그 관계가 얼마나 중요한 것인가? 사건이 발생해서 비로소 책을 펴보고 조례(條例)를 고찰하니 검험의 여러 절차를 자세히 알지 못하는 데다가 사람의 생사를 갑작스럽게 결정하게 된다. 서울과 지방에서 발생하는 살인사건의 의혹은 모두 죽음의 원인을 상세하게 살피지 못한 데서 연유하니 어찌 한탄스럽지 않겠는가? 시체의 형증(形證: 피살자의 시체에 나타난 형상)으로 증거를 삼아야 하는데 이러한 규정이 여러 곳에 흩어져 있으므로 책 전체를 꿰뚫고 있지 않다면 잘 알 수가 없다. 이제 각 조항의 위치에 구애되지 않고 이를 다시 분류하여 참고하기 편리하도록 만들었다.
>
> —구택규, 『증수무원록대전』 범례—

억울함을 없도록 하라

역사 이래 인간들은 서로 갈등하며 다투고 심지어 남의 인명을 빼앗기도 하였다. 조선시대에도 예외가 아니어서 실록에만 수천 건의 살인사건 관련 기사가 나올 정도이다.

조선시대 발생한 살인 사건은 『무원록(無寃錄)』이라는 중국 원나라 왕여(王與)의 저술에 근거하여 조사하였는데, 1308년에 저술된 이 법의학서는 중국을 비롯하여 조선, 일본 등지에 전해져 검시(檢屍) 지침서로 널리 활용되었다. 일찍이 세종은 『무원록』의 가치를

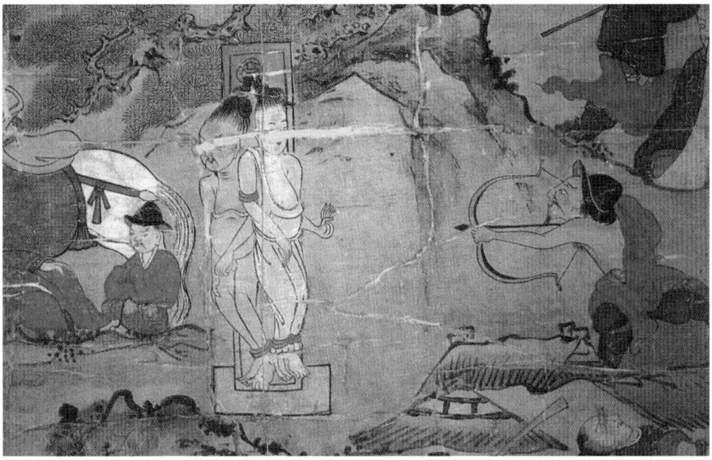

조선시대 징벌을 묘사한 불화(佛畵)의 하생도 부분.

불화에는 속세의 삶을 묘사한 하생경이 있는데 이 그림은 간통죄를 지은 한 남녀가 그 댓가를 치르는 장면이다.

인정하고 주석을 달아 조선판을 만들도록 명령했다. 최치운을 중심으로 한 여러 신하들은 명나라에서 중간(重刊)된 『무원록』을 수입하여 주석을 달기 시작하였다.

드디어 1438년(세종 20년) 겨울(11월)에 『신주무원록(新註無冤錄)』 원고를 모두 완성하고 1년 여의 인쇄 과정을 거쳐 1440년 봄 강원도에서 초판을 발행하였다. 이후 18세기까지 『신주무원록』은 여러 번 인쇄를 거듭하면서 조선시대 검시의 표준서적이 되었다.

예컨대 중종 대 전라도에서 발생한 구질덕 치사 사건의 경우, 독살과 자살 여부를 두고 『신주무원록』의 은비녀 조항이 활용된 적이 있으며, 선조 대에는 검험이 끝나고 사체를 처리하는 문제에 대해 『신주무원록』의 지침을 따르도록 지시하기도 하였다. 즉 복검이 끝

조선시대의 검시(檢屍)장면

『형정도첩(刑政圖帖)』에 수록되어 있음.

나서도 문제가 없으면 친속에게 시체를 내주어 매장토록 하지만, 논쟁이 있다면 절대로 매장해서는 안되고 임시로 사체를 구덩이에 묻은 후 다음 조사에 대비한다는 내용이다. 이처럼 『신주무원록』 간행 이후 조선시대에 발생한 인명 사건들은, 모두 『무원록』의 방법에 따라 조사되고 보고되었다.

다만, 문제는 조선의 '특수한' 사정들이었다. 조선의 사회 구조가 중국과는 다른 데서 발생하는 문제들이 많이 있었던 것이다. 가령 독살 혹은 복독(服毒) 항목에서, 『무원록』의 경우 비상(砒霜)을 먹고 죽은 조항은 없었다. 중국에서 비상으로 인명을 해하는 사례가 드물었는지는 정확하지 않지만 어쨌든 조선의 경우 종종 비상 때문에 죽는 사례들이 있었다. 이에 선조(宣祖) 대의 검험관은 실인(實因) 즉 사망 원인을 '비상치사(砒霜致死)'라고 보고하였으며, 당시

형조에서는 '비상'이라는 두 글자가 『무원록』에 기재되어 있지 않다는 이유를 들어 이를 공식 보고 문안에 기록한 검험관을 파직하도록 청하기도 하였다.

한편, 임금의 수교(受教)가 내려지면서 검시의 규식이 변화하는 일도 있었다. 가령 숙종은 무덤을 파내어 검험하지 못하도록 규제하는 수교를 내린 적이 있는데, 이후 이것이 정식(定式)이 되자, 범행 관련자들이 사건 발생 후 사체를 재빨리 묻어버려서 검험을 방해하는 폐단이 끊이질 않았다. 그 때문에 정조는 『무원록』의 조문에 따라 무덤을 파고 검험할 수 있도록 법례를 재정비하기도 했다. 이처럼 조선후기에는 변화하는 각종 검험 사례들을 새롭게 정리할 필요성이 점증하고 있었다.

조선 후기 새로운 법의학 서적의 출현은 실제 상황에서 조선 사회의 특수한 사정이 고려되어야 한다는 현실적 필요성과 동시에 수백 년의 시간이 흐르면서 조선의 법의학 지식이 축적된 결과였다. 자체적으로 여러 가지 법물(法物)을 응용한다든지 조사기법을 개발하게 됨으로써 『무원록』을 재검토할 수 있는 실력과 여유를 갖출 수 있었던 덕분이다. 그 첫번째 시도가 바로 1748년(영조 24) 간행된 구택규(具宅奎)[1]의 『증수무원록(增修無冤錄)』이다.

1748년, 구택규의 『증수무원록』

처음 전국의 각 고을에 모두 『(신주)무원록』이 있어 살인사건의 검시에 참고했었는데, 문장이나 글자가 어긋난 것이 많아서 이해하기 어려운 부분이 많았다. 좌의정 조현명이 『세원록』, 『평원록』과

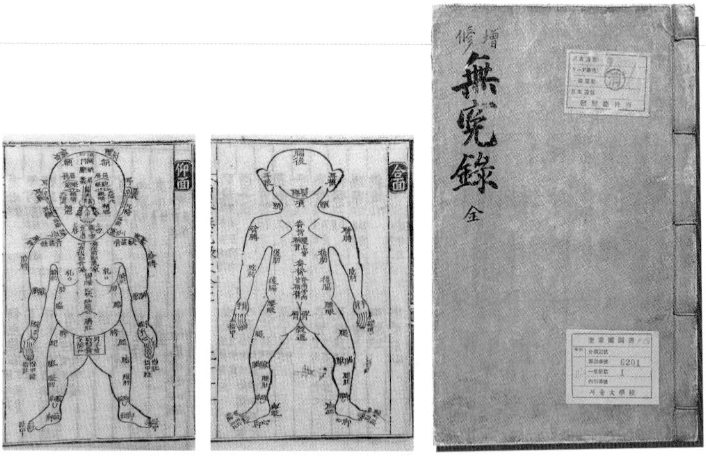

『증수무원록(增修無冤錄)』의 표지와 내용 중 「시장(屍帳)」의 일부

조선시대의 중요한 법의학서. 원래 원나라 왕여의 『무원록(無冤錄)』을 최치운 등이 주석을 붙여 1440년(세종 22년)『신주무원록』으로 간행하였고 이것을 후일 구택규(具宅奎)가 다시 보완한 것이다. 구택규의 아들인 구윤명(具允明)은 이를 또 다시 증보하여 『증수무원록대전』을 만들었으며, 그후 1792년(정조 16년) 서유린(徐有隣)의 주관하에 김취하, 유한돈(兪漢敦)등이 한글로 해석하여『증수무원록언해』를 펴냈다. 20세기 초까지 인명사건의 조사 지침서로 널리 활용되었다.

『미신편(未信編)』 등의 책을 참고하고 교정한 후 책을 다시 인쇄하여 여러 도에 나누어 주기를 청하므로 임금이 그대로 따랐다. 조현명은 구택규(具宅奎)를 천거하여 그 일을 주관하도록 했다.

–『영조실록』 영조 24년 9월 9일–

아버지 구택규의 뒤를 이어 『증수무원록』을 완성한 아들 구윤명(具允明)[2]은 1796년 간행된 『증수무원록대전』의 발문(跋文)에서 아버지의 작업을 평가한 바 있었다. 즉, 그의 선친 구택규가 영조 임금의 명을 받아 『무원록』의 쓸데없는 것을 덜어내고 빠진 것은 보충하였으니, 책을 펼치면 강령과 절목이 일목요연하였으며 어렵고 의심스러운 문장이나 글자들에 대해서는 책의 앞 부분과 본문에서 발음과 해석을 달아놓아 매우 상세해졌다는 것이다.

여기서 우리는 구택규가 조선초기 간행된 『신주무원록』의 재편집을 시도하였다는 사실을 유추할 수 있다. 『무원록』의 조문 중에 중복되는 것은 삭제하고 또 부족한 내용을 보충하여 편집을 다시 한 셈인데, 중복된 내용은 삭제한다지만 보충은 무엇을 근거로 했던 것일까? 이때 주로 사용한 참고서가 바로 중국 법의학의 보물이라고 할 수 있는 『세원록』이었다.

중국 원나라 시대에 간행된 『무원록』은 송나라 시대에 만들어진 『세원록』과 『평원록』 등의 법의학 서적들을 참고하여 재편집한 행정 참고용 서적이었다. 특히 송자(宋慈)가 저술한 법의학 백과사전 『세원록』에 크게 의존하고 있음은 널리 알려진 사실이다.

(1) 구택규(1693~1754) : 조선 후기의 문신으로 본관은 능성(綾城)이고 초명은 명규(命奎), 자는 성오(性五), 호는 존재(存齋)이다. 대사성 성(宬)의 후손으로, 할아버지는 종주(宗柱)이고 아버지는 혁(爀)이며, 어머니는 이만저(李曼著)의 딸이다. 정제두(鄭齊斗)의 문인으로, 1714년 증광문과에 급제하여 검열이 된 뒤 삼사(三司)의 요직을 역임하다가 1721년(경종 1) 외직으로 물러났다. 1731년(영조 7) 진주목사가 되었으며, 1735년 동지 겸 사은사의 서장관으로 청나라에 다녀와 이듬해 동래부사가 되었다. 이어서 장례원판결사(掌隷院判決事)를 거쳐, 1937년에는 승지가 되었다. 1744년 『속대전』의 편찬에 참여하였고 1746년 『속대전』의 교정당상으로 간행의 책임을 맡았다. 지의금부사(知義禁府事)를 거쳐 1748년 공조참판, 곧이어 형조참판이 되었으며 이때 『무원록(無寃錄)』의 증수 작업을 주관했다.

(2) 구윤명(1711~1797) : 조선 후기의 문신으로 본관은 능성(綾城), 자는 사정(士貞), 호는 겸산(兼山)이다. 종주(宗柱)의 증손으로, 할아버지는 혁(爀)이고, 아버지는 한성판윤 택규(宅奎)이며, 어머니는 홍우채(洪禹采)의 딸이다. 큰아버지인 몽규(夢奎)에게 입양되었다. 1743년(영조 19)에 정시문과에 병과로 급제, 지평(持平)·장령(掌令)을 거쳤다. 1749년 이후 약 14년 동안은 주로 승지로 있으면서 왕실과 가까운 훈척 중의 인재로서 영조의 깊은 신임을 받았다. 『후기촬록(喉記撮錄)』·『전율통보(典律通補)』·『육상궁소녕원식례(毓祥宮昭寧園式例)』·『증수무원록대전(增修無寃錄大全)』·『증수무원록언해』, ·『어제고금연대구감(御製古今年代龜鑑)』·『영종어제속편(英宗御製續編)』 등의 편찬에 관여하였다.

영조의 초상화

영조는 1745년 구택규에게 명하여 『신주무원록』을 첨삭·훈해하여 『증수무원록』을 간행하도록 하였다.

조선 후기에 임금의 명을 받고 『무원록』의 증보 프로젝트를 맡게 된 구택규는, 기왕의 『무원록』을 그대로 인정하고 여기에 주석을 가하는 방식이 아니라 『무원록』 자체를 재검토해서 재편집을 단행하였다. 그리하여 청대에 간행된 『율례관교정세원록(律例館校正洗寃錄)』을 활용하였는데 이 책은 1694년(강희 33년) 청의 형조 소속 율례관에서 『세원록』을 교정하여 단행본(4권)으로 그리고 『대청률(大淸律)』에 부록하여 간행한 것이다. 또한 기존의 『세원록』에 가장 상세한 주석을 가하였다고 평가받았던 청나라 왕명덕(王明德)의 『세원록보(洗寃錄補)』(1673년)를 기준으로 다양한 법률가들의 학설을 채록한 장점이 있었다. 율례관 주석본이 언제 조선에 처음 수입되었는지 정확하지 않지만[3] 구택규는 청의 주석서 등을 활용하여 새로운 편집에 나섰고, 결과적으로 새로운 조선판 『무원록』의 기초를 닦

구윤명의 초상화

았던 것이다.

그러나 『증수무원록』 역시 여전히 중국의 공문서 양식을 그대로 두는 바람에 원나라의 방언(方言)이 많고 조어(造語)가 너무 간략하여 처음 보는 자가 쉽게 이해하기 어려웠다는 구윤명의 지적을 음미해보면, 아버지 구택규의 편집 작업이 『무원록』의 분류를 완전히 무시하고 새로 편집한 것은 아님을 알 수 있다. 이것은 구윤명이 『무원록』 상권에 수록되어 있는 원대 공문서 및 판례문 양식을 계속 조선판에 수록할 필요가 없다는 비판과 맥을 같이 하는 내용이다. 이점은 『신주무원록』의 주석자인 조선 초기의 학자들에 의해서도

(3) 1745년 구매 기록이 실록에 남아 있다(『영조실록』 권62 영조 21년 7월 13일(계미), 역관 현덕연(玄德淵)이 『세원록』을 구매하여 납입(納入)한 공으로 상을 받았던 것이다).

누누이 지적되고 있었던 것이다.

구윤명은 아버지의 작업을 이어받아 보완에 더욱 신경을 썼다고 자평한 대로 『무원록』의 분류를 바로 잡고 첨삭하는 일에 더욱 유념했다. 특히 뒤에서 자세하게 언급하겠지만 『무원록』 상권의 공문서 내용과 분류를 완전히 삭제하고 정리하는 데 일차적인 목표를 두었다.

정조 대 구윤명의 『증수무원록대전』과 서유린의 『증수무원록언해』

구윤명의 『무원록』 수정 작업은 우선, 순서와 분류를 다시 하는 일로부터 시작했다. 그리하여 검험과 행형(行刑)에 약한 사대부들에게 적합한 책을 만들었다. 조선의 사대부들이 법률을 공부하지 않아 소송심리와 형사처결이 불합리한 경우가 많았던 데다가, 살인사건이 일어나서야 비로소 책을 펴보고 조례를 고찰하는 등 시체검험의 여러 절차를 잘 알지 못하면서 사람의 생사를 결정한다고 비판했던 그였다.

그는 그동안 서울과 지방에서 발생하는 살인사건들의 의혹이 모두 실인(實因)을 상세히 살피지 못한 데서 연유한 것이라고 생각했다. 시신의 상태를 증명하기 위해서는 『무원록』의 조문(條文)들을 참고해야 하는데, 이들이 여기저기 흩어져 잡되게 수록되어 있기 때문에 처음과 끝이 일관되지 않아 참조할 수 없다고 보았던 것이다. 따라서 각 조문을 앞에 있는 것이든, 뒤에 있는 것이든 다시 분류하여 기록함으로써 책을 보는 자로 하여금 편리하도록 만들겠다는 의지를 보였다. 그는 『무원록』이 『세원록』, 『평원록(平冤錄)』, 『결안정식(結案程式)』 등을 분류별로 취합하여 만들어지는 과정에서 순서가 잘못되어 문장의 중복과 문자의 착오가 많아졌고 결국 뜻이 통하지 않게 되었다고 비판하면서 이를 수정한다고 덧붙였다.

왕여가 『무원록』을 만들 당시의 과정을 되짚어 가면서 구윤명 자신도 『세원록』 등의 자료를 통해 그 순서와 분류를 새롭게 만들려는 계획이었다. 결과적으로 그는 원래의 『무원록』과는 달리 검험에 대한 각종 법식(法式)을 처음에 싣고 그 다음에는 조례(條例)를, 마지막에는 잡론(雜論)을 수록하여 원본과는 다른 책을 만들게 되었다.

특히 이 과정에서 『무원록』 상권, 즉 원대의 이문(吏文)으로 점철되어 이해가 어려운 부분을 대폭 삭제하고 이를 하권의 각 항목에 삽입해버렸다. 원대의 이문은 원래 오묘한 뜻이 있는 것도 아닌데 난해하여 간단한 문장도 의미가 모호했으며, 또 우리나라에서 붙인 『신주무원록』의 주석(註釋)도 소략하거나 적당치 않아 명확하게 이해되지 않으므로 대부분 삭제했다는 것이다.

한편, 구윤명은 『무원록』의 부족한 내용을 『세원록』을 통해 보충하였다. 이는 기존의 조문들을 새로운 분류에 따라 옮길 뿐만 아니라 새로운 내용을 보충해 넣음으로써 『무원록』의 개정판을 만들려는 의도였다. 구윤명이 특히 신경을 많이 썼던 이 부분은 조선 후기 법의학 발전의 증거이기도 하다. 『세원록』, 『평원록』, 『미신편(未信編)』 등을 교정하면서 중요한 구절이 있으면 분류에 따라 일일이 보입(補入)하고 '보(補)'자를 써서 구별하였으며, 보충하는 과정에서 원래의 분류 항목이 없으면 가장 가까운 항목에다 집어넣는 방식을 채택했다.

또한 철저하게 문장을 교정하여 수백자의 오·탈자를 바로잡았다. 중첩된 문장을 교정한 것이 10여 조문에 달하고 오자도 수백자이며 그 나머지 명확하지 않은 경우 『무원록』 원본을 그대로 따라 신중을 기하였다고 밝혔다. 그리고 『세원록』, 『평원록』 등을 참고하면서도 한 가지 설에 치우치지 않게끔 이견(異見) 가운데 중요한 것은 각 조문 밑에 기록해 두고 사건에 임하였을 때 지침이 되도록 하였다.

사실 증보작업에서 가장 중요한 점은 조선의 현실을 반영하는 일이었다. 이는 『증수무원록』이 단지 중국의 『무원록』을 번역하거나 주석을 가하는 데 머물렀던 조선 초기의 『신주무원록』을 능가하는 부분이다. 그동안 조선에서 축적된 다양한 검험 지식과 수사 기법 가운데 마땅히 기록할 만한 것들은 비록 중국의 검험서에 없는 내용일지라도 첨가하여 수록하지 않을 수 없다는 것이다. 나아가 구윤명 자신의 견해도 첨부하였으니 모두 '부(附)'자를 붙여 신구(新舊)의 글이 서로 혼동되지 않도록 배려하였다.

마지막으로 구윤명은 문구(文句)나 용어 사용의 정확성을 기하기 위하여 법률학자 김취하의 감수를 받았다. 전문가의 검토를 받고 그 결과를 과감하게 수용함으로써 더욱 조선의 실정에 적합하도록 만들기 위해서였다. 김취하는 본문의 내용을 크게 훼손하지 않는 범위에서 본문에 첨삭을 가했던 것으로 보여지는데, '증(增)'자를 붙여 구분하였다.

1790년, 정조는 서유린(徐有隣)[4]에게 『증수무원록(대전)』을 언해하도록 명하였다. 이 일은 서유린이 실질적으로 주관하고 전형조정랑(前刑曹正郎) 유한돈과 율학별제 한종고, 별제 박재신 등이 고증에 참여하였다. 그러나 처음부터 끝까지 자세히 살핀 자는 김취하였다. 그의 손을 거친 연후에야 훈석이 더욱 분명해지고 뜻이 잘 드러났다고 한 것을 보면 김취하의 역할이 매우 중요하였음을 알 수 있다. 그리고 이듬해인 1791년 언해본 초고가 완성되자, 정조는 1794년 운관(芸館)에 명하여 『증수무원록언해』를 인쇄하도록 했다. 그로부터 2년 후인 1796년에 드디어 『증수무원록대전』과 『증수무원록언해』 두 책이 동시에 간행되었다. 이렇게 하여 조선의 법의학을 대표할 만한 두 종의 법의학서가 나란히 정조 대에 그 빛을 보게 된 것이다. 이후 『증수무원록언해』는 1905년 새로운 『형법(刑法)』이 반포된 이후까지 중요한 검시 지침서로 활용되었으니, 이는 구택규와 구윤명 부자의 대를 이은 『무원록』 증보 과정의 결과에 다름 아니었다.

(4) 서유린(1738~1802) : 조선 후기의 문신으로서 본관은 달성이며, 자는 원덕(元德)이다. 1766년 정시문과에 급제하여 정언·부교리·승지·대사헌 등을 지냈다. 1780년(정조 4년) 전라도 관찰사가 되었으며, 1784년 병조판서가 되어 군직(軍職) 개편에 힘썼다. 1786년에 좌참찬에 올랐으며, 1788년에는 공시당상(貢市堂上)으로 국경지방의 무역을 담당했다. 이후 선혜청당상, 판의금부사, 한성부판윤 등을 역임했다. 1800년 순조의 즉위와 함께 정순왕후(貞純王后)가 수렴청정할 때 경흥(慶興)으로 유배되어 그곳에서 사망하였다. 시호는 문헌(文獻)이다.

민중에게 헌신한 명의

이헌길(李憲吉)

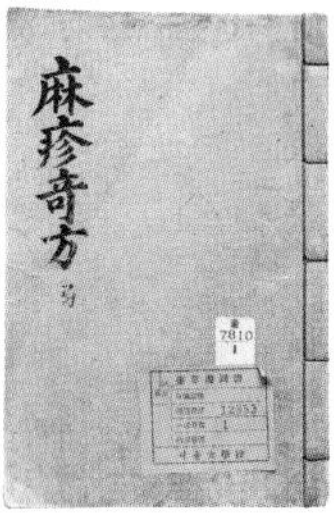

이헌길(李獻吉)의 처방인 이피삼육탕(二皮三肉湯)도 효험을 본 사례가 매우 많다. 껍질을 벗긴 고련근(苦練根) 3전, 진피(陳皮) · 산사육(山査肉) 각 2전, 모과(木瓜) 5편(片), 오매(烏梅) 5매(枚), 씨를 버리고 불에 볶은 천초(川椒) 두 알[粒], 사군자육(使君子肉) 1전을 합쳐 달인 물에 웅황(雄黃) · 빈랑(檳榔) 가루를 각 1전씩 넣어 복용한다. 이 처방은 마진(痲疹)을 치료하는 좋은 치료법이므로 특별히 뽑아 기록하는 바이다.

—이규경, 『오주연문장전산고』「마진변증설(痲疹辯證說)」—

못생긴 코주부

최근 홍콩에서 시작된 사스(SARS)라는 호흡기 괴질 때문에 온 세계 사람들이 두려워한 적이 있다. 의학이 발달한 21세기이지만, 알 수 없는 전염병에 대한 공포는 여전히 대단하다.

그렇다면 치명적인 질병이 만연했던 조선시대에는 어떠했을까? 한마디로 그 피해를 감수할 수밖에 없었다. 특히 18세기 후반에는 홍역이 자주 창궐하여 많은 인명 피해가 있었다. 이때 중국의 선진 홍역 치료법을 적극적으로 도입하여 환자들을 치료한 의사가 있었다. 외모가 너무 못나 서울 거리를 다니면 사람들이 한 눈에 알아보았다는 이헌길(李憲吉)[1]이 바로 그 주인공이다. 다산(茶山)이 전하는 그의 모습이다.

사람이 매우 말라 광대뼈가 툭 튀어 나온 데다가 코주부이지만 항상 웃는 얼굴로 사람을 대하였다. 항상 말하기를 "나는 백호 윤휴를 가장 존경한다. 윤휴가 덕을 이룸은 조광조의 덕 때문이요, 조광조가 덕을 이루지 못함도 또한 백호 때문이라"고 하였다.

－『여유당전서』「몽수전」－

그가 백호 윤휴를 가장 사모하였다는 점은 매우 흥미롭다. 윤휴는 주자학의 정통론을 비판하여 이단으로 몰려 죽음을 당한 학자이기 때문이다. 그가 윤휴를 존경하였다는 사실은 당시 기왕의 보수적인 주자학에 꽤나 비판적이었을 가능성을 드러낸다. 뿐만 아니라 그의 스승 또한 서학(西學)에 정통한 이철환이었다는 점도 이러한 사실을 방증한다. 이철환은 이가환 등과 같은 집안으로서 서학(西學)을 공부하였다는 죄목으로 처벌을 받았던 인물이다.

이헌길은 어릴 적부터 총명하여 기억력이 비상하였다. 스승인 이철환으로부터 온갖 서학 관계 서적을 구해 읽었는데 이 가운데 특히 새로운 의학서적을 공부한 것으로 추측된다. 그가 습득했던 홍역 치료법은 중국의 마지기라는 학자의 논설로서 당시 최고의 기술이었다.

그는 왕가의 자손임에도 불구하고 의학자로서의 삶을 개척하였다. 사실 조선 후기로 가면 양반 후예들 가운데 의사로 전업하는 사람들이 상당수 나오게 된다. 그 이유는 돈을 많이 벌 수 있기 때문이

(1) 이헌길 : 자호는 몽수(蒙叟)이다. 왕족의 후예로서 그의 조부는 공정왕의 별자 덕천군의 후생이라고 알려져 있다.

었다. 과거 급제가 어려워지게 된 유학자들에게 어느 정도 글줄이나 읽고 학문적인 지식도 요구했던 의학 분야는 과거 다음으로 택할 수 있는 차선의 길이었다. 그러나 이헌길이 돈 때문에 의사의 길을 택했던 것이 아니다. 그는 이질이나 콜레라 같은 설사병을 잘 치료하였는데, 이러한 기술로 어려운 사람들을 도와주려는 인정의 발로에서 의사의 길을 택한 것이었다.

민중의 스타 이헌길

1775년(영조 51년) 봄, 이헌길이 서울에 갔을 때의 일이다. 때마침 홍역이 번성하여 불쌍한 인명들이 수없이 희생되고 있었다. 이를 치료하고 싶었으나 당시 상주(喪主)의 몸이라 어쩔 도리가 없었다. 겨우 서울 교외를 나서 집으로 가는데 시체를 담은 삼태기를 지고 지나가는 사람들이 잠깐 동안 수백 명이나 되었다.

이 광경을 본 이헌길은 마음 속으로 가엾고 안타깝게 여겼다. "내가 의술을 가진 자로서 마땅히 치료해 주어야 하는데도, 단지 예법에 어긋난다 하여 그대로 간다면 어진 일이 아니로다." 고민하던 그는 마음을 굳게 먹고 다시 서울로 돌아와 한 친척의 집에 자리를 잡았다. 그리고 자신이 알고 있는 각종 비법을 발표하기 시작하였다.

그의 비방을 얻은 자는 죽을 지경이다가도 살아나고 열이 오르다가도 내렸다. 열흘이 채 못 되어 명성이 서울 안에 크게 떨치니, 울부짖으면서 생명을 애걸하는 자들이 날마다 문어귀에 가득 차고 거리에 늘어서게 되었다. 작위가 높은 경우라도 그의 방에 들어가기는 '하늘의 별 따기'였다. 미친한 자들은 그의 뜰아래만 이르러도 다행

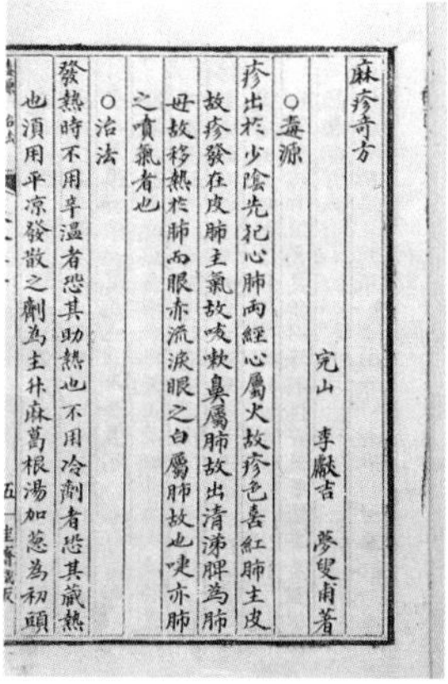

麻疹奇方

完山 李獻吉 夢叟甫著

○毒源

疹出於少陰先犯心肺兩經心屬火故疹色喜紅肺主皮故疹發在皮肺主氣故咳嗽鼻屬肺故出清涕脾為肺母故移熱於肺而眼赤流淚眼之白屬肺故也唓亦肺之噴氣者也

○治法

發熱時不用辛溫者恐其助熱也不用冷劑者恐其藏熱也須用平涼發散之劑為主升麻葛根湯加蔥為初頭

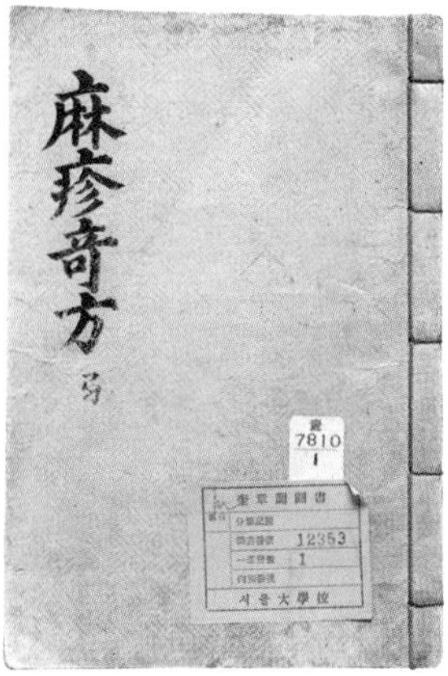

『마진기방(麻疹奇方)』의 표지와 내용

몽수 이헌길이 지은 홍역치료 의서. 중국 마지기의 홍역 치료법을 국내에 최초로 소개하고 있다. 후일 정약용에 의해 『마과회통』으로 증보되었으며, 현재 서울대학교 규장각에 소장되어 있다.

으로 여겼다. 온종일 기다린 뒤에야 겨우 그를 만날 수 있었기 때문이었다. 이미 홍역을 연구하여 환히 꿰뚫고 있던 그는 환자 상태를 두어 마디만 듣고도 증상을 쉽게 알아냈다. 만나는 대로 금방 처방을 써주어 선 자리에서 돌려보냈지만 효력을 보지 못한 자가 하나도 없을 정도였다.

이헌길이 때때로 거리에 나와 다른 집으로 갈 때는 수많은 사람들이 벌떼처럼 모여들어 그의 주위를 둘러쌌다. 그가 이르는 곳마다 먼지가 자욱이 일어나 누구든지 이를 보고 이헌길이 온다는 것을 알 수 있을 정도였다.

하루는 그가 어떤 악동들의 꾐에 빠져 외진 곳으로 끌려간 일이 있었는데 그를 필요로 하는 성 안 사람들이 모두 나서 금방 그를 찾아냈다. 그곳을 알고 있는 어떤 이가 사람들에게 귀띔해 주자 모두 몰려가 문을 부수고 그를 구출했다는 이야기다. 또한 한번은 불량배로부터 구타를 당할 뻔한 일이 있었지만 그때도 백성들이 몰려와 그를 보호하였다고 한다.

이처럼 그는 당시 민초들의 우상이었다. 특히 그는 어떤 경우든지 늘 좋은 말로 대하고 신속하게 처방을 써 주었다. 가난하다고 쫓아내거나 천대하지 않았으며, 권세있고 부자라 해서 더 좋은 대접을 해주지도 않았다. 그러니 모든 사람들의 칭찬이 자자할 수밖에 없었다.

이헌길은 그동안 연구하고 체득한 비방을 끝까지 비밀에 붙여서는 안된다고 생각했다. 그리하여 홍역 치료에 관한 자신의 처방을 분류, 정리하여 한 권의 홍역 치료서를 저술하였다. 그것이 곧 현존하는 『마진기방(痲疹奇方)』이다. 후일 이 책은 다산 정약용의 극찬을 받기도 했으며 산골에도 전파되어 경전처럼 소중하게 취급되었다. 비록 의술에 능통하지 못한 자라 할지라도 단지 그의 처방에 의거하면 효력을 보지 않은 일이 없었기 때문이었다.

죽으려 하면 산다

이헌길과 관련해서 전해지는 재미있는 이야기가 있다. 하루는 그가 집 안에서 의서를 뒤적이고 있는데, 갑자기 문을 두드리는 소리가 크게 들리더니 한 아주머니가 거의 쓰러질 듯 황망한 모습으로 들어 오는 것이었다.

"어르신 저의 바깥양반을 좀 살려주십시오." 이헌길은 잠시 그 아낙을 진정시키고는 증상을 들었다. 병세가 중하여 별로 가망이 없음을 직감한 그는 "당신 남편의 병이 지금 대단히 위급하오. 그러나 단 한 가지 약이 있는데 부인께서는 그 약을 아마 쓰지 못할 것이오"라고 하였다.

부인은 가르쳐 달라고 애걸복걸하였으나 그는 도무지 말을 하지 않았다. 그러다가 불그레한 빛이 나기도 하고 푸른빛이 돌기도 하는 가루를 내주었는데, 독약인 비상(砒霜)이었다. 독약을 받아 든 부인은 집으로 돌아가면서 한없이 눈물을 흘렸다. 그녀는 남편의 치료가 불가능하니 함께 먹고 죽으란 뜻으로 이해했던 것이다.

부인은 집에 돌아와서 비상을 술에 타 선반에 올려놓고는 너무도 서러워서 밖으로 나갔다. 산신령에게 한번 빌어볼 셈이었다. 산에 가서 한참을 울다가 집에 돌아왔는데 그 사이 비상을 탄 술이 보이질 않았다. 부인이 깜짝 몰라 남편에게 물었더니, 밖에서 일을 하고 돌아온 남편이 목이 말라 술이나 한잔 할까 하면서 모두 마셨다고 하였다.

놀란 부인은 다시 부리나케 이헌길에게 달려갔다. 그리고 우선 독약을 먹은 남편부터 구해 달라고 하였다. 한참 동안 이야기를 듣던 그는 참으로 놀라운 일이라며 부인을 집으로 돌려보냈다. 그리고 돌아서는 부인의 뒤에 대고 이렇게 말했다. "부인, 이것은 하늘이 시키는 일인가 보오. 내가 그 약을 부인더러 남편에게 먹이라 했다면 부인께서 감히 먹일 수가 있었겠소? 이제 당신 남편은 살았소.

얼른 가보시오." 부인이 집에 돌아와 보니 과연 남편은 깨끗이 나아 있었다.

비방(秘方)을 공개하다

요즘 우리는 '약방의 감초(甘草)'라는 말을 자주 듣는다. 웬만한 약방문에 감초가 모두 들어가기 때문인데 그만큼 감초는 흔한 약물이다. 그러나 이것은 조선시대 후기에나 있을 법한 일이다. 조선 초기에는 감초를 대부분 중국에서 수입했기 때문에 당연히 값이 비쌀 수밖에 없었고 그래서 평상시 이용하기 어려운 대표적인 약재였다. 그런데 조선 후기에 이르면서 점차 이와 같은 고가의 약재들을 상업적으로 재배하여 널리 판매하는 일이 많아졌다. 담배나 목면 등과 같은 상업 작물의 재배와 함께 인삼이나 감초 같은 약재의 재배도

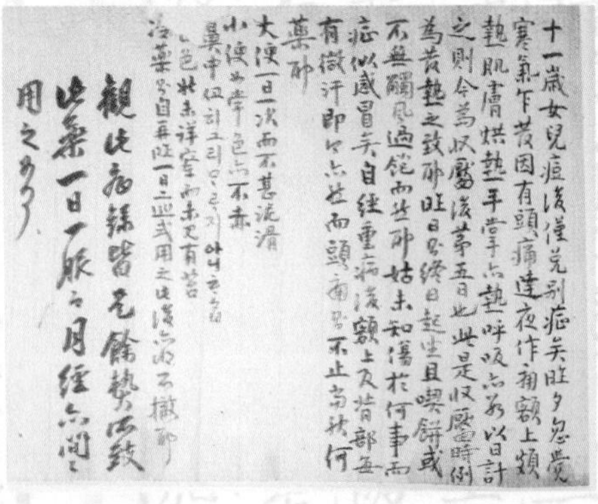

조선 후기에 작성된 천연두 처방전

조선 후기에는 많은 사설 의원들이 활동했는데 소아과, 산부인과, 두과(痘科) 등 자신만의 전문 치료영역이 있을 정도로 세분화되고 전문화되었다. 의원들이 화제(和劑), 즉 처방전을 환자에게 써주면 환자는 이를 가지고 약방에 가서 약을 조제하였다. 이 처방전은 11세난 여자아이의 천연두 치료를 위해 처방된 화제이다.

동시에 시도되었던 것이다.

상업적 약재의 확산과 함께 이를 팔러 다니는 약장수의 고함소리도 고을마다 울려 퍼졌다. 사실 서울이나 시골의 한약방에 약을 팔러 다니는 장사꾼이 늘어난 데는 조선 후기에 개업의사가 증가한 것과 연관이 있다. 이미 언급한 것처럼 의사가 꽤나 괜찮은 돈벌이였기에 문자를 해독할 수 있는 사람이라면 너도 나도 한약방을 개업했던 것이다. 특히 나름대로 의약분업이 철저했던 조선 후기에는 환자가 반드시 의원에게 가서 처방전을 받아와야 했으므로, 무언가 비방(秘方)이 있는 의사에게 처방을 구할 경우에는 매우 비싼 대가를 치러야만 했다. 처방전이 곧 돈이었기 때문에 당연히 의원들은 자신의 비방을 공개하기 꺼려했다.

이런 시대를 몽수 이헌길은 살았다. 그의 어질고 호방한 성품은 자신의 귀한 비방(秘方)을 모든 이에게 나누어 주는 의술로 꽃피웠다. 특히 그의 홍역 치료법 덕분에 다산 정약용은 목숨을 구하기도 했다. 그가 아니었다면 우리 역사는 다산과 같은 훌륭한 학자 하나를 잃어버렸을 지도 모른다.

기술은 곧 힘이다

무명의 장인(匠人)들

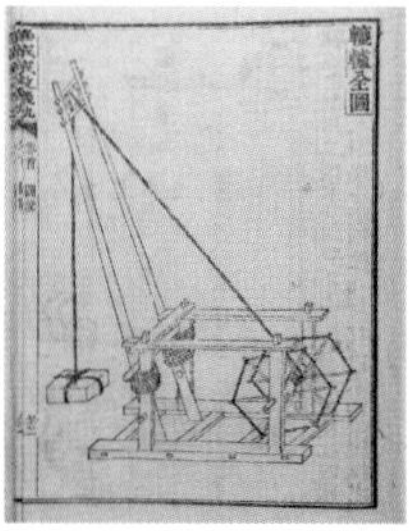

효제를 근본으로 삼아 수양하면 곧 예의와 습속으로 도(道)에 까지 미친다. 이것은 남에게 배워서 익히는 것이 아니라 본래적인 성질이다. 그러나 이용후생에 필수적인 여러 가지 기술은 최근의 기술을 현장에서 직접 배우지 않으면 어리석음과 고루함을 타파하고 활용도를 높이는 일이 불가능하다. 기술을 발전시키는 일이야말로 나라를 걱정하는 사람의 급선무이다.

—『여유당전서』「기예론」—

장인(匠人)들의 테크놀로지

지금도 기억에 생생한 2002년 노벨 화학상 수상자 다나카 고이치, 그는 일본 대학의 유명한 교수도 아니었으며 무슨 훌륭한 연구소의 중요 직책을 차지하고 있던 인물도 아니었다. 노벨재단으로부터 수상 소식을 전해 받았던 가족들 역시 전화가 잘못 걸려왔는지 알았다고 할 정도로 평범한 샐러리맨이었던 것이다. 이러한 그가 노벨상을 받자, 그 일화는 일본을 넘어 전 세계에 한 편의 휴먼드라마가 되었다.

그의 이야기를 떠올리자 조선의 역사 속에 스러져 간 이름없는 기술자들이 눈앞에 어른거린다. 김꺽쇠(金巨ㄱ金), 이개똥(李介同), 이자근놈(李自斤老味:몸집이 작은 사람이었을 것이다) 등이 바

각종 장인

왼쪽 그림은 패랭이를 만드는 장인들이고, 오른쪽 그림은 탕건을 만드는 장인들이다.

로 그들이다. 도대체 이들은 누구인가? 이름을 보면 역사에 길이 남아 우리의 기억 속에 박혀 있는 위인들이 아님을 알 수 있다. 그저 어느 공사장에서 혹은 관청에서 묵묵하게 자신들의 기술을 전수하고 또 개발했던 장인(匠人)들의 이름이기 때문이다.

수많은 전통의 테크놀로지가 바로 이같은 무명의 기술자들에 의해서 만들어지고 전수되었다는 사실 하나만으로도 역사 뒤편의 장인들은 전통 과학기술자로서 스포트라이트를 받을 자격이 충분하다.

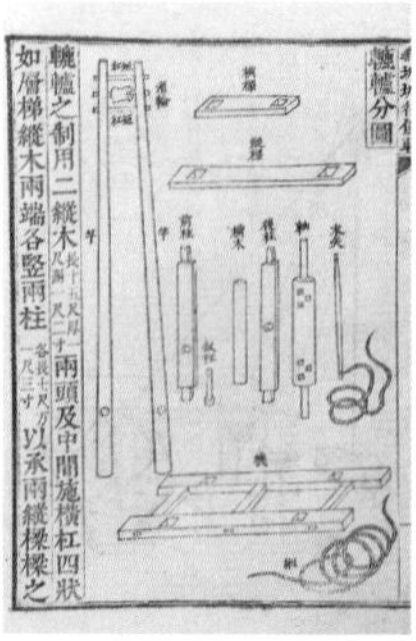

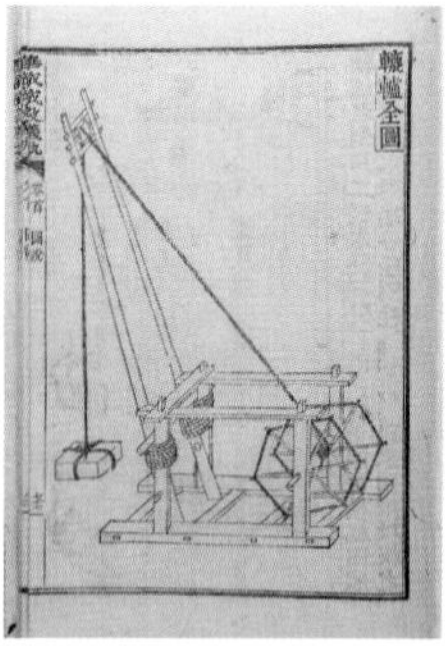

녹로(轆轤) 복원사진과 그 설계도

조선시대에 성곽 등의 거대한 건축물을 쌓을 때, 도르레를 이용하여 무거운 물체를 상하로 수직 이동하는 기계로 사용되었다.

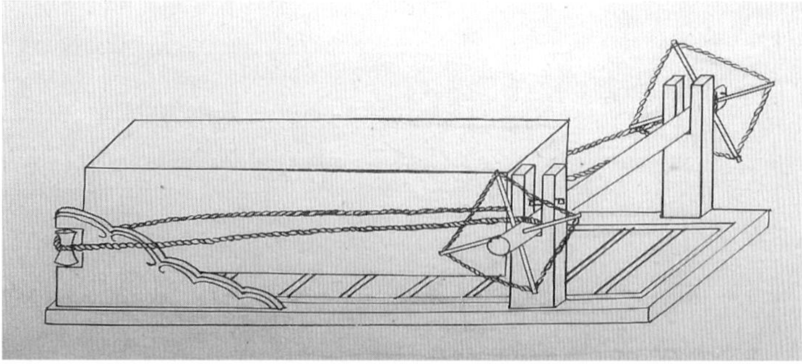

윤거(輪車)

조선시대에 각종 공사에 활용되었던 기계로서 무거운 돌이나 나무 등을 높은 언덕 등으로 수평 이동시킬 때 사용했다. 바닥의 사다리 구조물을 레일처럼 연결하고 도르래 등을 이용하여 물체를 밀어서 이동시켰다.

위의 윤거(輪擧) 그림을 잘 살펴보자. 아마도 처음 보는 사람이 많을 것이다. 조선시대 사용된 기계를 꼽을라치면, 정약용 선생이 화성을 축조할 때 만들었다는 거중기 정도만이 머리 속에 떠오르기 때문이다. 윤거(輪擧)라고 부르는 이 기계는 무거운 물건을 높은 곳으로 운반하는 장치이다. 힘을 덜 들이고 석재나 나무 등을 높은 곳으로 옮기는 데 필수적인 기계로, 영릉이니 헌인릉이니 하는 조선왕실의 왕릉을 축조할 때 사용되었다. 초등학교 시절 왕릉으로 소풍을 다녔던 경험이 있다면 작은 동산 정도의 거대한 무덤 규모에 감탄했던 기억이 있을 것이다. 옛날 왕릉 꼭대기에 각종 동물 모양의 석물(石物)과 문인 혹은 장군 석상(石像)을 운반해야 했던 장인들은 고생이 이만저만이 아니었다.

필요는 발명의 어머니였다. "먼저 틀을 짜고 바닥에 바퀴처럼 돌아가는 나무 7~8개를 박아 놓는다. 그리고 앞 쪽에 나무 기둥을 두 개 박고 양 기둥 위를 요(凹)자 모양으로 판다. 그곳에 굴림목을 걸치고 사방에 작은 나무를 박아 손잡이를 만든다. 마지막으로 틀 끝에 소나무 판을 대고 도르래를 박은 후 줄을 연결하여 잡아당긴다. 그러면 무거운 물건을 손쉽게 전진시킬 수 있을 것이다." 애초에 이 기계가 탄생할 때는 단지 뒷부분에 도르래 장치만이 붙어 있었다. 여기에 줄을 연결하여 앞에서 여러 사람이 당기는 방법이었다. 그러나 점차 역학(力學)의 원리를 몸으로 익힌 장인들은 앞에 요(凹)자 모양의 기둥을 박고 작은 힘으로 큰 힘을 얻을 수 있는 한 쌍의 도르래와 벨트 장치를 이용한 기계를 만들어냈던 것이다. 이름없는 장인들의 경험에서 얻어낸 기술의 힘이 발휘되는 순간이었다.

기술은 진보를 낳는다

실학을 집대성한 학자로 알려진 다산 정약용(丁若鏞)[1]은 바로 수많은 장인들이 개발하고 실천했던 기술에 많은 관심을 기울였던 인물이다. 그는 정치·경제를 비롯하여 군사, 법률, 문학, 지리, 의학, 천문, 수학, 기술 등 다양한 분야에 해박하였다. 그의 『여유당전서(與猶堂全書)』는 바로 그러한 다양한 관심과 지식의 결과였다.

정약용은 실제 생활에 도움이 되는 지식과, 나라를 부강하게 만드는 정책을 건의하였을 뿐만 아니라 직접 성을 쌓는 기술과 총포 제조법을 연구하고 거중기(擧重機)와 활자 등을 만들어 사용하려고 했다. 학자이자 동시에 실천가였던 것이다.

18~19세기에 이르면서 조선 사회는 커다란 변화에 직면한다. 이앙법 등 노동력을 집약화하는 기술이 널리 활용되면서 더 넓은 토지에서 더 많은 곡식을 생산해내는 부자 농민들이 출현하기 시작했던 것이다. 그들은 배고픈 양반보다 훨씬 나은 경제생활을 누릴 수 있었던 터라 이전처럼 양반들의 눈치나 살피고 굽실거리지 않았다. 도리어 돈과 경제력을 이용해 양반에 버금가는 지위를 누리고 문화생활을 할 수 있었다. 양반의 지위를 돈으로 사고 가난한 양반과 혼인

(1) 정약용(1762~1836) : 조선 후기의 대표적인 실학자이자 문신이다. 본관은 나주(羅州), 자는 미용(美庸)·송보(頌甫), 호는 사암(俟菴)이며, 자호로서 다산(茶山)·탁옹(籜翁)·태수(苔叟)·자하도인(紫霞道人)·철마산인(鐵馬山人) 등이 있다. '여유(與猶)'는 그의 당호(堂號)이다. 아버지는 진주목사(晉州牧使)를 지낸 재원(載遠)이며, 어머니는 해남윤씨(海南尹氏)로 두서(斗緖)의 손녀이다. 경기도 광주군 초부면(草阜面) 마재(馬峴)에서 태어났다. 유형원(柳馨遠), 이익(李瀷) 등의 학문과 사상을 계승, 조선 후기 실학을 집대성했으며 실용과 이용후생(利用厚生)을 주장하는 한편, 당시 사회문제를 개혁하는 진보적인 방안을 제시했다. 문집으로 『여유당전집(與猶堂全書)』 500권이 전한다.

하여 양반 가문으로 행사할 수 있었기 때문이다.

비록 조선 후기 사회가 오늘날처럼 개인의 능력과 노력만으로 지위를 성취할 수 있는 자유로운 경쟁사회는 아니었을지언정 이전에 비해 기술을 가진 자, 그리고 노력하는 자가 잘 살 수 있는 기회는 확대되고 있었다. 대동강 물을 팔아서 부자가 된 봉이 김선달이나 박을 심어 많은 돈을 챙긴 허생전의 주인공이 모두 조선 후기의 변화된 사회상을 잘 보여주는 상징들이다.

정약용은 새로운 부(富)를 만들어 내는 원천을 농민과 장인들의 축적된 '기술'이라고 파악하였다. 그는 기술이 만들어 낼 수 있는 부와 권력의 가능성에 관심을 기울였다. 개인의 이익을 탐하는 기술보다는 국가의 부를 축적시키는 기술이 무엇인지 생각하고 이를 연구하였으니, 아마도 우리나라 역사상 최초로 '테크놀로지'에 대한 논문을 쓴 사람도 바로 다산일 것이다.

> 하느님이 모든 만물을 만드실 때, 날짐승과 길짐승에게는 발톱과 뿔을 주고 단단한 발굽과 예리한 이빨을 주었으며 여러 가지 독을 주어서 자신이 하고 싶은 것을 얻게 하고 외부로부터 습격을 막아낼 수 있게 하였다. 그런데 사람은 벌거숭이인 데다 약하기만 하여 제 생명을 자키지 못할 듯이 만들었으니 무슨 까닭인가? 어찌하여 하늘이 대수롭지 않게 여겨야 할 금수들에게는 후하게 여러 가지를 만들어 주시고, 귀하게 여겨야 할 인간에게는 박하게 하였는가? 그 이유는 인간에게는 지혜로운 생각과 교묘한 연구 능력이 있으므로 기술을 익혀서 제 힘으로 살아가도록 했기 때문이다.
>
> —『여유당전서(與猶堂全書)』「기예론」—

정약용의 기술론

정약용은 인간이야말로 기술을 발달시킬 수 있는 지혜를 가지고 세상에 태어난 존재로 생각하였다. 따라서 무력(武力)이 아닌 머리로 과학과 기술의 진보를 꾀하여야 한다고 주장했다.

또한 그는 지식의 축적이 가져오는 힘을 강조하였다. 한 사람보다는 두 사람, 세 사람 혹은 그 이상의 수많은 사람들의 경험이 누적되어야 더욱 큰 힘을 발휘한다는 주장이다.

> 물론 지혜로운 생각으로 미루어 아는 것도 한계가 있고, 교묘한 연구력으로 깊이 탐구하는 것도 순서가 있는 법이다. 그러므로 비록 성인(聖人)이라 하더라도 천만 명이 함께 논의한 것에는 당할 수가 없으며 하루 아침에 모두 훌륭하게 만들 수는 없는 것이다. 그렇기 때문에 기술은 사람이 많이 모이면 모일수록 더욱 정교하게 되는 것이고 시대가 흘러갈수록 더욱 발전하는 것이다. 그것은 자연의 이치가 그렇기 때문이다.
>
> –『여유당전서』「기예론」–

정약용의 근대적 역사인식을 보여주는 대목이다. 아무리 훌륭한 성인이라도 대중의 집적된 지식을 능가할 수는 없다는 것이다. 또 지식이 진보하기 때문에 성인은 그 시대의 역할이 있고 한계가 있는 법이다.

정약용은 당시 별로 인정받지 못했던 장인이나 농부들의 기술과 지식이 얼마나 큰 힘을 발휘할 수 있는가를 깨달았다. 비록 한명의 기술자가 지닌 지식은 보잘 것 없지만 그것이 쌓이고 모인다면 훌륭한 지식과 힘이 되는 것이다. 실학자들이 백과사전과 같이 다양한 정보를 담은 책을 만드는 데 큰 관심을 가졌던 것도 이러한 이유였다.

시골 조그마한 마을에 사는 사람들은 조금 더 큰 읍내에 있는 기술자의 솜씨만 못한 것이요, 읍내 사람들은 유명한 성터나 큰 도시에 있는 기술자들의 솜씨만 못한 것이다. 유명한 성터나 큰 도시의 사람들은 서울에 있는 최신식의 정교한 기계를 제작하는 사람들의 기술보다 또 못한 것이다.

산속 깊은 시골 마을에 사는 사람이 오래 전에 서울에 왔다가 처음 시도하는 신기술을 조금 얻어듣고 집으로 와서는 몇 번 해보고 속으로 자신만만하여 "천하에 이 방법보다 더 우수한 것은 없을 것이야" 하면서 아들과 손자들을 모아 놓고 다음과 같이 말하였다.

"서울에서 말하는 소위 기술이라는 것을 내가 모두 배워 왔으니 지금부터는 서울에서 다시 더 배울 것이 없을 것이라"

이런 사람이 하는 짓이란 발전이 없고 별로 신통히 못할 뿐이다. 우리나라에 있는 여러 기술자들의 기술은 모두 옛날에 중국에서 배워 온 방식인데 수백 년이 흐르면서 중국에 다시 가서 배우는 일을 게을리 하였다. 중국에서는 새로운 방법과 정교한 기계가 나날이 증가하고 다달이 불어나서 수백 년 전의 중국이 아니다. 그런데도 우리는 막연하게 서로 기술에 관하여 토론하지도 않고 오직 옛날의 방법만을 편하게 여기고 있으니 어찌 그리 게으르단 말인가?

—『여유당전서』「기예론」—

그의 철저한 기술주의는 일본에 대한 평가에서도 이전과 다른 태도를 보이고 있다. 이전의 학자들이 주로 일본을 무시하고 도덕적으로 성숙할 때를 기다려 외교 관계를 맺어야 할 무지한 나라로 파악한 반면, 정약용은 일본마저도 기술을 익혔다면 대국이 될 수 있다는 입장을 보였다.

당시 일본은 네덜란드 등 유럽의 기술 대국으로부터 대포와 여러 가지 과학기술을 흡수하고 있었다. 이른바 난학(蘭學)이다. 일본의 기술적 성과와 발달에 매우 밝았던 정약용은 조선도 일본을 단지 무식한 나라로 매도하기 전에 우리의 기술을 발달시켜야 한다고 주장하였던 것이다. 선진 기술이라면 중국이나 일본을 가리지 말고 빨리 도입하자는 외침이다.

기술의 위력, 거중기(擧重機)의 힘

농사짓는 기술이 발달하면 비록 농토가 적을지라도 곡식의 소출이 늘어나고, 노력을 덜 들이면서도 곡알은 더 잘 여물게 된다. 밭을 일구어서 씨 뿌리고, 김매고, 낫질하고 탈곡하는 것으로부터 키질하고, 방아찧고, 반죽하고 밥짓기에 이르기까지 모두 편리하게 되며 노동력도 절감된다.

그뿐이 아니다. 베짜는 기술이 정교해지면 원료를 적게 쓰면서도 실이 많이 나오고 작업을 빨리 하면서도 옷감은 올이 촘촘하고 결이

곱게 만들어진다. 물에 담가서 씻고 실을 뽑으며, 베를 짜고 표백하는 일에서부터 채색으로 물들이고 바느질하는 일에 이르기까지 모두 편리하게 되어 노동력이 절감될 것이다.

그리고 군사 기술이 정교해지면 공격과 방어, 식량 운반, 성벽의 건축과 수리 등의 모든 일이 속도가 빨라지게 된다. 또한 의사들의 기술이 정교해지면 맥을 짚어서 증세를 살피고 약의 성질을 분별하며 주위의 환경요인을 살피는 모든 것이 옛날 사람들의 어리석음을 깨우쳐 주고 잘못된 점을 비판할 수 있게 된다.

이처럼 기술자들의 기술이 정교해지면 궁궐과 용품(用品)을 만드는 것에서부터 성곽, 선박, 수레, 가마 등의 제작에 이르기까지 모두 편리하고 견고하게 될 것이다. 그러므로 그 방법을 다 알아서 힘껏 수행한다면 국가를 부유하게 만들 수 있고 군대를 강하게 만들 수가 있으며 백성을 오래 잘 살도록 할 수 있을 것이었다.

도대체 왜 조선 사람들은 기술과 과학이 발달하면 분명한 효과가 있음을 알려주어도 기술의 도입과 공부에 적극적이지 않은가? 정약용은 그 이유를 불신(不信)과 패배의식으로 보았다.

> 수레를 사용하자고 하면 "우리나라는 산천이 험하여 사용할 수가 없다"고 하고, 양을 기르자고 하면 "조선에는 양이 없다"고 하며, 말은 죽을 쑤어 주는 것이 나쁘다고 말하면, "풍토가 각기 다르니 아는 척하지 말라"고 하니 이런 자들을 어찌 고치겠는가. 또 병을 고치는데 새로운 방법을 사용하면 옛 전통의 처방을 지켜야 한다고 호령하니 이 병폐를 어찌 고칠 수 있겠는가?
>
> —『여유당전서』「기예론」—

거중기(擧重機) 복원사진과 그 설계도

움직 도르래를 사용하여 무거운 물체를 들어 올리는 데 이용한 기계장치로서 정약용(丁若鏞)이 화성을 축조할 때 활용하였다. 정약용의『기중도설(起重圖說)』에 설명이 상세히 나와 있는데, 1627년 중국의 예수회 선교사 테렌즈(鄧玉函) 등이 지은『기기도설(奇器圖說)』을 참고하여 이 기계를 만들었다.

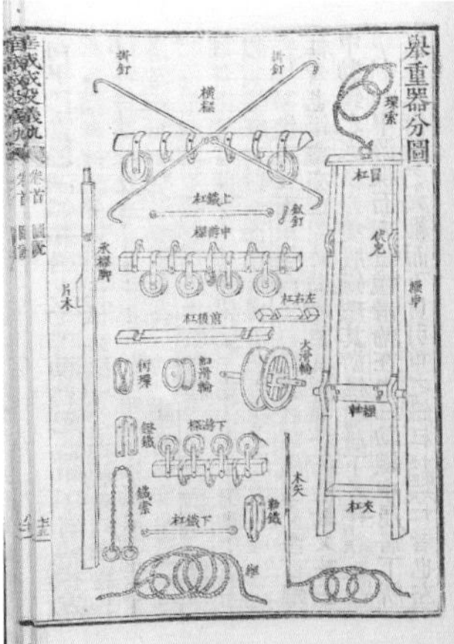

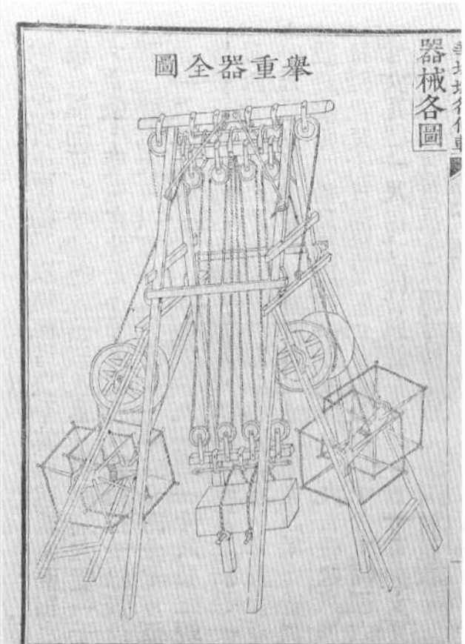

수원 화성(華城)의 야경

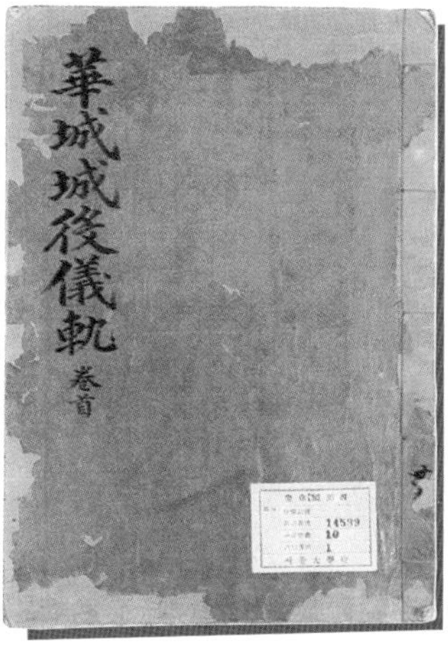

『화성성역의궤(華城城役儀軌)』의 표지

『화성성역의궤』는 화성 축조에 관한 공사보고서로서 모두 10권 9책의 활자본으로 되어 있다. 화성은 정조가 그의 아버지 장헌세자(莊獻世子)의 묘를 1798년(정조 13년) 10월 화산(華山)으로 이장하고 수원으로의 천도를 계획한 후 3년에 걸쳐 축조한 성이다. 1794년(정조 18년) 1월부터 1796년 8월에 걸쳐 이루어졌고, 1796년 11월 보고서가 완성되었다.

기술의 중요성을 말로만 주장해서는 소용 없음을 깨달은 정약용은 새로운 기술의 힘을 직접 보여주기로 하였다. 그는 사람들에게 물었다. "무게가 수만 근이 되면 천여 명이 달려들어서 움직이려 해도 안 될 것이며 또 소 수백 마리로 끌려고 해도 불가능할 것이다. 그렇지만 어린이가 한 손으로 그와 같은 무게의 짐을 거뜬히 들어 올릴 수 있다면 어떻게 할 것인가?" 반신반의하는 사람들 앞에 다산이 선보인 것은 바로 무거운 것을 쉽게 들어 올릴 수 있는 거중기였다. 수원성 축조에 거중기를 사용함으로써 기술의 위력을 확실히 보여 준 것이다.

> 도르레 하나를 설치하면 50근의 힘으로 100근의 무게를 들어 올릴 수가 있다. 만일 두 개의 도르래를 사용하면 25근의 힘으로 100근을 들어 올릴 수가 있다. 이것은 짐 전체 무게의 4분의 1에 해당하는 힘이다. 3개, 4개와 같은 방법으로 차례로 도르래의 수를 늘려감에 따라 같은 이치로 당기는 힘이 줄어드는 법이다.
>
> 지금 그림과 같이 상하 8개의 도르래를 사용하면 전체 25배의 힘을 낼 수 있으니 (중략) 40근의 힘으로 능히 1,000근의 짐을 들어 올릴 수 있는 것이다.
>
> –『여유당전서』「거중도설」–

실학의 집대성자 다산 정약용은 과학 기술 분야에도 많은 관심을 가지고 실제 생활에 적극적으로 이용한 인물이다. 그는 장인들의 기술뿐 아니라 의학, 역학, 수학 등 현실에 응용할 수 있는 분야라면 무엇을 막론하고 열의를 다해 연구하여 글로 남겼다. 한마디로 그의 일생은 조선의 부국강병에 바쳐진 것이었으니, 그가 가장 신뢰한 힘의 원동력은 바로 새로움에 대한 두려움 없는 도전 정신이었다.

제6장 새로운 세상을 위하여

1인 다역의 여의사—조선의 의녀(醫女)들

지구가 돈다고?—홍대용(洪大容)

새로운 패러다임의 모색, 『마과회통(痲科會通)』—정약용(丁若鏞)

조선 지도의 결정판, 대동여지도(大東輿地圖)—김정호(金正浩)

조선은 인구의 반을 활용하지 못하였으니 바로 여성들의 사회 참여를 막았던 일이다. 전통의 고리를 끊고 새로운 세상으로 나아가기 위해서는 기왕의 패러다임과는 다른 무엇이 필요하였다. 의녀들의 중요성, 그리고 새로운 천문학을 통해 새로운 세계관을 이끌어 낸 홍대용, 전통의 치료법을 폐기하고 예방이라는 미지의 세계로 나아간 정약용, 역시 전통의 지도를 한 차원 끌어올린 김정호 등은 모두 새로운 세상을 준비하던 선각자들이었다.

1인 다역의 여의사

조선의 의녀(醫女)들

상민(常民)이나 천민(賤民)의 여자로서 길에 다닐 때 얼굴을 드러내놓는 무리 그리고 공사천(公私賤) 등에게는 모두 자기의 원래 머리를 얹도록 허락하지만, 다리[예전에, 여자들의 머리숱이 많아 보이라고 덧넣었던 딴 머리]를 붙이거나 얹지 못하게 금한다. 그리고 각 궁방(宮房)의 무수리, 의녀, 침선비(針線婢)와 각 영읍(營邑)의 기녀들은 제 머리를 머리 위에 얹고 가리개를 덮어 등급을 구별하는 뜻을 보이는데, 내의녀는 그대로 모단(冒緞)을 사용하도록 하고 나머지는 검은 삼승포(三升布)를 사용한다. —『정조실록』, 정조 12년 10월 3일—

사극(史劇)의 주인공 의녀

TV의 사극(史劇)은 다양하고 특이한 전통적 소재들을 발굴하는 경향 때문에 재미가 있다. 그동안 잘 다루어지지는 않았지만 의녀(醫女)가 나오는 드라마도 이와 같은 특이한 소재를 선보이는 것이다. 그러나 막상 의녀에 대한 논문이나 저술들을 볼라치면 기왕의 연구가 너무 적다는 사실을 깨닫게 된다. 왜 이 지경인지가 궁금할 정도이다. 아마 역사연구자들 스스로 의녀 연구가 뭐 그리 대단한 일이겠는가라고 치부한 것이 가장 큰 이유이겠으나, 의녀를 연구하려 해도 별반 자료가 없는 현실이 또 하나의 주요 원인인 듯싶다.

어쨌든 조선시대 여성들의 여러 가지 질병을 치료하고 출산을 도울 목적으로 생겨난, 일종의 여의사 제도인 의녀는 '남녀칠세부동

조선시대 침놓는 의원을 그린 풍속도

조선 후기에는 침통을 들고 다니면서 침을 시술하는 의원들이 늘어났다. 특히 침구의(鍼灸醫)는 약물을 처방하는 의사보다 못한 것으로 대접받아 대개 방물장수들이 침술을 겸하는 경우가 많았다.

석'이라는 유교의 내외법이 강조되던 조선 전기에 설치되었다. 남자 의사에게 신체를 내보이지 않아 죽어갔던 여인들마저 있었으니 이들을 그대로 방치할 수만은 없었던 것이다.

의녀 제도는 1406년(태종 6년) 제생원(濟生院) 지사(知事)였던 허도(許衜)의 발의로 처음 시작되었다. 그는 임금 앞에서 "부인이 병이 났을 때 남자 의사에게 진찰하여 치료하게 하면, 혹 부끄러워 병을 보이기를 꺼려하다가 죽는 일이 있으니, 원컨대 관청이나 궁궐에 소속되어 있는 관비(官婢) 가운데 어린 아이들 수 십 여명을 선발하여 『맥경(脈經)』과 침구법(鍼灸法)을 가르쳐서 구료하게 한다면 전하의 호생지덕(好生之德)에 유익할 것입니다"라고 건의하였다.

천한 신분의 관비(官婢)들 가운데 어리고 똑똑한 자들을 선발하여 혜민서에 배속시켜 글을 가르친 후 문리를 어느 정도 깨치면 의

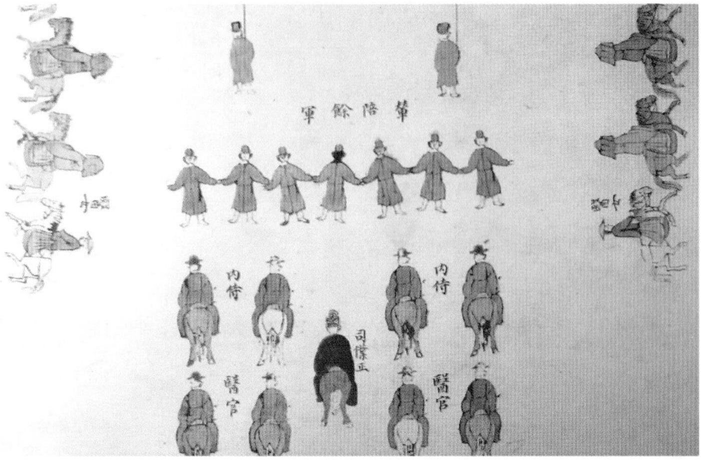

의녀 행렬도

국가 의례(儀禮)에 동원된 의녀들이다. 검은 모단(冒鍛)를 쓴 이들이 의녀이다.

서를 읽히고 또 의술을 가르쳐 의료 현장에서 일하도록 한 것이다. 관비들의 경우, 어차피 관청에서 신역(身役)을 져야 할 입장이었다. 게다가 서울에 올라와 의술을 배우고 의녀로 생활하다가 혹 궁궐의 여인들을 치료하는 공이라도 세운다면 단박에 천한 신분을 면할 수 있었다. 때문에 의녀는 신분 상승을 도모할 수 있는 매력적인 수단이기도 하였다.

의녀 인향이와 취엽이

1693년 10월 6일 삼경(三更:밤 11시~새벽 1시 사이)의 일이었다. 구중궁궐 안에서 산모의 신음소리가 들려왔다. 출산의 신호를 알리는 복통이 본격적으로 시작된 것이다. 산모는 무수리[1] 최씨로서 후일 영조의 어머니가 되어 최고의 권력을 쥐게 되는 인물이다.

궁 밖에 있던 의녀 인향이와 취엽이는 궁궐에서 급히 부른다는 소리를 듣고 달려갔다. 두 사람은 아이를 받아본 경험이 많아 이번 출산 시 대령하라는 명을 이미 받고 있었다. 방 안으로 들어간 두 의녀는 익숙하게 산모의 맥을 짚어보고 진통 여부를 확인하는 등 상태를 주시하였다. 남자 의원들은 방 안으로 들어올 수 없으므로 밖에서 초조하게 대기하면서 의녀들의 전언(傳言)을 기다렸다.

산모의 복통이 계속되는데 어찌될지 모르겠으니 일단 불수산(拂手散)을 달여 먹이는 것이 좋겠다고 의녀들이 건의하자, 밖에서 대기하던 내의(內醫)들은 곧바로 약물을 대령하도록 준비했다. 불수산이란 출산을 돕는 일종의 분만 촉진제였다.

그런데 밤새도록 통증을 호소하던 산모는 해가 밝아오자 그만 기운이 다해 힘을 쓰지 못했다. 의녀들은 다시 인삼차를 먹여 기운을 북돋을 것을 청하였고 이내 인삼차가 산실(産室) 안으로 들어갔다. 얼마간의 시간이 흘렀을까. 방안으로부터 힘찬 아이의 울음소리가 퍼져 나왔다. 무사히 아이를 받았다는 의녀의 보고가 있자, 수의(首醫)는 곧바로 이 소식을 임금에게 아뢰기 위해 아이의 출생 시각이 적힌 사주단자(四柱單子)[2]를 받아들고 처소로 달려갔다.

한편, 아이를 받아든 의녀들은 산모 살피랴, 아기씨 돌보랴 정신

(1) 무수리 : 궁중에서 잡역을 맡아 했던 여자 종을 일컫는다. 주임무는 물긷기, 불때기 등 허드렛일이었다. 특히 궁중 전각의 물긷기를 담당했으므로 '무수리(水賜)'라고 불렀다. 대개 민간 아낙네들 중에서 나인들의 소개로 궁에 출입하는 경우가 많아 어려서부터 궁중에 들어 온 궁녀들에 비해 차별되었다.

이 없었다. 특히 아이의 입 안에 잔뜩 들어 있는 오물을 미리 준비해 두었던 감초탕(甘草湯)이나 주사 섞은 꿀물로 닦아내느라 애를 썼다. 오물을 제거하지 않으면 태독(胎毒)이 아이의 뱃속으로 들어가 후일 두창(痘瘡)이나 마진(痲疹) 등과 같은 역병의 원인이 된다고 믿었기 때문이다.

아이의 입 안을 닦아낸 후 곧바로 준비된 유모(乳母)의 젖을 아이에게 먹였다. 곧이어 미역국이 대령되고 산모는 하루에도 수십 번씩 미역국을 먹으면서 산후조리를 하였다. 아기의 태변(胎便)도 문제없이 잘 나오자 3일 후 드디어 호도 껍질과 복숭아 씨앗 그리고 돼지 쓸개 달인 물을 준비하여 아이를 목욕시켰다.

출산 후 일주일이 지나면서 산모와 아기의 건강에 아무런 문제가 없자, 의녀들은 다시금 내의원과 혜민서로 복귀하여 원래의 임무에 충실하였다. 이처럼 의녀들이 업무 중에는 바로 출산을 돕는 산파역할도 있었다.

의녀는 꽃이다?

지방과 서울의 관비들 가운데 의녀로 선발된 이들은 혜민서에서 의술을 전수받은 후 혜민서나 원래의 지방 관아로 귀속되어 여자 환자를 치료하는 일을 담당하였다. 그러나 출신 자체가 비천하다보니 이들은 관기(官妓)와 거의 동일시 되었다.

(2) 사주단자 : 사주(四柱)를 기록한 문서. 사주는 사람의 생년·월·일시의 간지(干支)를 말하는데 이를 풀어 그 사람의 지나온 생애와 앞으로의 길흉화복을 점칠 수 있었다.

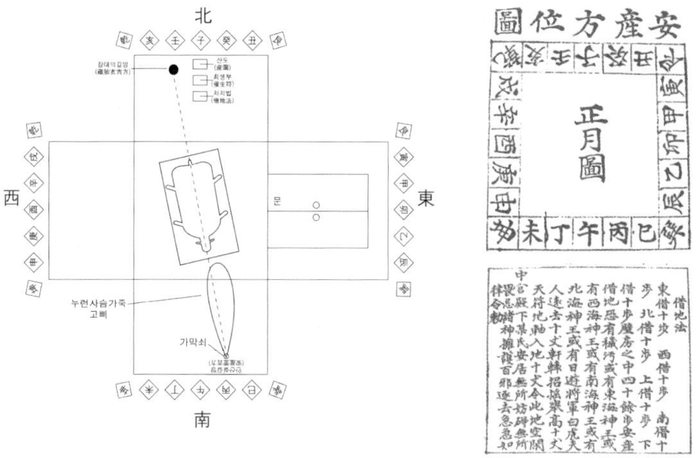

산실도 부적들

조선시대 왕실의 분만실도(왼쪽)과 순산을 기원하는 부적들(오른쪽)이다.

조선 초기 송사문이라는 자가 있었는데 모든 남성들의 부러움을 한 몸에 산 적이 있다. 이유는 그가 항상 젊고 아리따운 여성들에 둘러싸여 살기 때문이었다. 송사문의 외모가 매우 훌륭했기 때문인가 하면 그렇지도 않았다. 그는 너무 못생긴 데다가 행동거지 또한 거칠고 옹졸하였으며 긴 수염이 멋없이 더부룩하며 눈이 어둡고 사팔뜨기였다.

그는 과거에 급제한 이후 잠시 외방교수(外方敎授)로 나갔던 때를 제외하고는 오로지 혜민서 교수직을 맡아 의녀를 가르치고 있었다. 의녀들 가운데는 단정하고 어여쁜 소녀들이 많았으니, 그 가운데서 글을 가르쳤던 송사문이 주위의 부러움을 샀던 것은 당연했다. 마치 늙은 곰이 꽃 수풀 속에 앉아 있는 것 같다며 반은 농담으로 반은 부러워 말들이 많았던 것이다.

더욱이 그의 집도 장악원(掌樂院)[3] 옆에 있어서 음악을 연주하는 관기(官妓)들마저 매일 마주할 수 있었다. 때문에 관청에 드나들면서 마주치는 동료들이나 친구들이 퇴근하는 송사문에게 어디를 가냐고 물으면 항상 다음과 같은 시로 화답하였다 한다.

거처는 장악원에 이웃해 있고 (居隣掌樂院)
직무는 혜민서를 맡았도다. (職帶惠民署)
아침부터 화류지에 있으면서 (朝從花柳地)
또 다시 화류를 향하여 가는구나. (又向花柳去)

-『용재총화』「제9권」-

낮에는 직무 때문에 혜민서의 의녀들과 함께 지내고 밤에는 퇴근하여 장악원의 기생들과 즐긴다는 말이었으니 의녀들을 그저 '꽃과 버들'로만 취급한 것이다.

의녀의 진짜 임무

의녀들 대부분이 관기(官妓) 출신이었다는 사실은 이들이 비록 의술을 배워 전문적인 지식을 쌓았다고 하더라도 환자 치료에만 전념할 수는 없도록 했던 요인이다.

(3) 장악원:조선시대 음악에 관한 사무를 관장하던 관청. 각종 제사와 의례의 음악과 음악교육, 악공(樂工)·악생(樂生)의 관리를 담당했다. 실제 음악을 담당한 악공(천민출신)과 악생(양인출신)은 『경국대전』 당시 각각 572명, 399명으로 편성되었으나 임란 이후 그 수가 절반 이하로 줄어들었다. 1895년 갑오개혁 때 궁내부의 장례원(掌禮院)으로 이속되었다.

『조선왕조실록』을 비롯한 다양한 역사 자료에 등장하는 의녀들의 실제 모습은 환자를 치료하는 의사와는 영 딴판이다. 사대부가의 여인들을 수색하고 탐문하거나 여죄수의 몸수색을 담당하는 형사, 사치스러운 혼수를 엄금하려는 감찰 보조원, 단지 허드렛일을 보조하는 식모이거나, 심지어 잔치나 연회에 불려나가 창기(娼妓) 노릇까지 서슴없이 하는 그러한 모습들이다.

의사라는 이름이 무색할 정도로 이렇게 다양한 일들을 하게 된 이유는 무엇일까? 문제는 전문성의 결여였다. 비록 혜민서나 내의원 의녀로 활동하는 경우, 다양한 의술과 의학 지식을 습득할 수 있도록 교육장치가 마련되어 있었지만, 실제 그리 체계적인 훈련을 받지는 못하여 의술이 정밀하지 못한 경우가 많았던 것이다. 당연히 많은 불신을 받게 되었고 환자를 치료하는 의사로서보다는 심부름이나 허드렛일, 심지어 창기 역할마저도 감당하게 된 원인이 여기에서 비롯된다.

여성 환자들을 위한 의료인력 양성이라는 목적으로 시작된 의녀제도는 전문 기술직과 여성에 대한 조선시대의 부정적인 평가로 인해 제대로 뿌리내리지 못한 것으로 보인다. 그러나 조선시대 서울과 지방을 막론하고 여성들을 대상으로 각종 질환을 치료하고 있는 의녀들의 활동을 각종 사료에서 접할 때마다, 형편없는 대우와 차별에도 불구하고 진정한 의사로 대접받기 위해 애쓴 그녀들의 애환과 고통을 느끼게 된다.

지구가 돈다고?

홍대용(洪大容)

무릇 땅 덩어리는 하루에 한 번씩 돈다. 지구의 둘레는 9만리이고 하루는 12시이다. 9만리의 큰 덩어리가 12시간에 맞추어 움직이고 있는 것을 보면 그 빠르기가 번개나 포탄보다 더 빠른 법이다. 그런데 어째서 우리는 이 현상을 느끼지 못하는 것일까?

—홍대용 『담헌서』 「의산문답」—

지구가 돈다고?

오늘날 우리는 지구의 자전과 공전 현상에 대해 잘 알고 있다. 그러나 이와 같은 지식을 알게 된 것은 약 3~4백 년 전에 불과하다. 이전에는 동서양을 막론하고 인간 스스로 굳건히 발을 딛고 있는 지구가 움직이거나 특히 돈다는 생각은 상상조차 할 수 없었다. 그런 생각은 머리가 이상한 사람이나 가능한 일이었다.

'지구가 돈다고?' 어떻게 그런 일이 있을 수 있을까? 만약 지구가 돈다면, 누군가 제자리에서 위로 뛰어 올랐다가 다시 내려왔을 때 지구가 돈 만큼 앞으로 이동해 있지는 않을까? 홍대용(洪大容)은 제자리에서 뛰어 보았다. 그러나 같은 자리로 다시 떨어지는 것이 아닌가. 그는 너무 조금 뛰어 올라서 효과가 적은 것일 수도 있다고 판단하여 이번에는 돌을 던져 보기로 했다. 돌을 정확하게 머리 위로 던지면 공중에 머무르는 시간이 길 테니 효과가 있을 터였다. 그

홍대용의 묘

충남 천안시 수신면 장신리에 있다.

는 조그마한 돌을 집어 자신의 머리 위로 힘껏 던졌다. 지구가 돈다면 설마 내 머리 위로 돌이 떨어지지는 않겠지. 홍대용은 머리 위로 던진 돌을 보고 있었다. 그런데 돌은 자신의 머리 위로 그대로 떨어지는 것이 아닌가. 그는 돌을 피하느라 거의 넘어질 뻔하였다.

홍대용은 북학(北學)을 주장하였던 실학자다. 당시 북학파는 청나라를 배격할 것이 아니라 배워야 한다고 주장하던 그룹이었다. '북학' 이란 북쪽의 청나라를 공부한다는 의미이다. 그들은 형이상학보다는 실용학문과 같은 형이하학에 더욱 매진할 것을 강조했는데, 가령 여러 가지 자연 현상이나 인간에 이로움을 줄 만한 문명 기계 등에 관심을 기울였다.

그래도 지구는 돈다

한편, 서양에서는 지구가 돈다고 생각한 사람이 이미 있었으니 갈릴레오였다. 그는 교회의 심판에도 불구하고 "그래도 지구는 돈다"고 말한 것으로 유명하다. 갈릴레오가 말하는 지구의 회전은 공전이었다. 사실 지구가 돈다는 주장은 기왕의 패러다임을 뿌리째 흔드는 충격으로서 천문학의 혁명이라고 할 만한 일이었다. 이로써 1400여 년 동안 유지해 온 지구 중심의 프톨레마이오스[1]의 천문관은 새로운 태양 중심의 천문학설에 자리를 내놓게 되었다.

프톨레마이오스의 천문학은 지구를 가운데 두고 수정으로 된 투명한 천구(天球) 9개 또는 12개가 서로 겹쳐 있다고 보았다. 그러니까 가장 큰 9번째의 수정 구슬 안에 8번째의 수정 구슬이 있고 그 안에 다시 7번째의 수정 구슬이 들어 있는 셈이다. 이렇게 수정 구슬이 겹쳐 있고 지구는 가장 핵심에 놓여 있는데, 수정구들이 회전하기 때문에 정지한 지구에서 천체의 회전 운동이 관측된다고 생각한 것이다.

(2) 프톨레마이오스: AD 127~145년 경에 알렉산드리아에서 활동한 고대 그리스의 천문학자·지리학자·수학자이다. 지구를 우주의 중심이라고 생각했는데, 그의 업적은 9세기 아라비아의 천문학자들에 의해 『알마게스트(Almagest)』(13권)로 알려진 후 오늘날까지 그렇게 불리고 있다. 『알마게스트』는 별과 태양계 천체에 대한 일종의 백과사전으로 그리스 천문학의 결정판이었다.

홍대용 초상화

홍대용(1731~1783)은 조선 후기의 실학자이자 과학사상가이다. 북학파(北學派)로서 지전설(地轉說)을 주장하는 등 조선 후기 과학사에 큰 업적을 남겼다. 본관은 남양(南陽). 자는 덕보(德保), 호는 담헌(湛軒)·홍지(弘之)이다. 당대 노론의 석학인 김원행(金元行)에게 수학하였으며, 1765년(영조 41년) 동지사(冬至使)의 서장관인 숙부 홍억(洪檍)의 자제군관(子弟軍官)으로 청나라에 따라가 3개월 동안 베이징(北京)에 체류했다. 이때 중국인 학자 엄성(嚴誠), 반정균(潘庭均), 육비(陸飛) 등과 친교를 맺고, 독일계 선교사인 흠천감정(欽天監正) A. 폰 할러슈타인(중국식 이름 劉松齡) 및 부정(副正) A. 고가이슬(鮑友管) 등과 면담하면서 청나라 고증학과 서양의 문물을 접하여 학문체계에 큰 변화를 겪게 되었다. 그의 이러한 경험은 당시 교우관계에 있던 박지원(朴趾源), 이덕무(李德懋), 박제가(朴齊家) 등에게 영향을 주었다. 북경에서 1774년 음보(蔭補)로 선공감감역(繕工監監役)이 되었고 이후 사헌부감찰, 태인현감(泰仁縣監), 영천군수(榮川郡守) 등을 역임했다. 문집 『담헌서』가 전한다.

그러나 별똥별 등이 지구 위로 떨어지는 일을 설명할 수 없는 문제가 있었다. 수정구로 막혀 있는 천구를 어떻게 별이 통과할 수 있다는 말인가? 당연한 의문이 아닐 수 없었다. 뿐만 아니라 실제 천체 궤도를 계산하는 데 지구를 중심으로 놓으면 우주의 운동을 설명하기가 너무 복잡한 면도 있었다. "하느님이 우주의 원리를 이렇게 복잡하게 만들지는 않았을 거야"라고 생각한 과학자들이 속속 나타났다.

드디어 17세기에 이르러 갈릴레오와 코페르니쿠스(Nicolaus Copernicus)[2)]에 의해 수정 구슬의 우주관은 산산히 깨어지고 말았다. 지구가 가만히 제자리를 지키는 것이 아니라 수정구를 뚫고 자

『담헌연기(湛軒燕記)』

홍대용의 청나라 체험기, 즉 연행록(燕行錄)이다. 저자가 35세 때 북경에 다녀온 후 이를 정리한 글로서, 1765년(영조 41년) 11월 2일부터 이듬해 6월까지의 여행 일정과 보고 듣고 겪은 일들을 싣고 있다. 중국의 풍속과 인물 그리고 새로운 학문과 과학기술에 대한 저자의 열정이 가득하다.

신의 궤도로 공전한다는 사실이 밝혀진 것이다. 학자들은 이를 천문학의 혁명이라고 불렀다.

새로운 천문학을 접하다

전통적으로 동양의 우주론은 혼천론(渾天論)이 우세하였다. 혼천론이란 물 위에 투명한 천구가 떠 있고 지구는 한 가운데 두둥실 떠 있는 모양이다. 물론 지구는 움직이지 않고 있으며, 하늘이 움직

(2) 코페르니쿠스(1473~1543) : 폴란드의 천문학자이다. 유명한 상인 집안에서 태어난 그는 1491년 크라쿠프대학교에 입학해 천문학 연구에 관심을 가지게 되었고, 이후 1497년 볼로냐대학교, 파두아대학교 등에서 의학, 천문학 등을 공부하였다. 그는 지구 주위를 도는 태양·달·행성들의 궤도를 연구하여 1543년 『천구의 회전에 관하여』를 출간하였다. 이로써 지구가 자전하면서 태양 주위를 공전한다는 새로운 천문체계가 받아들여지게 되었고, 근대 과학의 출현에 큰 밑거름이 되었다.

이는 것으로 생각하였다. 그리고 모양으로 말하자면 천원지방(天圓地方), 즉 하늘은 둥글고 땅은 네모진데 둥근 하늘이 네모난 땅을 위에서 덮고 있다는 설명이다.

조선 후기에 와서 이러한 천문관에 서서히 변화가 나타났다. 홍대용은 일찍부터 친구들로부터 지구가 돈다는 말을 들어오던 터였다. 그러나 실제로 지구가 도는지 아닌지를 밝혀내기는 무척 어려운 문제였다. 고민하던 실학자 홍대용은 기술자 이경적, 안처인 등의 도움을 받아 직접 하늘을 관측하고자 했다.

그는 혼상의, 측관의(測觀儀), 통천의 등 여러 가지 관측기구들을 만들었으며 소규모의 천문대인 농수각(籠水閣)을 자기 집안에 만들어두고 직접 천문 관측을 시도하였다. 이것은 마당에 호수를 파고 그 가운데에 둥근 섬을 만든 후 섬 위에 각(閣)을 지어 천문기구를 둔 형태였다. 이른바 혼천(渾天)을 그대로 재현한 것이었으니, 물 위에 둥둥 떠 있는 형상의 지구가 둥근 섬으로 표현되었다. 지구가 둥글다는 홍대용의 주장을 상징적으로 보여준 것이다.

홍대용은 자신의 학문적 호기심을 억누르지 못하고, 중국에 가서 새로운 학문을 공부하기로 마음먹었다. 1765년, 그의 나이 36세 때 드디어 중국에 갈 수 있는 기회가 주어졌다. 처음으로 북경을 방문한 홍대용은 독일계 선교사로 중국 천문대장의 임무를 수행하였던 할러슈타인과 고가이슬을 만날 수 있었다. 그들은 당시 최고의 천문학 지식을 보유한 학자들이었다.

홍대용으로서는 서양 천문학을 공부할 수 있는 절호의 기회였다. 비록 중국말을 할 수 없었기 때문에 답답한 측면이 있었지만 한자(漢字)라는 동북아 공통의 의사전달 수단을 통해 이러한 벽을 넘을 수 있었다. 홍대용은 붓으로 부지런히 질문 내용을 적어 중국의 천문학자에게 건네주었다. 그러면 중국 학자는 다시 지면(紙面)에 상세히 답변해주었다. 후일 조선에 돌아온 홍대용은 60 여일 간의 여행에서 얻은 견문과 지식을 정리하여 『담헌서』에 수록해 놓았다. 거기에는 북경에 갔을 때 사귄 중국의 여러 학자들, 가령 엄성(嚴誠), 반정균(潘庭均), 육비(陸飛) 등과의 필담이 자세하게 수록되어 있는데 새로운 천문학 지식에 대한 그의 열의가 잘 드러나 있다.

새로 접한 서양과학의 내용과 지식들은 홍대용의 사고를 변화시켰다. 그는 이를 바탕으로 『의산문답(醫山問答)』이라는 재미있는 형식의 과학 에세이를 저술하였는데, 이른바 실옹(實翁)이라는 현실주의자와 허자(虛者)라는 허망한 이념주의자를 등장시켜 당시의 고루한 인습을 비판하는 내용이었다. 실옹은 새로운 서양의 과학과 학문을 공부한 사람인데 반해, 허자는 주자학만을 고집하는 조선의 이데올로그들로서, 새로운 학문으로 무장한 실옹이 허자의 어리석은 우문(愚問)에 서구의 과학을 빌어 현답(賢答)을 들려 주고 있다.

상대적인 관점

홍대용은 지구의 회전설을 어떻게 알고 여러 가지 실험을 해보았을까? 그가 중국에 갔던 1765년(영조 41년)에는 이미 코페르니쿠스의 태양중심설이 '제임스 로'라는 서양 선교사의 저술을 통하여 중국에 널리 알려져 있었다. 그 책은 1634년경이거나 혹은 이전에 저술된 것으로 보이는 『오위력지(五緯曆指)』(9권)였다. 이 책에는 홍대용의 질문에 답을 줄만한 중요한 구절이 있었으니 바로 '상대적'

운동을 이해하는 단서였다.

하늘이 움직이는 것이 아니라 지구가 왼편으로 돌면 모든 천체는 서쪽으로 도는 것처럼 보이는 것 뿐이다. 지면이 위를 향하고 있을 때 우리는 천체가 왼편으로 움직이는 것을 보지만, 이것은 천체 그 자체의 운동 때문이 아니다. 천체가 일주운동을 하는 것이 아니라 오히려 지구가 대기와 함께 한 덩어리가 되어 서쪽에서 동쪽으로 움직여 하루에 1회전을 하는 것이다.

마치 배를 타고 가는 사람의 경우, 강가의 나무와 같은 것들이 움직이고 자기는 움직이지 않은 것처럼 느끼듯이 지구 위에 서 있는 사람은 모든 천체가 서쪽으로 움직이는 것을 보게 되는 것과 같은 이치이다. 이렇게 지구 하나의 자전운동에 의하여 하늘의 여러 운동이 설명되는 것이다.

그런데도 옛날이나 지금의 학자들은 모두 이것이 정확한 설명이 아니라고 한다. 그 이유는 지구가 모든 천체들의 중심이며 축의 중심과 같아서 움직일 수가 없다고 생각하기 때문이다.

-『오위력지』-

홍대용이 깨우친 지구의 회전은 자전(自轉)을 의미하는 것으로서, 오늘날 우리가 알고 있는 지구의 공전에 대해서는 알지 못했다. 홍대용은 태양과 달이 "차의 바퀴살처럼 자전하고 연자방아처럼 돈다"고 말한 바 있다. 태양과 달이 지구의 둘레를 돌고 금성, 수성, 목성, 화성, 토성이 태양의 둘레를 돈다고 생각한 것이다.

상대성에 대한 깨달음, 천체가 도는 것처럼 보이지만, 실은 지구가 돌기 때문에 현상적으로 그렇게 느껴진다는 생각에 이르자 천체의 운동은 자연스럽게 이해되었다. 지구의 회전 속도가 매우 빠르지만 너무 광대하기에 인간이 잘 느끼지 못한다는 사실도 알게 되었다.

홍대용은 "하늘은 둥글고 땅은 네모지다"는 천원지방설(天圓地方說)에 대해서도 새로운 해석을 가하였다. 하늘이 만든 모든 것에는 모남이 없다고 하였으니, 작은 벌레의 몸뚱이나 빗방울 그리고 눈물과 침 모두가 둥글지 않던가? 틀림없이 지구도 원형임에 틀림없을 것이다. 특히 지구가 원형인 것은 일식이나 월식 때 가려진 부분이 둥근 것을 보면 금방 알 수 있는 일이다. 따라서 하늘이나 지구 모두 원형일 것이라고 가정한 그는 '천원지방'의 방(方)을 지구가 네모나다는 뜻으로 해석하지 않고 반듯하다는 의미, 즉 질서 정연하다는 의미로 파악하였다. 홍대용이 이처럼 유연하게 사고를 전개할 수 있었던 바탕에는 바로 역지사지(易地思之)의 상대적 인식론이 깔려 있었기 때문이다.

중심은 없다

홍대용의 상대론은 이른바 무한우주를 상정하는 그의 우주관에서 가장 잘 드러난다. 그는 태양계와 은하계 그리고 온 우주 안에서 지구가 과연 중심인지에 대해 의문을 던진 적이 있다. "지구에서 보이는 것 이외에 은하계와 같은 것들이 얼마나 많은지 알 수 없으니 조그마한 눈을 믿고 은하를 제일 큰 세계라고 말할 수 없다. 뿐만 아니라 지구를 중심으로 은하를 생각할 수는 더욱 없는 법이다." 참으로 놀랄 만한 인식의 전환이었다.

홍대용은 지구를 그 어떤 특수한 존재로 보지 않고 달 및 해와 함께 은하계를 구성하고 있는 수천만 개의 천체들 가운데 하나에 불과하다고 생각했다. 그리고 무한한 우주에는 혹 우리 은하계 이외에 다른 은하계들도 수없이 많을 것이라고 추측하였다.

결국 홍대용은 당시까지 굳게 믿고 있었던, 지구가 우주의 중심에 있으며 태양계의 한 가운데 움직이지 않는 채 고정되어 있다는 속설을 비판하기에 이르렀다. 우주의 관점에서 본다면, 무한한 우주 공간에 지구가 가장 중앙에 위치한다는 논리는 타당하지 않다고 주장한 것이다.

이처럼 우주 속의 지구의 위치를 상대적으로 생각하자 지구 중심의 우주론은 자연스럽게 극복되었다. 나아가 지구 안에서 조선과 중국의 관계에 대한 사고 역시 변화할 수밖에 없었다. 우주에도 중심이 없는데 중국이 중심이고 조선이 주변이라는 근거를 어디에서 찾을 수 있겠느냐는 생각이었다. 따라서 홍대용의 사고체계에서 중국 중심의 화이(華夷) 사상은 설 자리를 잃게 되었다. "넓은 우주에 지구가 중심이 아닌 것처럼, 지구 위에 중국이 중심이라는 생각은 완전히 그릇된 것이다. 조선도 얼마든지 중심이 될 수 있다."

새로운 패러다임의 모색,
『마과회통(麻科會通)』

정약용(丁若鏞)

옛날 범문정(范文正)이 말하기를, "내가 글을 읽고 도(道)를 배우는 것은 천하의 인명을 살리기 위함이다. 그렇지 않다면 황제(黃帝)의 의서(醫書)를 읽어서 의약(醫藥)의 오묘한 이치를 깊이 연구하는 것 또한 사람을 살리는 방법이다" 고 하였으니, 옛 사람의 인자하고도 넓은 마음이 이와 같았다. (중략) 그러나 나는 의약에 어두워 옥석(玉石)을 가려내지 못한 채, 소 오줌이나 말똥과 같은 가치 없는 것도 모두 수록함을 면치 못하였다. 궁벽한 시골 사람이 진실로 병의 증상을 살피지 않고 이 책을 함부로 믿고서 그대로 강하고 독한 약재를 투입한다면 실패하는 경우가 없지 않을 것이니, 이 또한 내가 크게 두려워하는 것이다.

—정약용, 『마과회통』 서문—

종두(種痘)

주지하는 바와 같이 두창이나 홍역과 같은 역병을 완전히 치료하기 위해서는 종두(種痘)라는 '예방' 접종이 필요하다. 종두법만이 유일의 예방과 치료법이라는 사실은 19세기에나 밝혀졌으므로 조선시대에 '종두'가 자연스러운 치료법으로 정착하기까지는 많은 장애가 있을 수밖에 없었다.

가장 큰 장애 요인은 종두라는 말이 가져다주는 거부감 때문이었다. 종두, 글자 그대로 두창을 인체에 심는다는 말이다. 인위적으로 전염되도록 한다는 뜻이니, 적어도 두창을 피하거나 꺼려야 하는 대상으로 바라보던 조선인들에게는 상상할 수 없는 파격적인 치료법

『마과회통(麻科會通)』의 표지와 내용

이었고 심지어 '미친 짓'으로 취급되었다. 왜 죽음을 재촉하는가? 이러한 오해는 종두가 행해지던 19세기 말에도 사라지지 않았다. 그리고 지식인들조차 종두의 효험에 대해 여전히 하늘의 도리를 인공(人工)으로 막아보려는 시도라고 비아냥거릴 정도였다.

적어도 정약용은 종두를 조선 땅에 도입한 최초의 인물 가운데 한 사람이었다. 그는 당시 두진(痘疹)[1]을 둘러싼 기왕의 상식에 도전하고 새로운 패러다임을 모색한 선구자였다. 전통적인 패러다임과 이에 근거한 치료법을 거부하고 새로운 방법론을 도입한 것이다. 물론 과정은 순탄치 않았지만 마침내 그의 종두론(種痘論)은 19세기 중후반을 거치며 널리 사람들의 상식으로 자리잡게 되었다.

1798년, 두진(痘疹) 치료법을 총 정리한 『마과회통』

(1) 두진:두창과 홍역을 함께 일컫는 말. 두는 두창(천연두)를 진은 마진(홍역)을 의미한다.

어떤 이유로 정약용이 두진 전문 의서를 저술하게 되었을까? 『마과회통(麻科會通)』[2]의 서문에는, 어렸을 때 두진으로 사망할 뻔한 자신이 이헌길(李憲吉)이라는 의사의 도움으로 살아났으므로 이제 그 은혜를 갚고자 한다며 저술 동기를 밝혀놓았다. 정약용 본인이 두진에 걸려 고생한 적이 있었음은 분명하다. 두진을 연구하게 된 개인적인 사정은 더 있다. 바로 자식들의 죽음이다. 잘 알려진 대로 정약용은 여러 명의 아이를 두진으로 잃고 슬픔의 글을 남긴 적이 있다.

개인적 동기 이외에도 정약용이 처해 있던 18세기 후반의 상황을 고려할 수 있다. 당시 조선을 휩쓴 두진과 이로 인한 백성들의 숱한 죽음은 그의 위민(爲民)의식을 부추겼다. 정약용은 이미 사대부로서 정치 일선에 나가 인민을 살리는 것이나 의업으로 백성을 살리는 길이 같은 것임을 강조했던 적이 있기 때문이다.

『마과회통』의 저술은 정약용이 황해도 곡산부사로 재임하면서(1797년) 본격적으로 진행되었다. 그 이전부터 마진(痲疹)에 관한 자료를 수집하고는 있었지만 책을 완성하지 못하다가, 중앙에서 벗어나 지방에 근무하는 동안 백성을 위한 의서 저술에 몰두한 것이

(2) 마과회통: 정약용이 지은 마진(痲疹, 홍역) 치료서로서 6권 3책으로 되어 있다. 이헌길(李獻吉)의 『마진기방(痲疹奇方)』을 중심으로 중국의 서적을 참고하여 저술하였다. 내용은 원증편(原證篇)·인증편(因證篇)·변사편(辨似篇)·자이편(資異篇)·아속편(我俗篇)·오견편(吾見篇)·합제편(合劑篇) 등으로 구성되었다. 이 가운데 특히 아속편과 오견편은 조선의 풍속과자신의 견해를 매우 과학적이고 객관적인 입장에서 서술하고 있다. 우리나라 최고의 홍역치료서로 평가된다.

다. 36세이던 1797년 곡산으로 부임한 정약용은 황해감사 이의준(李義駿)에게 보내는 편지에, 당해 겨울 거의 완성된 초고본(草藁本)을 규장각에서 생생자(生生字)로 간행하려 하므로 교정 중이라고 전하였다. 그리고 이듬해인 1798년 『마과회통』의 자찬 서문이 지어진 것으로 보아 1797년부터 교정을 시작하여 그 이듬해에 완성된 것으로 보인다.

정약용은 우선 이헌길의 『마진기방(痲疹奇方)』을 기본으로 하여 중국의 의서 수십 종을 얻어다가 자세히 풀어보고 조목조목 살펴보았다. 그러나 내용이 모두 산만하고 혼잡하여 이해가 어려우므로 내용별로 분류하고 같은 것끼리 모아 조목별로 보기 쉽게 하였다고 편찬 과정을 밝혔다.

이렇게 하여 모두 8편이 완성되었으니 각각 「원증편(原證篇)」, 「인증편(因證篇)」, 「변사편(辨似篇)」, 「자이편(資異篇)」, 「아속편(我俗篇)」, 「오견편(吾見篇)」, 「합제편(合劑篇)」, 「본초편(本草篇)」이었다. 특히 조선의 미신적인 두창 치료법을 비판한 「아속편」과 정약용 자신의 견해를 피력한 「오견편」은 다산의 엄격하고도 객관적인 학문 태도를 잘 보여준다.

사실 『마과회통』에 인용된 의서들은 조선 학자들의 의서 5종을 포함한 63종에 달한다. 대부분은 두진 치료를 위한 전문 의서들로 중국 명·청대의 것이 상당수 포함되어 있는데, 정약용은 새로운 문제 의식에 기초하여 쓰여진 의서들과 청의 두진학 성과를 높이 평가하였다. 조선 의서 중에 가장 비중있게 다룬 이헌길의 『마진기방』 역시 청의 의술을 깊이 받아들인 책이었다.

다산에게 무엇보다도 중요한 평가요인은 학설의 '독창성' 여부였다. 옛날의 명의(名醫)라고 하여도 시대가 지나면 적절히 재검토되어야 한다는 것이다. 이러한 과정을 거치다보니 그의 혹독한 비판을 견뎌내고 남는 의사가 몇 되지 않았다. 중국의 만전(萬全), 적량(翟良), 마지기(馬之騏) 정도가 정약용의 후한 점수를 받았을 뿐이며, 이 경우도 일방적인 칭찬보다는 장단점을 비판적으로 수용하는 비판적 태도를 견지하였다. 정약용은 독창성 없이 남의 저술만을 그대로 옮겨 편집한 경우를 가장 낮게 평가했는데, 조선 최고의 명의 허준을 혹독하게 평가하는 데서 잘 드러난다.

1800년, 최고의 두진 예방법 「종두요지(種痘要旨)」

정약용은 조선의 두진 치료에서 가장 큰 문제가 바로 12년 내지 20여년을 터울로 두진이 창궐한다고 믿는 운기론(運氣論)이라고 생각했다. 당시 의원들은 두진의 원인을 운기, 즉 한 해의 운세에서 찾고자 하였다. 화(火)의 운이 들어간 해에 열꽃이 피어나는 두진이 창궐한다는 식이다. 따라서 운기에 모든 원인을 돌려버릴 뿐 아니라 수십년에 한번씩 나타나는 질병을 연구해서는 돈벌이가 안 되므로 치료에 무관심한 것이었다. 심지어 의료 사고의 책임을 회피하기 위해 역병 환자들을 돌보지 않거나 환자들이 달라는 약만 주고 있었다.

이밖에 귀신의 원한으로 집안에 역병이 든다는 전통적인 관습 때문에 정확한 처방에 의거하여 치료할 생각은 하지 않고 그저 별송굿이나 치루는 것도 문제였다. 특히 두진은 그 귀신이 매우 변덕스러운 존재여서 그의 마음을 거슬리게 해서는 안된다고 믿었으므로 의원들이 더욱 꺼리는 상태였다.

운기론이나 풍속 상의 오류를 비판하였던 정약용은 두진의 원인을 의학적으로 설명하려고 노력하였다. 그는 두진을 태독(胎毒)이나 운기 등 어느 한쪽의 일방적인 원인에 의하여 발생하는 것으로 보지 않았지만 여전히 중요한 원인은 태독이라고 보았다.

두진의 증세는 태독이 몸 속으로부터 피부를 뚫고 나와 과립이 부어올라 고름이 생겼다가 마침내 딱지가 되어 떨어지는데, 이 조각이 곧 독의 실체라는 것이다. 정약용이 '두창의 떨어진 조각'을 독의 실체가 피부를 뚫고 밖으로 나온 것으로 파악한 점은 주목할 만하다.

『마과회통』의 수많은 처방에서 그는 어떻게 이 독소를 몸 밖으로 잘 유도할 것인지 그리고 가능하면 순하게 유도할 것인지 논하고 있다. 이는 기왕의 전통과 처방상의 차이는 있을지언정, 두진의 원인을 제거하는 방법론상의 차이가 있는 것은 아니었다. '독'을 피부 밖으로 내보내는 방법이 치료의 근본이기 때문이다.

그러나 몇 년 후 정약용은 『종두방』에서 전연 다른 두진 치료법을 제시하고 있다. 이른바 몸 속의 깊은 태독을 순조롭게 피부 밖으로 끌어내기 위해, 거꾸로 '독'을 인체 내에 투입하는 종두법으로 치료의 패러다임을 바꾼 것이다.

정약용은 조선에 가장 먼저 인두법(人痘法)[3]을 소개한 사람이다. 어떤 계기로 그가 종두술을 도입하게 되었는지는 불확실하다. 다만 여러 가지 자료들을 종합해보면 일찍부터 『강희자전(康熙字典)』의 고사를 통해 종두법을 알고 있었으며, 더욱 관심을 기울인 것은 『마과회통』을 저술한 1798년 전후임이 분명하다.

특히 1799년 중국으로부터 종두법 서적을 입수한 시점에 유의할 필요가 있다. 황해도 곡산에서 두진을 연구하는 동안 자연스럽게 그의 관심사가 주변의 동료들과 학인(學人)들 사이에도 알려졌을 것으로 추측된다. 이철환에게 수학했던 복암 이기양이 중국에 다녀오는 인편에 '종두법'이 적혀 있는 서적을 다산에게 구해다 준 것이다. 바로 청나라 종두의사 정망이(鄭望頤)의 『정씨종두방(鄭氏種痘方)』이다.

정약용은 『정씨종두방』을 보던 중 규장각에 출입하면서 친하게 된 박제가로부터 다시 종두서를 얻어 보았는데 『의종금감(醫宗金鑑)』 중의 「종두요지」가 그것이었다. 정약용은 두 책을 정리하여 『종두방』 1책으로 편저하였는데 현재 전하지는 않는다. 정조 사후 정국(政局)이 혼란한 난리 통에 분실했다고 한다. 다만 그 흔적이 『마과회통』에 남아 있을 뿐이다.

현재 전하는 『마과회통』에는 『정씨종두방』과 『의종금감』을 인용하여 편집한 것으로 보이는 「종두요지」가 부록되어 있는데, 아마도 이 부분이 정약용이 1800년에 정리했던 『종두방』일 것으로 추측된다.

거듭되는 의문과 실험

종두법의 원리는 무엇인가? 정약용은 정망이를 인용하여 "두진

(3) 종두법에는 두가지가 있다. 먼저 사람의 두창을 이용한 인두법과 소를 이용한 우두법이다. 인두법은 명나라 때부터 중국의 남방에서 활용되었는데, 17세기 후반 청의 강희제가 자신과 아들이 모두 두창에 걸려 고생하자, 인두법을 채용하여 전 중국에 시행하도록 했다. 다산의 종두법은 바로 인두법이다. 우두법은 서양의 제너에 의해 발명되었으며 18세기말 19세기 초에 동양으로 수입되었다.

의 발병은 태독이 속에 잠복하였다가 유행하는 나쁜 기운에 감염되어 밖으로 나오는 것이다"고 하였다. 따라서 두진을 치료하는 방법은 어쩔 수 없이 인간으로서 타고나는 태독을 순하게 끌어내어 악화되지 않도록 유도하는 것이 중요하다는 것이다. 그런데 중국의 의서들은 한결같이 태독을 몸 밖으로 순하게 내보내는 방법으로 '종두법'을 으뜸으로 소개하는 것이 아닌가. 특히 청나라에 간행된 『의종금감』은 그에게 매우 강한 인상을 주었다.

> 종두는 병들기 전에 베풀 수 있는 법이다. 태독을 몸 밖에서 속으로 전달하여 속에서부터 다시 밖으로 이르게 하니 이미 다른 증세가 사이에 끼어들 일이 없게 된다. 동시에 좋은 처방으로 순하게 인도하여 점점 몸을 덥게 하면 태독이 모두 나오게 되는 것이다. 이렇게 한다면 무엇을 염려하겠는가?

태독을 몸 밖에서 몸 안으로 집어 넣기만(種痘) 하면 태독이 모두 나와 완치된다는 논리다. 얼마나 놀라운 방법인가? 다만 문제라면 종두의 효과를 적극적으로 믿고 따른다 해도, 어떻게 태독을 몸 안에 집어넣을 수 있는가 하는 점이었다.

정약용은 다음과 같이 몇 가지 방법을 소개하였다. 먼저 환자의 두장(痘醬)을 채취하여 쓰는 법, 둘째 두진을 앓은 아이의 옷을 입히는 법, 셋째 두흔(痘痕)을 말려 가루로 만든 후 코로 흡입케 하는 방법(旱苗), 마지막으로 습기 있는 두흔을 코로 흡입케 하는 법(水苗) 등이다. 그리고 수묘가 가장 안전하다고 보았다. 수묘란 두창 딱지를 가루 내어 물에 갠 후 흡입토록 한 데서 연유한 이름이었다.

그래도 여전히 풀어야 할 문제는 많았다. 도대체 어떤 두묘(痘苗)를 선택해야 하는가? 두창 상처라면 아무 것이나 가능한가? 그렇지 않았다. 정망이의 주장대로라면 반드시 처음 발생한 두창에서 떨어진 두흔을 사용해야 했다. 이것이 유행하는 독기(毒氣)가 없는 종묘(種苗)였기 때문이다. 그렇지 않고 저절로 솟은 두흔의 딱지를 사용할 경우, 유행의 기운이 들어 있는 시묘(時苗)라 도리어 두창에 감염되는 것과 다를 바가 없었다. 위험한 시묘를 사용하기보다는 종묘를 권장한 것이다.

종두에 사용하기 적합한 두묘는 두창의 낱알이 드물고 색깔이 붉은데다가 윤택하며 두장(痘漿)이 풍부한 것이었다. 그렇다면 좋은 종묘를 언제 어디서나 얻을 수 있는가? 그렇지는 않았다. 종묘가 없다면 종두는 아무 소용이 없는 일이다. 따라서 종묘의 수급은 매우 절실한 문제였다.

따라서 필요한 종묘를 얻었을 경우, 이를 잘 보관하고 숙성시키는 과정이 필요했는데 이것이 바로 축묘(畜苗)의 단계였다. 좋은 묘를 얻으면 곧바로 새 항아리에 넣은 후 밀봉하여 깨끗하고 서늘한 곳에 두어야 한다. 그러면 봄철에는 한 달 동안, 겨울에는 두 달까지 사용해도 좋다는 설명이다. 이렇게 하여 시묘(時苗)보다는 종묘(種苗)를, 종묘보다는 숙묘(熟苗)를 시술하는 것이 안전하고 효과가 높다는 사실을 강조하였다.

이제 숙묘를 접종하는 하종(下種)의 단계가 남아 있다. 역시 문제는 하종시 나이와 성별에 따라 구체적으로 어느 정도의 두묘(痘苗)를 시술해야 하는지 알 수 없었다는 점이다. 『의종금감』에서는 1세의 경우 20여 알, 3~4세는 30여 알의 두진 딱지를 사용하여 종묘하

정약용의 생가와 묘

경기도 남양주시 조안면 능내리에 위치.

도록 권한 반면, 『정씨종두방』은 1명당 3~4개의 종묘를 사용하라고 하니 어느 설명을 따를 것인가? 정약용은 양자를 잘 참작해야 한다고만 언급했다. 스스로도 명확치 않았던 것이다. 아마 여러 번의 실험을 거쳐야만 알 수 있는 데이터였는데, 아쉽게도 정약용이 실험을 했다는 기록은 보이지 않는다. 다만, 18세기 후반 이후 종두법이 널리 활용된 것으로 보아 조선인에게 적당한 종묘의 계량이 가능했던 것으로 추측될 뿐이다.

안정화된 종묘와 정량적인 데이터가 확보되지 않은 상황에서 종두 시술로 야기되는 책임은 모두 종두 시술자인 종사(種師)들의 몫이었다. 때문에 종사들은 여러 가지 미신적인 방법을 동원하여 방패로 삼았다. 두신(痘神)을 화나게 하면 안 된다는 전통적인 인식 때문에 종두의 계절별 택일, 아이의 선택 등에 대하여 허황한 말을 늘어놓고 만약의 사태에 대비하였던 것이다. '천시(天時)', '택일(擇日)' 등을 내세워 종두에 적합한 계절과 길한 날짜를 정해두고 만약 실패했을 때 원인을 여기로 돌렸다.

정약용은 이와같은 술가들의 논설에 매우 비판적이었다. 천시(天時) 운운하면서 길한 날을 잡아 종두하는 것이 모두 거짓일 뿐이며 종사들이 이런 말을 하여 사람들로 하여금 미묘한 것이 있는 것처럼 꾸미지만, 실제 정망이 같은 명의는 택길(擇吉)을 말하지 않았다는 것이다.

조선에서 종묘법(種苗法)이 널리 활용되기를 기대하던 정약용은 귀양 중이던 1807년, 밀양에서 종두의(種痘醫)가 활약한다는 말을 전해 듣고 비로소 마음의 평안을 찾았던 실천적 지식인이었다. 그의 두진에 대한 지식은, 조선과 명·청의 의학서를 구본(舊本)으로 하면서 새로운 종두법을 신참(新參)하는 것이었다. 1798년의 『마과회통』이 구본의 총 집합체라면, 2년 후인 1800년의 「종두요지」는 바로 신참(新參)으로 발전한 모습이었다.

미신적이고 허황된 의학론을 배척하는 한편, 경험적이고 객관적인 이론을 종합한 정약용은 과거에만 매이지 않고 새로운 패러다임을 모색했던 진정한 실학자였다. 비록 의사는 아니었지만 그의 실용 학문에 대한 열정은 대단하였다. 당시 『동의보감』만을 묵수하던 의학계의 고루한 속태(俗態)에 종두법의 도입은 신선한 충격이었음이 분명하다. 모든 속의(俗醫)들이 잘 알지도 못하면서 전통만 고집하고 또 알량한 지식으로 거드름을 피운다며 세태를 일갈(一喝)하였으니 그의 이러한 비판적이고 실천적인 태도는 오늘날에도 그 빛이 바래지 않는 것이다.

조선 지도의 결정판, 대동여지도(大東輿地圖)

김정호(金正浩)

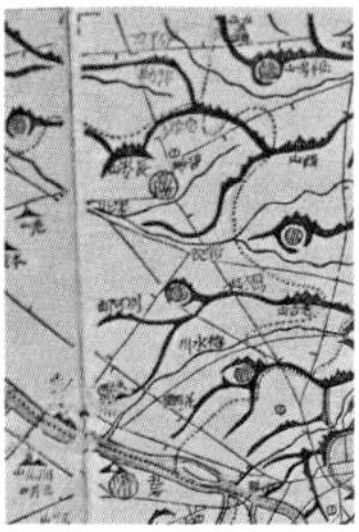

근자에 김정호(金正浩)란 사람이 『해동여지도(海東輿地圖)』 2권을 지었는데, 따로 바둑판처럼 만들어 글자로 부호를 붙이고 서울과 군(郡)·읍(邑)에 각각 그림 하나씩을 만들어 책에 넣었다. 글자의 부호를 따라 찾아보면 나란히 나타나서 착란하지 않으니, 그는 생각한 바가 다른 사람보다 뛰어나고 정밀하기가 보통이 아니었다. 그가 또 『방여고(方輿考)』 20권을 지었는데, 『여지승람』의 잘못된 것을 바로잡고 시문(詩文)을 산삭하며 빠진 것을 보충하여 매우 해박하였으니, 그의 『여지도』와 『방여고』는 꼭 널리 전할 만한 것들이다.

—이규경, 『오주연문장전산고(五洲衍文長箋散稿)』 「지지변증설(地志辯證說)」—

하이테크의 집적물 : 지도

오늘날 웬만한 자동차에는 위성을 이용한 위치 파악 시스템인 GPS 장치가 탑재되어 모르는 지역을 상세하게 안내한다. 살아 움직이는 지도를 보는 느낌이다. 그밖에도 과거에는 상상할 수도 없었던 다양한 지도들이 속속 등장하고 있다. 그야말로 그 종류와 정보를 헤아리자면 현대 과학의 최첨단 기술들이 모두 '지도'에 구현되어 있는 듯하다.

과거에는 단순히 양피지나 종이에 지도를 그렸다면, 오늘날에는 첨단 기기들을 활용하여 2차원이 아닌 3차원의 지도에 각종 정보를 표현할 수 있게 되었다. 종류만 해도 단순히 초보 운전자를 위한 교

김정호가 태어난 것으로 알려진 약현의 표석

통지도에서 산업도 및 지질도, 그리고 나아가 상상하기 어려운 정보마저 담고 있는 지도가 세계 곳곳에서 만들어지고 있는 것이다.

유사 이래 인간은 자신이 살고 있는 동네와 세상을 표현하기 위하여 지도를 제작하였다. 교통수단의 한계로 인간의 활동 범위가 한정되었을 때는 표현되는 지도의 범위 역시 제한적이었다. 그러나 점차 미지의 세계를 탐험하면서 지도의 제작 범위와 정확성이 향상되어 갔다. 단순히 기억 속에 지리 정보를 담기보다는 이를 물리적인 지도의 형식으로 남기는 것이 중요하였다. 또한 글자로 정보를 제공하기보다는 그림 등 각종 이미지를 활용한 시각적 표현이 판독하는 데 더 유리하였다.

나아가 지리적 환경과 이에 대한 정보를 그림으로 나타내기 위해서는 정확한 관찰과 묘사력이 필수적이었다. 지형과 지물에 관한 정확한 데이터 및 이를 표현하는 그림 솜씨, 심지어 화가와 같은 창조

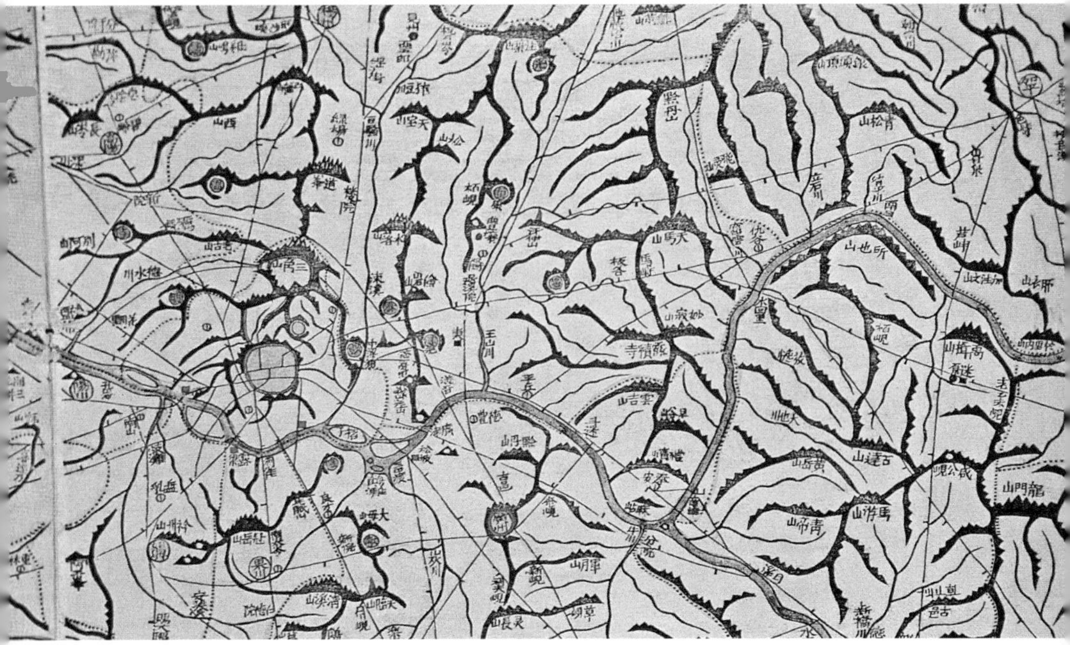

대동여지도

경기도 부분이다. (1861년 목판본. 보물 860호.)

적이고 아름다운 눈마저 요구되었다. 그러나 시대가 흐를수록 아름다운 지도보다는 정확한 지도가 요구되었다. 조선시대도 마찬가지여서 회화적인 지도로부터 점차 방안지도와 같은 정확한 축적지도로 발전하였던 것이다. 그리고 이를 토대로 조선 지도의 결정판이 완성되었으니 바로 고산자 김정호의 대동여지도(大東輿地圖)였다.

비운의 지도학자 김정호

조선 시대 최고의 지리학자 김정호(金正浩)는 지금으로부터 140여년 전 이 땅에 살았던 인물이다. 조선 역사상 가장 정확하고 아름다운 지도를 만들어 낸 그의 업적을 모르는 사람은 아마도 없을 것이다. 그런데 구체적인 그의 삶에 대해서는 거의 알려진 바가 없다. 안타깝게도 우리 머리 속에서 상상되고 있는 김정호의 이미지는 일제가 조작한 비운의 지도학자 김정호가 전부이다.

1930년대 조선총독부는 어린 학생들을 위한 교과서 『조선어독본』을 제작하고 여기에 김정호의 전기를 수록하였다. 조선 팔도와 백두산을 수십 번 답사하고 대동여지도를 제작하였건만 끝내 정부로부터 중요한 국가기밀을 팔아넘기려 했다는 혐의를 받고 옥중에서 쓸쓸히 죽어갔다는 내용이다. 이렇게 각인된 김정호의 삶, 우리의 기억은 바로 아래의 글에서 비롯된 것이었다.

지금으로부터 백년(百年)쯤 전의 일이다. 황해도(黃海道) 어느 두

고산자 김정호의 동상

김정호는 조선 후기의 지리학자로서 본관은 청도, 자는 백원(伯元)·백온(伯溫)·백지(伯之)이며, 호는 고산자(古山子)이다. 1834년(순조 34년) 『청구도』를 만들었으며, 1861년(철종 12년)에 좌표(座標)와 축척을 이용한 『대동여지도』를 완성했다.

메, 다 쓰러져가는 초가(草家)집 뜰에, 황혼(黃昏)을 띄고 섯는 한 소년(少年)이 잇섯다. 연하(煙霞)에 싸인 봉만(峰巒)이 서로 통(通)하야 잇는 저편을 아득히 바라다보며 무엇을 골돌이 생각하다가, 저근듯하야, 의문(疑問)이 가득한 얼골로 혼자 중얼거리기를, '대체 저 산(山)줄기가 어듸서 일어나서, 어듸 가서 그쳣는지, 그림 그린 것이라도 잇섯으면, 앉아서 알 도리도 잇스렷마는, 우리들 배우는 책에는, 도무지 그런 것이 업스니 엇저면 조을가.' 이 소년(少年)의 성(姓)은 김(金)이오, 이름은 정호(正浩)다. 가난한 집에 태어낫스나, 연학(硏學)하기에 돈독하야, 한번 마음에 생긴 의문(疑問)은, 이것을 풀지 안코는, 그대로 내버리는 성미가 아니엿다. 그럼으로 그 날 밤에도 전(前)과 같치 서당(書堂)에 가자, 곳 스승에게 산(山)에 대(對)한 여러 가지 이야기를 물어보앗다. 그러나 스승은, '그런 것을 알아 무엇할 것이냐.'하며, 다시는 댓구도 하야 주지 않앗다. 수업시, 그 자리에서는 그대로 넘겻스나, 궁금한 마음은 좀체로 사라지지 안앗다.

후(後) 몇 해가 지나서, 친(親)한 벗으로부터 읍도(邑圖) 한 장을 얻엇는데, 펴본 즉, 산(山)도 잇고 내가 잇고, 향리(鄕里)의 모양이 손금 보이듯이 소상하앗다. 그는 뛸 듯이 깃버하야 자기(自己)가 몸소 이것을 가지고 동내(洞內)마다 돌아다니며, 일일(一一)히 맞추어 보앗드니, 생각하는 바와는 아조 딴판으로, 틀리고 빠진 것이 만코, 부합(符合)되는 것은 극(極)히 드믈엇다.

너무도 실망(失望)한 그는, 그 후 경성(京城)에 정확(正確)한 지도(地圖)가 잇다는 말을 듯고, 상경(上京)하야, 좌청우촉(左請右囑)으로 궁중(宮中) 규장각(奎章閣)에 잇는 조선팔도지도(朝鮮八道地圖) 한 벌을 얻엇섯다. 그러나 그 지도(地圖)도, 그가 다시 황해도(黃

海道)로 가서, 실지(實地)로 조사(調査)한 결과(結果), 그 소루(疎漏)함은, 역시 먼저 읍도(邑圖)와 하등(何等)의 다름이 업슴을 알앗다. '이거 원, 지도(地圖)가 잇다 하나 이같치 틀림이 만아서야, 해(害)만 되지, 이(利)로움은 업슬것이다.'하며, 탄식(歎息)한 그는, 이에 자기(自己) 손으로 정확(正確)한 지도(地圖)를 만들기 외(外)에는, 다른 도리가 업는 것을 깨달앗다.

원체 지도(地圖)를 만드는 일이, 기차(汽車), 기선(汽船) 할 것 업시 모든 교통기관(交通機關)이 완비(完備)한 오늘날에도, 오히려 만은 금력(金力)과 인력(人力)을 요(要)하는 지난(至難)한 사업(事業)이어든, 다만 한 사람의 미약(微弱)한 힘으로, 더구나 교통(交通)이 불편(不便)한 그 당시(當時)에, 이것을 감행(敢行)하랴는 그의 결심(決心)이야말로, 참으로 장렬(壯烈)하다 아니할 수 업는 일이다.

그리하야 춘풍추우 십여성상(春風秋雨 十餘星霜), 그의 천신만고(千辛萬苦)의 긴 여행(旅行)은 시작되엿든 것이다. 본시 노자(路資)의 예비(豫備)도 업는 여행(旅行)이고 보닛가, 어느 때는 돌 우에서 쉬고, 어느 때는 나무 밑에서 잠을 잣다. 찌는 듯한 삼복(三伏) 더위에, 땀이 비오듯 흐른 때도 만앗고, 살을 에이는 듯한 치위에, 손발이 언 것도 한두번이 아니엿서다. 광막(曠漠)한 벌판에서 굼주렷으나, 며칠식 밥을 목 먹은 때도 잇섯고, 깊은 산중(山中)에서 병(病)들엇스나, 물 한 모금 얻어마실 도리도 업시, 신음(呻吟)한 일도 잇섯다.

그러나, 어듸까지 의지(意志)가 굿샌 그는, 백난(百難)이 앞에 닥칠 때마다 용기(勇氣)를 더욱 더 내여, 이 군(郡)에서 저 군(郡)으로, 이 도(道)에서 저 도(道)로, 십여년 후(十餘年後)에, 마침내 유명(有名)한 대동여지도(大東輿地圖)의 원고(原稿)를 완성(完成)하얏섯다. 그동안, 팔도(八道)를 돌아다닌 것이 세 번, 백두산(白頭山)에 오른 것이 여덟 차례라 한다.

이리하야, 이십이첩(二十二帖)의 대동여지도(大東輿地圖)의 원고(原稿)는 되엿스나, 본시 이것은 자기자신(自己自身)을 위하야 만든 것이 아니고, 널리 세상(世上) 사람들에게 알리랴고 만든 것이닛가, 다시 이것을 인쇄(印刷)치 안을 수 업슬 것이다. 인쇄(印刷)를 하랴면, 판(版)을 만들어야 한다.

원래 돈업시 하는 일이고 보니, 그 엇지 용이(容易)하랴마는, 철석(鐵石)과 같은 그가, 이런 것을 구애하랴. 즉시 경성(京城) 서대문(西大門)밖에 집을 잡고, 소설(小說)을 지어 얻은 돈으로, 근근히 일가(一家)의 생계(生計)를 삼아가는 한편, 하나 둘식 판목(版木)을 사모아서, 틈틈이 그의 딸과 함께 지도판(地圖版)을 새겻다. 그리하야, 다시 십여년(十餘年)의 세월(歲月)을 걸려서, 이것도 완성(完成)하얏슴으로 비로소 인쇄(完成)하야, 몇 벌은 친(親)한 친구에게 나누어 주고, 한 벌은 자기(自己)가 간수하야 두엇섯다. 그런지 얼마 아니되여, 병인양요(丙寅洋擾)가 일어남으로, 자기(自己)가 간수하얏든 것을, 어느 대장(大將)에게 주엇드니, 그 대장(大將)은 뛸 듯이 깃버하며, 곳 이것을 대원군(大院君)께 바첫섯다.

그러나, 대원군(大院君)은 다 아는 바와 같치, 배외심(排外心)이 강(强)한 어른이시라, 이것을 보시고 크게 노(怒)하사 '함부로 이런 것을 만들어서, 나라의 비밀이 다른 나라에 루설되면, 큰일이 아니냐.'하시고, 그 지도판(地圖版)을 압수(押收)하시는 동시(同時)에, 곳 정호(正浩) 부녀(父女)를 잡아 옥(獄)에 가두셧드니, 부녀(父女)는 그 후(後) 얼마 아니가서, 옥중(獄中)의 고생을 견디지 못하얏는지, 통탄(痛嘆)을 품은채, 전후(前後)하야, 사라지고 말앗다.

아아, 비통(悲痛)한지고, 때를 맛나지 못한 정호(正浩), 그 신고(辛苦)와 공로(功勞)의 큼에 반(反)하야, 생전(生前)의 보수(報酬)가 그 갈치 참혹(慘酷)할 것인가. 비록 그러타 하나, 옥(玉)이 엇지 영영(永永) 진흙에 무쳐 버리고 말 것이랴. 명치삼십칠년(明治三十七年) 일로전쟁(日露戰爭)이 시작되자, 대동여지도(大東輿地圖)는, 우리 군사(軍士)에게 지대(至大)한 공헌(貢獻)이 되엿슬 뿐 아니라, 그 후(後) 총독부(總督府)에서, 토지조사사업(土地調査事業)에 착수(着手)할 때에도, 무이(無二)의 호자료(好資料)로, 그 상세(詳細)하고도 정확(正確)함은, 보는 사람으로 하야금 경탄(驚嘆)케 하얏다 한다. 아, 정호(正浩)의 난고(難苦)는 비로소 이에 혁혁(赫赫)한 빛을 나타 내엿다 하리로다.

김정호의 지도와 지리서

지금으로부터 약 70년 전의 글을 그대로 인용하여 너무 어렵고 지루한 듯하지만, 실로 김정호의 이미지는 이 글로 말미암아 인상지워졌고 이후 별다른 비판 없이 그대로 수용되면서 일반의 상식으로 굳어졌다. 일제는 조선의 위대한 과학자가 정부의 위선(僞善)과 무능 때문에 제대로 평가받지 못한 채 역사 속으로 스러졌지만, 위대한 일본 제국의 손길 아래 비로소 그 위대함이 만천하에 드러났다고 주장하였다.

그러나 최근 여러 학자들에 의하여 김정호에 대한 새로운 지식들이 수집되고 있다. 먼저 김정호는 황해도 토산에서 출생하여 1866

년에 사망하였으며 일생의 대부분을 서울에서 생활한 것으로 보인다. 오늘날 서소문 공원 옆 로타리 부근에 그의 기념비가 세워져 있으니 그곳이 바로 평생 지도를 제작하면서 살다간 위대한 지리학자 김정호의 거주처였다.

김정호는 한미한 출신이었지만 당대 최고의 장서가였던 최한기나 최성환과 같은 경제적 후원자 그리고 정부 관리였던 신헌 등의 도움으로 기왕의 조선지도, 특히 비변사의 지도 등을 열람하고 이를 편집·정리함으로써 새로운 지도들을 제작할 수 있었다. 그가 옥사(獄死)하였다든가, 백두산을 몇 번씩 오르면서 전국을 답사하여 그 실측한 결과 대동여지도를 제작하였다는 주장은 대부분 사실이 아닌 것으로 밝혀졌다.

김정호는 그의 대표적 업적인 '대동여지도' 이외에도 '청구도(青邱圖)', '동여도'와 같은 지도를 더 제작하였고, 이외에도 『동여도지(東輿圖志)』, 『여도비지(輿圖備志)』, 『대동지지(大東地志)』와 같은 지리서를 편찬하였다. 전자가 3대 지도라 한다면, 후자는 여러 가지 인문 정보들, 가령 인구라든가 농토 등 상세한 내용을 수록한 3대 인문지리서였다.

물론 김정호의 업적은 특히 '대동여지도' 때문에 빛을 발하게 된다. 그만큼 대단한 물건이다. 한반도 전체를 함경북도 온성으로부터 제주도에 이르기까지 22첩으로 만들었으니, 첩본의 한쪽 면은 통일된 축적에 의하여 남북이 120리, 동서가 80리로 제작되었다. 첩본을 펴면 두 페이지가 연속된 도면을 이루게 되어 있고, 22책을 전부 연결시키면 엄청난 크기의 조선 전도를 볼 수 있게 된다. 또한 특별히 자세하게 표시해야 할 지역은 대축적을 이용한 부분도를 삽입하였

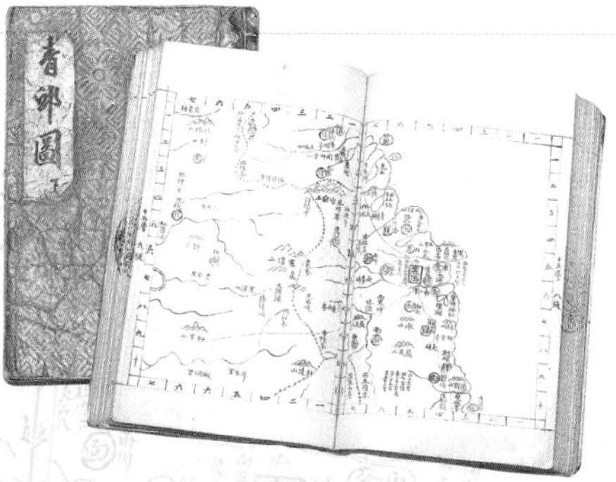

청구도(靑邱圖)

1834년(순조 34) 김정호가 제작한 조선 지도책이다. 책머리에 최한기(崔漢綺)가 쓴 서문, 작자가 기록한 범례, 도성전도(都城全圖)와 시대별 역사지도가 수록되어 있다. 전국을 남북 29층, 동서 22판으로 나눈 방안지도(方眼地圖)로서, 방안의 실제거리는 남북이 100리, 동서가 70리이다. 읍·산천·군현경계·도로·(面)·창고·서원·향교·누정·역·고개·교량·봉수·도서·진·시장 등이 그려져 있고, 여백을 이용해 군현의 호구, 전결, 서울로부터의 거리, 고적 등을 기록해놓아 지지(地誌)가 결합되어 있다. 후일 『대동여지도』편찬의 기초가 되었다.

대동여지도의 목판 ▸

다. 예를들면 서울과 부근의 지도가 그러하다.

대동여지도의 장점은 무엇보다도 정확한 축척과 도면 구성의 과학성이라고 할 수 있다. 축척의 정확성에서 본다면, 근대 지도에 접근한 방안 도법에 의하여 1:162,000의 축척으로 그려졌는데 방안의 한 변이 10리를 표시하도록 해서 실제의 거리를 쉽게 추산할 수 있도록 설계되었다.

지도를 그리는 법은 『기하원본』에 잘 나타나 있다. 지리도를 그릴 때 축소해서 작은 지도로 만들거나 혹은 확대해서 큰 지도를 만들려고 한다면 그 방법은 다음과 같다. 먼저 어떤 직사각형의 지도를 작

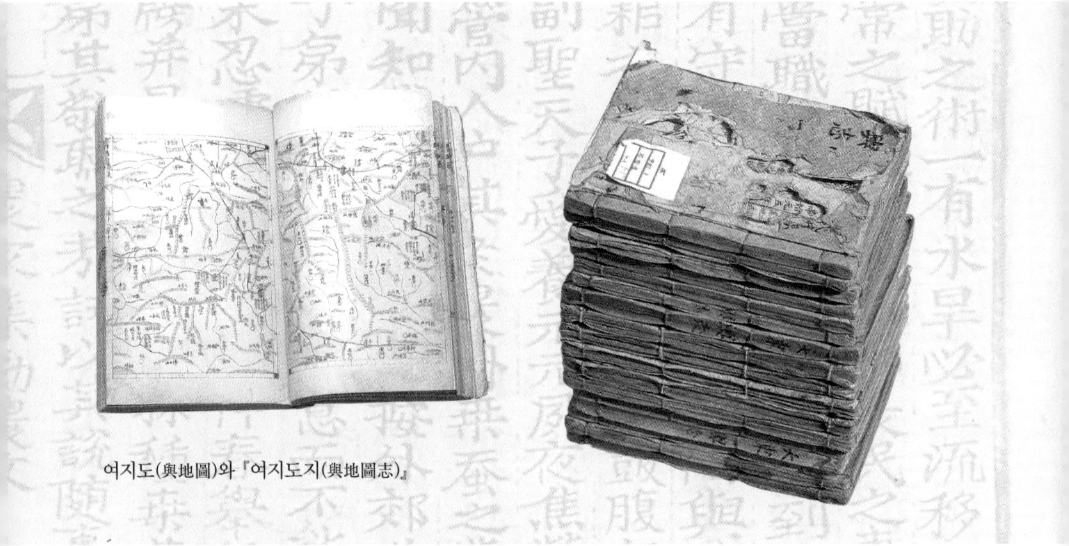

여지도(輿地圖)와 『여지도지(輿地圖志)』

은 지도로 축소해서 1/4로 만들려면 먼저 원래 크기를 1/4로 축소한 다음에 똑같은 수의 방안을 그린다. 그리고 원래의 지도의 한 칸마다 다시 몇 개의 정방형으로 나누어 쪼개어서 분석하고 1/4로 축소된 지도 역시 각 방안을 몇 개의 칸으로 나누어 그대로 옮겨 그린다.

–김정호 『청구도』–

한편, 지도에서 표현해야 하는 지형과 지물을 적절한 기호와 심볼로 매칭시켰다는 사실은 주목할 만한 아이디어였다. 산악과 산맥 기호는 오늘날의 등고선 개념은 아니었지만 동일한 이미지로 형상화되어 산의 모습과 산봉우리, 산맥 등이 뚜렷하게 표현되었다. 뿐만 아니라 행정 경계선, 문화 유적, 특히 주·군·현과 읍의 위치, 군사시설, 교통 등 여러 가지 시설들이 기호로 처리되었다.

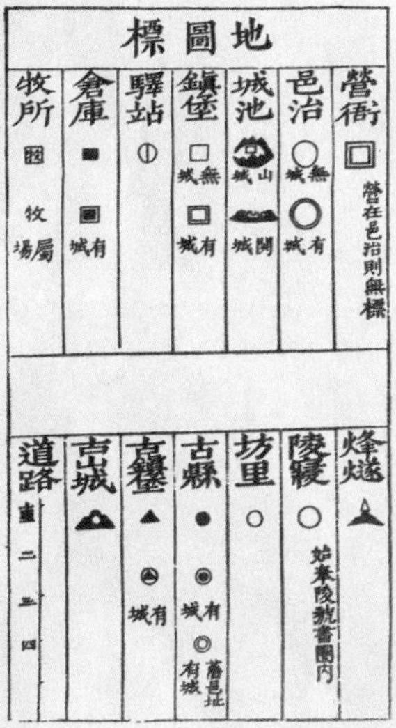

대동여지도에 사용된 각종 기호표

이로써 근대적인 지도로 이행하는 모습을 보여주고 있다.

이미 조선에서도 널리 활용되고 있었던 방안 좌표법을 따르는 동시에 보다 적극적으로 지도에 표현할 산천과 지물(地物)을 기호화함으로써, 존재물과 이를 일대일로 기호화하는 근대적 인식론의 한 양상을 보여주었던 것이다. 근대적인 의미에서의 기호 사용과 정보 유통에 관심을 기울였다는 말이다.

자연을 어떻게 하면 보다 객관적으로 인식하고 표현할 것인가? 이때 심볼로 축약된 기호가 과연 자연을 표현할 수 있는 것일까? 이러한 물음에 대한 근대의 해답은 '그렇다'였다.

'자연을 정확하게 객관화하고 이를 유통시킬 수 있는 기호체계'는 새로운 세상의 질서였으니 김정호의 대동여지도는 기왕의 지식을 망라하고 새로운 세계를 열어나간 새로운 실험작이었다.

제7장 근대가 밝아오다

아는 것이 힘이다—최한기(崔漢綺)

짐이 불을 밝히노라, 근대로의 변신을 꾀한—고종(高宗)

종두(種痘) 보급에 인생을 바친—지석영(池錫永)

과학 운동의 기수——김용관(金容瓘)

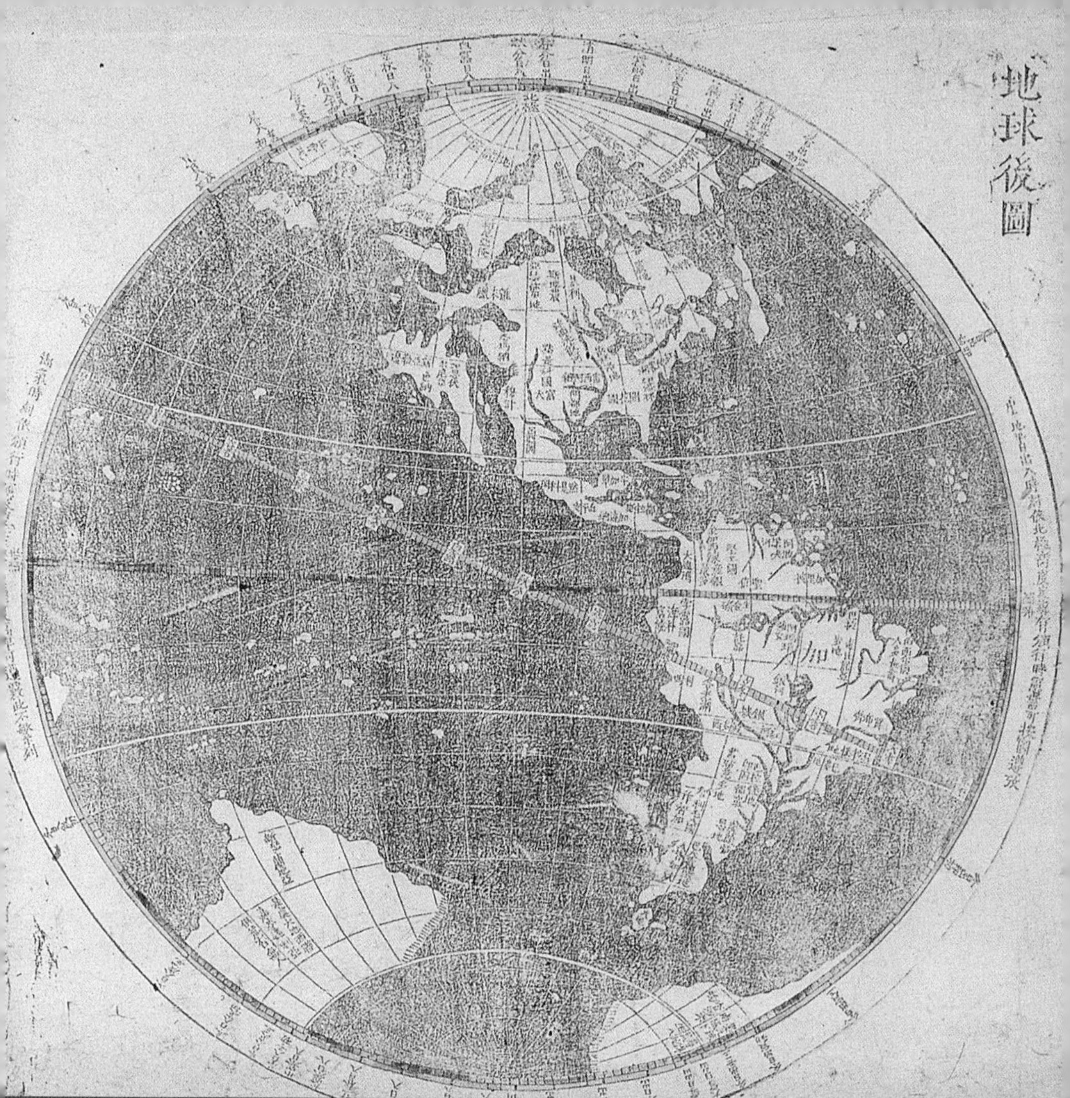

조선의 근대는 과학적 지식이 축적되는 동시에 본격적으로 서양 문물이 도입되는 시기였다. 당시 서양 과학에 대한 새로운 인식이 형성되었으니, 고요한 아침의 나라를 깨우는 일발의 대포소리야말로 강력한 힘의 원천이었다. '대포=힘=서양' 이라는 공식과 함께 수용된 서양의 과학기술은 군사부문을 필두로 황제의 권위를 드러내기 위한 전기와 전화, 그리고 민중들을 예방할 의술 등 다양한 모습과 형태를 띠었다. 이들은 전통적인 조선의 패러다임과 갈등하면서 결합하면서 새로운 시대의 도래를 예고하고 있었다.

아는 것이 힘이다

최한기(崔漢綺)

하늘이 낸 사람의 형체는 모두 그 쓰임새가 있는데, 이것이 신기(神氣)가 통하는 기관들이다. 눈은 색을 알려주는 거울이고, 귀는 소리를 듣는 대롱이고, 코는 냄새를 맡는 통(筒)이고, 입은 내뱉고 거둬들이는 문(門)이고, 손은 잡는 도구이고, 발은 움직이는 바퀴이니, 모두 한 몸에 실려 있는 것이요, 신기(神氣)는 이것들을 주재(主宰)하는 것이다. (중략) 심학(心學)을 전공하는 사람은 인체의 지각과 감각 등을 지엽적인 것으로 생각하여 오로지 성명(性命)의 이치나 탐구하며, 도가(道家)의 수양하는 사람들은 보고 듣는 것이 정기를 소모시킨다 하여 귀머거리나 소경 행세를 하며, 의서(醫書)에서는 외부에 나타난 질병을 장부(臟腑)나 혈맥(穴脈)에서 일어난 것이라고 맞지도 않게 억지로 끌어다 댄다. 또한 관상보는 자들은 얼굴이나 태도를 가지고 사람의 영달과 운명을 점치려 하니 모두 지나치거나 미치지 못하는 잘못을 면할 수 없다.

—최한기, 『신기통(神氣通)』—

아는 것이 힘이다

우리는 정보의 바다라고 불리는 인터넷에서 수많은 지식(?)을 건져 올린다. 아는 것이 힘이라 했고 힘을 가지려면 무언가에 대해 알 수 있는 수단이 있어야 한다. 프랑스 혁명 당시 우리에게도 익숙한 프랑스의 화학자 라부와지에 — 그는 질량불변의 법칙을 발견한 위대한 과학자이다 — 가 형장의 이슬로 사라진 적이 있다. 이른바 백과전서파라고 하는 계몽주의 지식인들이 장인(匠人)들의 도제 시스템으로 전수되는 지식들을 백과사전에 수록함으로써 장인들만 알 수 있었던 기술을 공개한 데 대한 보복이었다는 것으로 그의 죽음을 설명하기도 한다.

전통적으로는 물론이거니와, 지금처럼 셀 수도 없을 만큼 많은 정보가 인터넷에 떠도는 시대에도 여전히 고급 지식과 정보는 책으로부터 얻는 것이 보통이다. 지금으로부터 100여 년 전 조선의 학자들 역시 정보를 얻기 위하여 많은 책을 수집하였다. 당시 지식인들은 서재를 차려놓고 천권당이니 만권당이니 부르면서 누가 더 많은 책자를 소장하였는지 서로 경쟁하였다. 이러한 지식의 보고들을 모아 공공 도서관으로 만들어 모두에게 공개하였으면 더 좋았을 거라는 안타까움이 있지만, 지식이 곧 힘이었음을 잘 아는 양반들이 상놈들에게 권력을 나누어 주었을 리 만무했다.

어찌되었든 100여 년 전 서울에서 가장 많은 장서를 보유하여 자타가 공인하는 랭킹 1위의 장서가로 뽑힌 사람은 바로 기(氣)철학으로 널리 알려진 최한기(崔漢綺)[1]였다.

최한기는 양반 가문의 후예이기는 하였으나, 직계 조상 중에 문과에 급제한 사람이 없는 것으로 보아 그리 현달한 가문은 아니었다. 자신도 거의 평생을 생원이라는 한미한 양반으로 지냈고, 그의 아들이 문과에 합격한 것도 그가 말년에 가까왔던 때였다.

그러나 최한기의 아버지는 시집을 낼 만한 학식이 있었고, 양부

(1) 최한기(1803~1877) : 조선 말의 실학자로서 본관은 삭녕(朔寧), 자는 운로(芸老), 호는 혜강(惠崗)·패동(浿東)·명남루(明南樓)·기화당(氣和堂) 등이다. 개성 출신이며, 문집으로 『명남루총서』를 남겼다. 아버지 최치현은 두툼한 시집을 낼 만큼 학식을 가진 분이라고 하나 최한기가 어렸을 때 돌아가셨다.

(養父)는 금석문 등에 학문적 관심을 가지고 있어서 그의 주변환경은 독서와 관련이 깊었다. 최한기 역시 어려서부터 책읽기를 좋아하였고 책을 읽다가 심오한 뜻을 만나면 오랜동안 생각하다가 스스로 이해하고 연구하였다.

그는 줄곧 서울에서 살았는데, 30대에는 남대문 부근에서 살았고, 40대 후반에는 현 중앙청이 가까운 송현의 상동에서 집을 짓고 살았다고 한다. 당시 서울의 지역적 특성과 이미지는 매우 중요하다. 왜냐하면 19세기에 이미 한양은 거대한 도시로, 상업 도시와 행정 도시로서의 기능 이외에 문화적 중심지였기 때문이다. "말은 태어나면 제주도로 보내고 사람은 태어나면 서울로 보낸다"는 속담이 어색하지 않았던 시절이었다. 최한기 같은 서울 토박이들은 도시 문화가 주는 변화의 물결을 쉽게 감지하고 있었다.

책벌레 최한기

최한기는 20대에 사마시에 합격하여 생원이 되었을 뿐 그 이상의 관직 생활은 하지 않았다. 그러나 운좋게도 양부(養父)로부터 꽤나 많은 재산을 물려받아 아주 부자는 아니더라도 필요하다면 서울의 서점을 다니며 중국으로부터 막 수입된 신간들을 사볼 수 있는 형편이었다. 책을 좋아하였던 그는 일반인들은 구입하기 어려운 중국의 새로운 서적과 서양 관계 번역서들을 조선에서 가장 먼저 구입하고 열람하였던 사람 가운데 하나였다. 일단 책을 수입한 서점들은 가장 먼저 최한기에게 그 사실을 알렸다고 한다. 최신 서적이라면 무엇이든 관심을 보였기 때문이다. 그렇다고 아무 책이나 사모은 것은 아

양반집의 서재

경주시 양동면 월성마을 손중돈 고택의 서재.

니었다. 당연히 책을 볼 줄 아는 눈을 가졌으므로 그의 서재에는 항상 당대 최고의 책들만이 수북하게 쌓여 있었다.

최한기의 친구들 가운데는 우리도 익히 알고 있는 김정호와 이규경 등이 있었다. 그들은 대부분 서울에 거주하면서 서로 친분 관계를 유지하였던 것으로 보인다. 모두 훌륭한 학식을 겸비하였으나 신분적 제약으로 출세하지 못한 학자들끼리 서로 만나 회포를 풀면서 당시의 정세를 토론하곤 했던 것이다.

특히 최한기는 상당한 양의 좋은 서적을 구비하고 있었기 때문에 당시 학자들의 부러움을 샀다. 이덕무의 손자인 오주 이규경도 『오주연문장전산고(五洲衍文長箋散稿)』라는 거질의 저술을 남길만큼 집 안에 대대로 전해져온 서적이 많았던 사람이지만, 최한기의 서재를 구경하고 나서는 정말로 희귀하고 중요한 서적이 많은 것을 부러워할 정도였다고 한다.

최한기는 서울에서 구할 수 있는 책이란 책은 모두 사들였기 때문에 전국의 서적상들이 그에게 책을 팔기 위해 모여들었다는 기록도 이를 방증하고 있다. 특히 조선 땅에 들어오는 중국의 모든 서적은 가장 먼저 최한기의 손을 거쳤다 하니 그의 새로운 학문에 대한 학구열이 어느 정도였는지 짐작이 간다. 한번은 그가 알고 지내던 사람이 책값이 너무 비싸다고 불평한 적이 있었다. 최한기는 그를 조용히 불러서 다음과 같이 말해주었다 한다.

> 책을 구하는 데 돈이 너무 많이 든다고 투정하는 사람이 있으면 가령 이 책 중의 인물이 나와 동시대의 사람임을 생각해야 할 것이다. 그가 나와 같이 살아 있다면 그를 만나기 위해서 천리라도 불구하고 찾아가야 하지만 지금 이 책으로 말미암아 나는 아무 수고도 하지 않고 가만히 앉아서 그를 만날 수가 있는 것이다. 책을 구입하는 것이 돈이 많이 든다고는 하지만 식량을 싸가지고 먼 여행을 떠나는 것보다는 훨씬 낫지 않겠는가?

최한기의 기(氣)

최한기는 그의 서재를 『기화당(氣化堂)』이라고 부를 만큼 '기'를 중시한 학자였다. 기는 그의 우주관 및 사회 정치관의 기초가 되는 사상적 범주였는데, 특히 그가 주장한 '대기운화(大氣運化)'는 자연의 운동 법칙을 구현한 것으로 우주 자체의 발전 원리였다. 아마 자연의 진보적 발전을 염두에 두었는지도 모르겠다. 인간을 포함한 자

『심기도설(心器圖說)』의 표지와 내용

최한기가 쓴 각종 기계에 관한 책. 청나라에 수입된 서구의 기계와 문물을 소개하기 위해 1842년(헌종 8년)에 저술했다. 자신의 저술인 『제기도설(諸器圖說)』, 『육해법(陸海法)』과 등옥함(鄧玉函)의 『기기도설(奇器圖說)』을 참고했다.
힘 또는 중력의 방향을 바꾸는 기구인 각종 기중기의 제작법과 사용법의 도해 그리고 인중기(引重器) 및 전중기(轉重器) 등의 도해를 수록하고 있으며, 그 외에도 취수기(取水器)와 치차(齒車)를 이용한 전마도(轉磨圖), 자행차(自行車)·국수틀·기름틀 등 총 60종의 기기를 소개한 책이다. 특히 말미에는 태양·달·금성·토성 등 천체의 움직임 및 이를 관측할 수 있는 망원경 등에 대해 설명하고 있다.

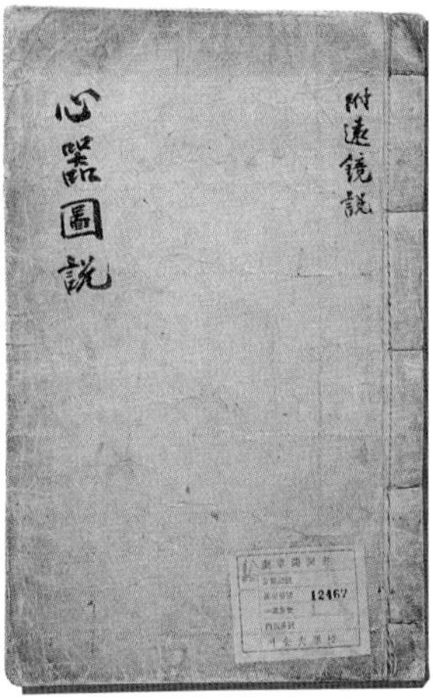

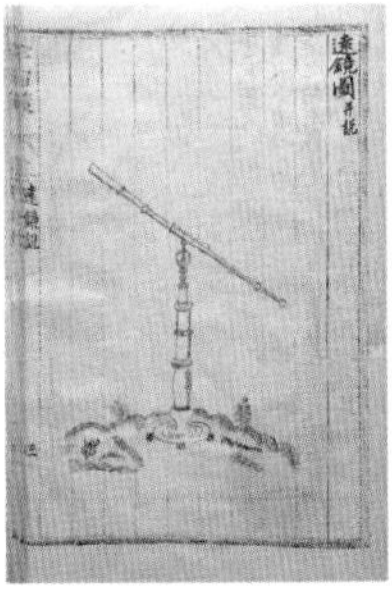

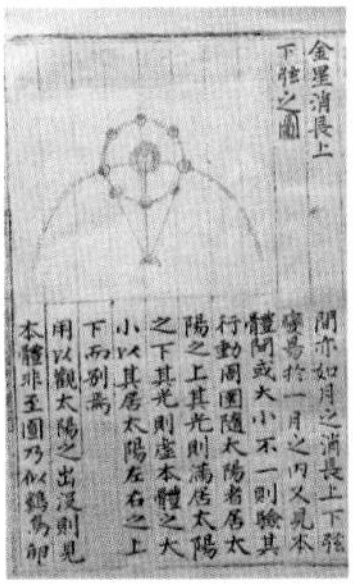

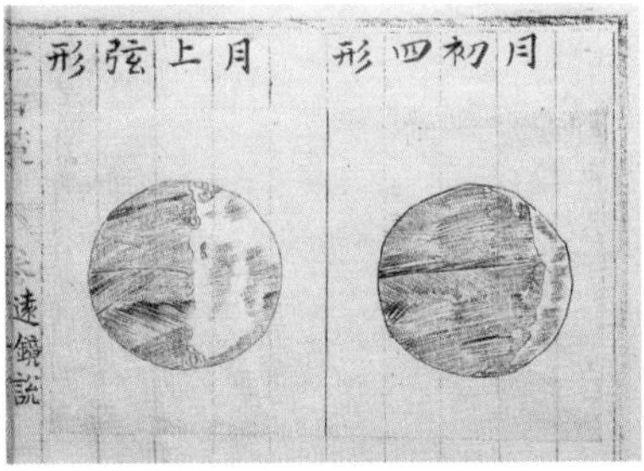

연사의 원동력을 기의 변화로 상정했던 최한기는 기를 연구함으로써 자연의 이치와 인간 세계의 원리를 모두 이해할 수 있다고 믿었다.

최한기는 지식도 진보한다고 주장하였다. 시간이 흐를수록 고급의 지식이 증가하는데 그 이유는 기존의 지식을 바탕으로 더 나은 지식이 축적되기 때문이다. 또한 사람의 수가 늘어나면서 여러 사람의 머리에서 나온 지식이 그 이전에 비하여 나아진다는 관점이다.

따라서 중요한 점은 많은 지식을 축적하는 일이요, 그러기 위해 다양한 문명 세계의 정보를 수집하는 일이 관건이었다. 당시 서구의 새로운 지식을 가급적이면 다 끌어 모으려고 노력한 이유도 여기에 있었다. 『인정(人政)』이라는 최한기의 저술에는 이와 같은 그의 학문관이 잘 피력되어 있다. 각 지역의 지식이 모두 모였을 때 진정한 학문이 탄생한다는 주장이다.

> 주야(晝夜)의 운행과 시간의 흐름이 모두 지구의 전체를 연구하면 알 수 있는데 사람들은 지구에 붙어서 각각 그 지방에 국한되어 살고 있으므로 그 왕래가 기껏 천리내지 만리(萬里)에 불과하다. 그러하니 어찌 지구의 전체를 볼 수 있겠는가. 지구의 전체를 올바르게 알려면 천하 사람들의 발자취가 닿는 모든 지역의 지식이 갖추어져야 할 것이다. 명나라 이후부터 지구의 둘레를 계산하여 역법이 점차 실제에 가깝게 되었고, 밤과 낮의 길고 짧음, 밀물과 썰물의 나가고 들어옴 등의 자세한 내용을 『지구전요(地球典要)』[2)]를 통해 볼 수 있었다. 옛 사람이 알지 못하는 수준의 지식으로 오늘날 발달한 지식을 갖춘 사람을 비판해서는 안 되는 것이다. 옛날에 태어나지 않고 오늘

최한기의 놋쇠 지구의

날에 태어났다고 하는 즐거움이 바로 여기에 있는 것이 아니랴.

—『인정(人政)』「지체(地體)」—

최한기는 기왕의 전통을 묵수하는 유학 조류를 강하게 비판하였다. 보통 유학을 공부한다고 하면 고전에 주석을 다는 행위가 기본이었다. 가령 주자(朱子)가 공자의 『논어』를 이런 식으로 해석하였는데 그것이 옳다면 따를 것이요, 이의(異議)가 있다면 다른 식으로 해석을 붙여 보겠다는 식이었다. 최한기는 전통을 고수하는 주석에

(2) 지구전요:1857년(철종 8년)에 최한기가 편찬한 세계지리서이다. 제1권은 천문과 지구의 여러 가지 현상을 설명하는 내용 중에 코페르니쿠스의 지동설 등이 포함되어 있다. 제2~12권의 내용은 각 대륙 및 각국의 지리·풍속·물산·제도·재정·정치·교육 등에 대해 설명한 것이며, 제13권에는 각종 지도가 수록되어 있다.

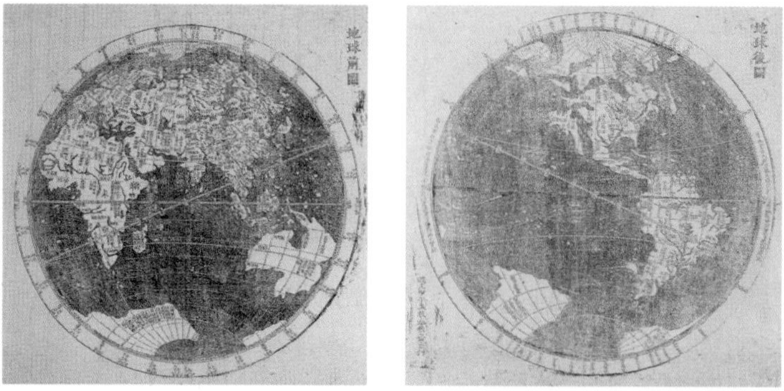

최한기의 지구전후도

1834년(순조 34)에 최한기(崔漢綺)가 중간(重刊)한 동서양반구 세계지도. 중국의 장정병(莊廷旉)이 간행한 '지구도(地球圖)'를 가지고 와서 우리나라에서 목판으로 복각(復刻)한 것이다. '지구전도(地球前圖)'와 '지구후도(地球後圖)'의 원형 지도로 나뉘어 있는데, 지구전도는 아시아·유럽·아프리카·오세아니아 대륙을 그린 동반구 지도이며, '지구후도'는 남북아메리카와 오세아니아 일부가 포함된 서반구 지도이다.

서 벗어나 자신의 새로운 관점에서 지식을 축적하고 정리하는 것을 무엇보다 강조하였다.

그의 학문에서 가장 중요한 내용은, 인식하는 주체로서의 인간에 대한 물리적 관심을 체계적으로 서술하고 있다는 점이다. 물론 전통적으로 유학에서도 심(心)이나 정(情), 성(性)처럼 사물을 인식하고 이해하는 인간을 인식론적으로 그리고 존재론적으로 설명하려는 철학적 개념이 없는 것은 아니었다. 그러나 적어도 인체의 생리학적 차원에서 인식의 메카니즘을 고민하고 설명하는 데 있어 최한기처럼 깊이 있는 단계에 도달한 학자는 드물었다.

최한기는 『신기통』과 같은 저술에서 이른바 '신기(神氣)'라는 인식의 문제를 다루었는데, 인간이 사물을 인식하고 이해하는 구체적인 방법을 몇 가지로 나누어 논의하고 있다. 『체통(體通)』, 『목통(目通)』, 『이통(耳通)』, 『비통(鼻通)』, 『구통(口通)』, 『생통(生通)』, 『수통(手通)』, 『족통(足通)』, 『촉통(觸通)』 등으로 조목을 나누고 각각의 구체적인 감각과 인식의 생리학적 과정에 주목한 것이다.

특히 최한기는 인간 개개인을 인식 주체의 개별자로 상정하였는데 그 밑바닥에는 인간의 물리적 구성 원리가 동일하다는 전제가 깔려 있었다. 달리 말하면 인간을 양반이나 상놈의 신분으로 나누는 것은 생물학적 차이가 있어서가 아니라, 사회적 차별의 과정이라는 주장이었다. 따라서 그는 농부나 기술자라고 할지라도 하늘의 뜻(자연의 법칙)을 읽을 수 있다면 그들이 곧 유학자라고 주장하였다. 사농공상(士農工商)의 인위적 계급을 타파할 수 있는 평등한 신분관을 보여주고 있는 것이다.

개체에 대한 자각과 개체의 지식이 진보하고 축적된다는 사실, 그리고 인간을 기(氣)라는 단일 요소로 설명할 수 있다는 환원론은 그의 사고가 기존의 전통과는 다르게 나아가고 있음을 보여주는 중요한 증거들이었다.

짐이 불을 밝히노라,
근대로의 변신을 꾀한

고종(高宗)

우리는 일본에서 전기용품을 본 적이 있다. 그러나 전깃불이 어떻게 켜지는 줄도 몰랐다. 인간의 힘이 아닌 악마의 힘으로 불이 켜진다고 생각하였다. 이제 우리는 미국에 와서 비로소 그 사용 방법을 알게 되었다. (중략) 조선에서도 전기를 사용하고 싶다.

—유길준 『서유견문』—

도깨비 불

19세기 후반에 이르면 서구의 많은 과학지식과 문명의 이기들이 봇물처럼 조선으로 쏟아져 들어오게 된다. 그중에서도 전기는 수입 요구가 강렬한 서기(西器) 가운데 하나였다. 그리고 마침내 1887년 3월 고종(高宗)[1)]의 침전인 경복궁 내 건청궁에서 일대 드라마가 펼쳐진다. 에디슨이 전구를 발명한지 채 10년이 안 되어 동양 최초로 에디슨 전구가 조선의 궁궐에서 불을 밝힌 것이다. 깜박거리하면서 들어오는 전구 700여 개가 모두 켜지자 어두웠던 경복궁의 밤이 대낮처럼 환해졌다.

그보다 몇 개월 전인 1886년 겨울, 미국의 에디슨 전등 회사로부터 수입된 전구 수백 개와 설비들이 인천항에 도착하였고, 이어 전기기사 멕케이가 입국하자 전구 점화식은 빠르게 진행되었다. 도중에 기술자 멕케이의 사망으로 점등식이 실패로 돌아갈 수도 있었지만 고종의 노력으로 드디어 이듬해 3월 드디어 경복궁의 밤은 낮으로 바뀐 것이다.

고종을 위시하여 당시 위정자들에게 건청궁의 빛나는 전구들은 어두운 조선의 현실을 밝혀줄 수 있는 새로운 태양으로 여겨졌다. 전기를 생산할 수 있는 발전기만 있다면 그리고 전원을 공급할 수 있는 전선만 가설된다면 조선 어디서든 불을 밝힐 수 있으며 나아가 전차를 움직이고 전화를 걸 수 있을 것이라는 생각이 들자 고종은 이를 하루라도 지체할 수 없었다.

물론 전기 공급자로서 세상을 밝히고 있는 고종의 이미지 뒤에는 많은 손해를 무릅쓰고 동양으로 진출하기 위하여 성대한 세리모니를 준비한 에디슨 전등회사의 제국주의적 본색이 감추어져 있었다. 어쨌든 본격적인 고종의 전기 도입 사업은 1898년 한성전기회사의 설립, 그리고 서대문-청량리간 전차의 운행으로 더욱 그 빛을 발하였다. 이제 전기는 엄청난 속도와 굉음으로 이동하는 새로운 힘을

(1) 고종(1852~1919):조선 제26대 왕(1863년~1907년 재위)으로 이름은 이희(李熙)이며, 아명은 명복(命福), 초명은 재황(載晃)이라 하였다. 자는 성림(聖臨)이고 호는 성헌(誠軒), 주연(珠淵)이다. 흥선대원군(興宣大院君) 이하응(李昰應)의 아들이며, 여성부원군(驪城府院君) 민치록(閔致祿)의 딸과 혼인하였는데, 바로 명성황후(明成皇后)이다.

1863년 왕위에 올랐으나 나이가 12세에 불과하여 10년 동안 아버지 대원군이 섭정했다. 1876년 최초의 근대적 조약이자 불평등조약인 조일수호조규를 강제로 체결하는 등 파란을 많이 겪었다. 1884년 갑신정변(甲申政變)을 일으켜 민씨 정권을 타도하고 근대국가 수립 등의 기치를 내걸었으나 청군의 개입으로 좌절되었다. 1894년에는 개화파들과 함께 군국기무처를 설치하고 갑오개혁을 추진하였으며, 1897년 국호를 대한제국으로 바꾼 뒤 황제라 칭했고 광무개혁을 실시했다. 또한 1907년에는 헤이그 만국평화회의에 밀사를 파견해 일본의 조선 침략에 대한 부당성을 세계에 호소하고자 했으나, 이 사건 때문에 폐위되었다.

경복궁이 아닌 서울의 한 복판으로 옮겨왔다. 전차의 힘찬 움직임 그 자체로도 서울은 더 없는 활기를 되찾을 수 있다고 본 것이다. 몇 건의 교통사고와 불편한 생활 풍속은 신문명에 적응하지 못하는 촌스러움으로 치부되었다.

전기공사

경복궁에 전등을 가설하여 밤에도 대낮같이 환하고, 멀리 있는 대신들과도 바로 옆자리에 있는 양 전화 통화를 할 수 있다는 사실에 고종은 놀랄 수밖에 없었다. 전기 케이블은 근대화의 상징이었다. 에너지원을 공급하는 중앙에서부터 전선이 뻗어가는 어느 곳에서든지 전력의 힘은 그 위력을 발하였다. 근대화에 개입되어 있는 권력을 느낄 수 있는 대목이다. 왕실(王室)이 이 일을 도맡아 함으로써 상징적인 권력의 중심에 다시 설 수 있었다.

전기와 전신 그리고 전화는 근대화를 시도하였던 구한말의 정부가 가장 치중하였던 분야 가운데 하나였다. 1886년 경복궁 내 건청궁 부근에 3KW 증기발전기 두 대를 설치하고 100촉광 아크 전등 두 개를 시험 전등한 것을 시작으로 1887년 3월, 미국인 전기 기사 윌리엄 맥케이(Mache, William)가 에디슨 회사로부터 파견되어 건청궁의 각 방마다 에디슨 전등을 가설하였다. 이후, 일본 오사카에 있는 홈링거상회로부터 40마력의 석션 가스엔진(Suction gas engine) 한 대 및 이 기계와 연결된 25KW의 직류발전기를 구입하였을 뿐만 아니라 상회(商會) 기사인 코엔(Koen, Thomas, H)을 초청하여 경운궁(덕수궁)에 발전소를 설치하고, 1901년 봄 궁내에 약

900개의 에디슨 전등을 더 점화할 수 있었다. 그리고 1905년에는 채광에 전기 동력을 이용하기 위한 전기공사를 본격적으로 진행하였다.

우리나라의 본격적인 전기 사업은 한성전기회사로부터 시작되었다. 미국인 콜브란(Collbran, H)과 보스트윅(Bostwick, H.R)은 1898년 정부로부터 한성(漢城) 내에서 전차, 전등, 전화 등의 사업 경영권을 얻어 한성전기회사를 설립하였다. 그 첫 사업이 1900년 전차 운행과, 같은 해 5월 전등의 개시였다. 이 회사는 자본금 150만원으로 황실과 반반씩 공동출자로 세워졌으나 자본이 항상 부족하여 미국 신탁회사로부터 낮은 이자로 자금을 빌리게 되었다. 사업자금으로 돈을 빌리면서 회사의 모든 재산을 담보로 잡혔다. 백만불 한도의 차입 계약이 체결되자 1904년부터는 회사의 소유권에 미국이 강하게 개입하였다. 회사 상호가 한미전기회사로 개칭된 것은 당연한 일이었다.

1898년 한성전기회사는 서대문, 청량리 간의 단선 궤도 공사를 완공했고 동대문에 75KW, 직류 600V 발전기 한 대와 증기 맥켄토시식 보일러 등의 기계를 설치하였다. 그리고 전차 여덟 대와 황실용 전차 한 대를 조립하여 이듬해 5월 개통식을 가졌다. 이 공사는 일본 교토전철(京都電鐵) 설계자들을 초빙하여 진행하였으며 전차는 회전식 개방차로 승객 정원이 40명 규모였다. 이후 1901년에는 용산까지 연장공사를 하는 한편, 객차 여섯 대와 화물차 다섯 대를 새로 만들었다.

한편, 동대문 발전소에 새로 25KW 직류 교류 발전기를 증설함으로써, 총발전량이 200KW에 이르러 일반인에 대한 전등 사업도 추진할 수 있었다. 먼저 진고개 일본인 상가를 중심으로 600등이 점화되는 등 본격적으로 전기가 민간에 확산되었다. 밤을 낮으로 바꾸는 전등의 위력과, 지칠 줄 모르는 힘으로 서울 거리를 누볐던 전차의 경적 소리는 19세기말 서울의 분위기를 완전히 바꾸어 놓은 활력소 자체였다.

천리를 마다하지 않네(不遠千里)

전기와 함께 전보와 전화는 근대를 상징하는 중요한 문명이었다. 갑신정변으로 중단되었던 우편 업무가 그 후 10년 만에 재개되면서 기존의 전보국들을 정리 통합한 전우총국이 설립되었고, 1885년 서로전신선(西路電信線)이 개통되면서 관청조직인 한성전보총국과 인천분국이 개국되었다. 이어 1887년에는 남로전신선(南路電信線)이 개통되고 조선전보총국과 공주, 전주, 대구, 부산 분국도 열리게 되었다.

우리나라의 전신(電信) 역사는 1883년 일본과 한국 사이의 해저전선 사업을 필두로 본격화되었다. 한국의 부산과 일본의 나가사키(長崎)를 연결하는 해저전선이 설치되면서 부산에는 일본전신국이 개설되었다. 그러자 1885년 청나라는 일본을 견제하기 위해 제물포를 기점으로 한성, 평양, 의주를 거치는 서로전선을 부설하고 한성전총국을 세웠다. 서로전선은 우리나라가 변상 책임을 진 차관으로 만들어졌지만 운영은 중국측이 전담하였으니, 당시 한성전보총국은 일개 지방 전보국의 성격에 불과했다. 그러다가 1888년에 비로소 정부 주관하에 우리 기술진에 의한 한성-부산간 남로전선이 개설될

개통 당시의 전차

수 있었다. 이와 함께 조선전보총국이 창설되고 한글의 전신부호와 최초의 전신업무 규정인 전보장정이 제정되어 한국의 전기통신사업의 새 기원이 시작되었던 것이다.

남로 전선을 개통한 정부는 한성, 춘천, 원산, 함흥을 거쳐 한 · 러 국경에서 러시아선과 연결하는 것을 목적으로 북로전선을 계획하였으나 원산까지 개통되는 데 그치고 말았다. 전신선의 도입 과정에 외세의 영향이 있었다고는 하지만, 국내의 기술에 의하여 빠른 시일에 전선이 설치되는 개가를 올릴 수 있었던 것은 그만큼 전신과 전기 등에 대한 정부의 관심이 컸기 때문이었다.

한편 전화는 1882년 상운(尙雲)이 청으로부터 전화기를 가져와 처음 소개한 이후 16년이 지난 1898년 초에 본격적으로 설치되었다. 상운은 천진(天津)에 유학갔다가 돌아오면서 전화와 함께 약 40장(丈:100미터 정도) 길이의 전선을 가지고 왔다. 아마도 실험통화가 있었을 것이다.

이후 언제 전화가 설치되었는지 정확히 알 수는 없다. 당시 외무부라고 할 수 있는 외부(外部)의 관청 보고서인 『외아문일기』 광무 2년(1898년) 1월 24일자 기사를 보면, 전화로 통화한 내용이 있다. 아마 이때 쯤 설치되지 않았을까 추측할 따름이다. 당시 전화는 다리풍(爹釐風), 어화통(語話筒), 전어통(傳語筒), 덕률풍(德律風) 등으로 불리웠다. 텔레폰을 그대로 한자로 옮겨놓은 발음이거나 뜻을 한자로 표현한 것들이다.

궁중과, 중앙부처인 외부의 각 아문 및 인천 감리소 간에 처음으로 개통된 전화는 그후 공적 업무에 자주 이용되었다. 가장 먼저 시작된 통화 내용은 외국의 군함이 나타났다는 보고였다. 인천에서 전화 한 통화로 금방 외국의 군함 소식을 전할 수 있었으니 그 빠름에 새삼 놀라면서도 유익함을 깨달았을 것이다.

한편 일반 공중용 전화는 1902년에 이르러 한성과 인천 사이의 시외 통화 업무를 효시로 본격적으로 시작되었다. 전화관서는 전화소 또는 동지소(同支所)라 하였고 각 전보사 지사에 부설되었다.

역사를 바꾼 전화

전화가 설치된 후 많은 이용이 있었을 뿐만 아니라 역사를 바꾸어 놓은 일도 있었다. 우리가 잘 아는 항일운동가이자 민족주의자 김구 선생은, 일본인에게 피살당한 명성왕후의 원수를 갚는다면서 1895년 10월 일본의 육군 중위 쓰치다(土田讓亮)을 살해했다가 붙잡혔다. 그는 법정에서 사형 선고를 받고 인천의 감옥에 수감되었으나 이 사실을 알게 된 고종이 인천감리 이재정(李在正)을 전화로 불러 사형 집행을 그만두게 하였다. 당시에 전화가 없었던들 그리고 김구가 우리나라에 처음으로 전화가 설치된 인천에서 옥고를 치르지 않았던들 뜻을 채 펴보지도 못한 채 운명을 달리했을 것이다.

이처럼 정부의 급한 업무를 전화통화로 간단하게 처리할 수 있었지만, 한편으로는 전화로 급히 불러대자 연락을 받은 대신들이 허둥지둥 대는 모습도 생겨났다. 그전에는 왕이 명령을 내려도 궁궐로 오는데 상당한 시간이 걸렸으나 이제 전화로 급한 명령을 내리면 꼼짝없이 궁궐로 출두해야 했던 것이다.

지금으로부터 100여 년 전의 전화 통화 내역은 어떠했을까? 이를 알 수 있는 자료가 현재 서울대학교 규장각에 전하고 있다. 『전화(電話)』라는 제목의 책이다. 17장의 한지로 만들어져 있는데 대한제국 시절인 1898년(광무 2) 11월 20일부터 이듬해인 1899년 3월까지의 기록으로 외부와 다른 부서 사이의 통화 내용이 대부분이다. 주로 황제의 집무실이나 의정부, 궁내부 등 정부 핵심기관이나 인사들과 통화한 기록이다.

이 가운데 하나를 소개해 본다. 1898년 11월 20일 오후 3시, 출근하지 않는 외부(무)대신을 급하게 찾는 전화였다.

의정부: 여보세요? 여기는 의정부 아무개 입니다. 혹 외부(무)대신께서 관청에 출석하였는지요.

윤용구(당시 일직): 대신께서는 아직 강가의 별장에 계십니다.

의정부: 아, 그러시다면 지금 황제폐하께서 외부대신을 부르시니 빨리 대신에게 알리 시는 것이 좋을 듯 하오.

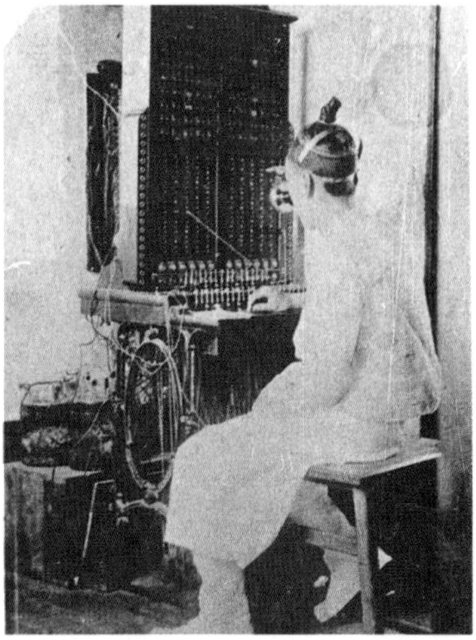

구한말 처음 도입된 전화 전신 설비

윤용구: 금방 알리도록 하겠습니다.

(한 시간이 지난 후에도 외무대신이 아직 궁궐에 출석하지 않은 모양이다. 다시 전화가 왔다)

의정부: 황제께서 부르신다는 말씀을 전하셨나요.

윤용구: 이미 빠른 걸음으로 가서 전하도록 하였으나 강가까지는 거리가 있어 아직 심 부름간 사람이 돌아오지 않았습니다.

의정부: 그렇다면 황제께서 급히 부르시니 다시 한번 사람을 보내어 급히 알리십시오.

윤용구: 예, 그러지요.

결국 그날 오후 6시가 돼서야 외부대신은 소화불량 증세로 몸이 불편하여 궁궐에는 출석하지 못하겠다는 답신을 보내왔다고 전해진다. 어쨌든 전화가 없으면 상상하기도 어려운 풍경이었다. 19세기 후반 조선의 궁궐과 관공서에서도 근대화의 바람을 피할 수 없었던 것이다.

종두(種痘) 보급에 인생을 바친

지석영(池錫永)

최근 콜레라 등 전염병이 창궐하자 무엇보다도 예방이 중요하다는 말이 나왔다. 그러자 평안도 한 마을에서 어이없는 일이 벌어졌다. 인근에 환자가 발생하면 다른 마을의 입구에 쌀찧는 방아를 거꾸로 세워놓았던 것이다. 도대체 방아를 왜 거꾸로 놓았을까? 평안도 사투리로 방아는 '방에' 였다. 따라서 방아를 거꾸로 놓으면 곧 에방[예방]이 될 것이라고 믿었던 것이다.

—조선총독부 『콜레라병 방역지』—

곰보 얼굴

이후원(李厚源) : 코끝에 약간, 이덕수(李德壽) : 코 주위, 어유룡(魚有龍) : 얼굴전체, 김상적(金尙迪) : 얼굴전체, 이성원(李性源) : 얼굴밑, 서유구(徐有榘) : 눈과 코주위.

도대체 무슨 말인지 의아스러울 것이다. 바로 조선시대를 살다간 선조들의 이름인데 그것도 초상화가 남아 있는 유명 인사들 가운데 얼굴에 곰보 자국이 있는 사람을 약간 적어본 것이다. 마마자국, 오늘날로 말하자면 천연두를 앓아 생긴 흉터이다.

천연두는 오랜 동안 우리나라 사람들을 괴롭혔던 질병이다. 천연두의 치료는 인두(人痘)나 우두(牛痘)를 미리 예방 접종받는 방법뿐이었다. 우리나라에서 처음으로 종두에 관심을 가진 사람은 다산 정약용과 박제가 등 조선후기의 실학자였다. 특히 정약용은 중국의 종두법에 관한 책을 빌어다가 연구하여 드디어 1800년 안전한 종두법을 설명한 「종두요지」를 저술하기도 했다. 그러나 여전히 정약용이 사용했던 종묘(痘苗)는 인간의 천연두 상처를 이용하였으므로 잘못될 경우 도리어 천연두에 감염될 수 있었다.

보다 안전한 방법은 우두법으로 소로부터 왁찐[1]을 얻어내는 방법인데, 송촌 지석영(池錫永)[2] 등에 의해 우리나라에 처음 도입되었다.그의 이름 지석영이라는 석자 앞에는 의학자, 어학자(語學者), 행정가라는 찬사와 함께, 후일 친일행적이 발각되면서 친일파라는 불명예의 멍에까지 모두 얹혀졌으니 한말 지식인의 왜곡된 모습을 보게 된다.

종두만이 살 길

지석영은 비록 의학 교육을 정식으로 받지 않았지만, 일찍부터 서학을 동경하여 중국에서 번역한 서양 의학책을 혼자 탐독하곤 했다. 특히 제너의 종두법에 관심을 기울였는데, 1876년 수신사로 박영선(朴永善)이 일본에 가게 되자, 그와 잘 알고 지내는 사이였던 지석영은 서신을 보내어 일본에 가기 전에 한번 만나자고 하였다. 그리하여 박영선을 만난 지석영은 일본에서 실시되고 있는 종두법

(1) 왁찐 : 오늘날의 백신(vaccine)으로서 약화시키거나 죽인 미생물의 현탁액을 말한다. 일본식 발음의 영향으로 예전에는 왁찐이라 불렀다. 인위적으로 사람의 몸에 투여함으로써 미생물에 저항하는 항체를 만들어내게 되며 나중에 동일한 미생물에 감염되었을 때 면역을 갖게 해 준다.
(2) 지석영(1855~1935) : 자는 공윤(公胤), 호는 송촌(松村)이다. 1855년 현재의 서울시 종로구 관훈동에서 지익룡(池翼龍)의 넷째 아들로 태어났으며 1935년 81세의 나이로 세상을 떠났다.

의 상황을 알아봐 달라고 간청하였다.

박영선은 일본에서 오다키로부터 우두법에 대한 정보를 입수하였다. 그리고 당시 일본에서 우두법을 연구하고 의서도 저술하였던 구가의 『종두귀감(種痘龜鑑)』을 얻어다가 전해 주었다. 지석영은 너무 기뻐 밤도 잊은 채 열심히 읽었다. 그러나 여전히 미진한 곳이 몇 군데 있었다. 지석영은 1879년 일본 해군이 세운 부산의 제생의원(濟生醫院) 원장 마쓰마와 군의관 도즈카가 종두에 관한 새로운 지식을 알고 있을 것이라 생각하고 그들에게 종두법을 배우기로 결심하였다.

2개월간 부산에서 종두법을 배운 그는 두묘와 종두 침 2개를 얻어 서울로 돌아오는 길에 처가가 있는 진천에 들렀다. 우두법을 시험하기 위한 것이었다. 처음부터 동네 사람들을 대상으로 종두할 수는 없었으므로 장인을 설득하여 처남에게 접종하려고 했다. 그러나 당시 우두에 대한 지식이 전연 없었던 장인의 반대는 완강했다. 우두는 일본인이 조선 사람을 죽이기 위해 만든 위험한 의술인데, 이런 독약을 어린 처남에게 놓는다면서 지석영을 꾸짖은 것이다. 한참동안 장인을 설득한 끝에 겨우 처남에게 종두를 시술하여 성공을 거둔 지석영은 당시가 인생에서 가장 기쁜 날이었다고 추억하기도 했다.

본격적인 종두법 보급

서울로 돌아온 지석영은 종두를 실시하여 많은 성과를 보았다. 그러나 종두의 원료인 두묘(痘苗) 공급이 문제였다. 결국 일본에 직접 가서 종두의 원료부터 치료법에 이르는 전 과정을 배울 수밖에 없다고 생각한 그는 1880년 제2차 수신사의 일본행을 이용하기로 했다. 그리고 김홍집의 수행원으로 일본 동경에 건너갈 수 있었다.

일본에 간 지석영은 동경위생국의 우두 종계 소장 기쿠치에게 종두 기술을 익히고 두묘의 제조 및 저장법과 어린 송아지의 사육법 그리고 두장(痘漿)을 채취하는 방법을 배운 뒤, 두묘 50병을 얻어 가지고 귀국하였다. 서울로 돌아온 그는 두묘를 직접 만들어 종두를 보급하는 한편 서양 의학을 더욱 열심히 연구하였다.

그러나 1882년 임오군란이 일어나자 구식군대에 의해 신식군대의 장교와 교관들이 살해되는 등 신식을 추구하던 사람들은 무조건 해를 당하였다. 이러한 불똥은 지석영에게도 튀었다. 천연두는 마마 귀신을 조용히 잘 대접한 후 화가 나지 않도록 달래 보내야 하는데 도리어 종두나 인두 등으로 마마 귀신을 화나게 만들어 병을 더 깊게 만들었다는 혐의를 받게 된 것이다. 게다가 일본에서 종두법을 도입한 지석영은 더욱 불리한 처지였다. 체포령이 내려졌고, 그의 종두 실험장은 난민들의 방화로 모두 불타 버리고 말았다.

후일 정국이 안정되자, 지석영은 서울로 다시 돌아와 종두장 건설에 힘을 쏟는 한편 전라도 어사 박영교(朴永敎)의 초청을 받아 전주에 우두국을 설치하고 종두 시술 및 종두법 교육을 통해 종두 보급에 나섰다. 그리고 이듬해에는 충청도 어사 이용호(李容鎬)의 요청에 의하여 공주에도 우두국을 만들었다. 때마침 《한성순보》에 외국의 종두에 관한 기사가 실리면서 종두법의 안정성이 널리 알려지게 되었고 이에 따라 1884년 서울에는 보영사(保嬰社)라는 종두(種痘) 전업 회사가 설립되기도 했다.

지석영은 종두법을 보급하는가 하면, 한편으로는 종두에 관한 다

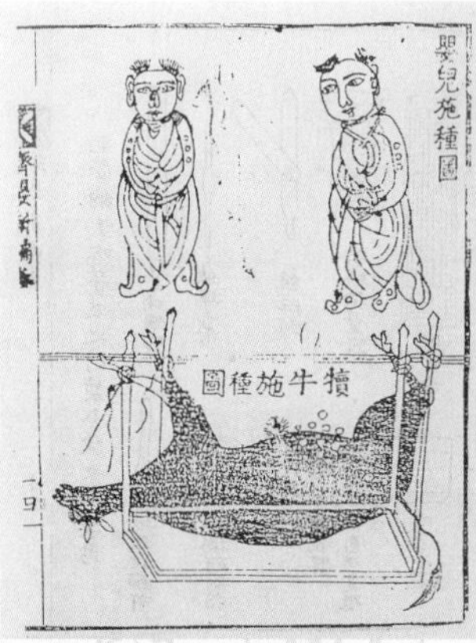

어린아이와 송아지에 우두를 접종하고 채취하는 장면

『제영신편』에 실려 있는 그림이다.

종두에 사용되었던 기구들

양한 기술을 정리한 의서를 저술하였다. 1885년 그 동안 쌓은 지식과 경험 등을 종합하여 저술한 『우두신설(牛痘新說)』이 그것이다. 여기에는 제너의 우두법 발견을 비롯하여 우두의 실시, 천연두의 치료, 두묘(痘苗)의 제조, 독우(송아지)의 사육법, 채장법 등이 간단하게 서술되어 있다.

그러나 1887년 갑신정변의 잔당들을 끝까지 처벌해야 한다는 탄핵이 일면서 그의 활동은 중단될 수밖에 없었다. 서행보(徐行輔)는 상소문을 올려 우두 접종을 빌미로 지석영 등이 도당(徒黨)을 만들어 음모를 꾸미고 있다고 모함하였다.

아, 저 갑신년(甲申年)의 흉악한 역적들이 난동을 부릴 때 역적의 명령문을 써서 반포한 자는 신기선(申箕善)이고, 박영효(朴泳孝)가 흉악한 음모를 꾸밀 때 간사한 계책을 은근히 도와준 자는 지석영(池錫永)이며, 박영교(朴泳敎)가 암행어사로 나갔을 때 도와주고 가르쳐주어 백성들을 못살게 굴게 한 자도 지석영(池錫永)입니다. 그런데 기선은 단지 귀양만 보내고 지석영은 아직도 조정의 관리대장에 이름이 올라 있으니 이것을 나라에 법이 있다고 할 수 있겠습니까. 흉악한 지석영은 우두(牛痘)를 놓는 기술을 가르쳐준다는 구실 아래 도당을 유인하여 모았으니 또한 그 의도가 무엇인지 알 수 없습니다.

–『고종실록』 고종 24년 4월 26일–

이렇게 해서 지석영은 전라남도 강진의 신지도(薪智嶋)에 유배되었다. 그러나 유배지에서도 그는 줄곧 우두를 연구하고 실시하였다. 1892년 해배(解配)되자 서울로 돌아온 지석영은 곧바로 우두보영당(牛痘保嬰堂)을 설립하고 많은 어린이들에게 우두접종을 실시하였다. 그는 가는 곳마다 '우두'를 퍼뜨리고 다니는 우두전도사였다. 이후 1895년 동래부사, 1896년 부산항재판소 판사를 역임하면서도 지역민들에게 종두법을 시행하였다. 그러나 1897년 그는 유길준(兪吉濬)[3] 등과 내통하였다는 혐의로 다시 한번 황해도에 유배되는 시련을 겪는다. 이처럼 삶은 평탄하지 않았지만, 그는 종두법 보급 이외에 근대 의학교의 설립이라든지 활발한 국문 연구를 통해 한시도 쉬지 않는 실천적 지식인의 모습을 보여주었다.

'우두규칙'의 제정

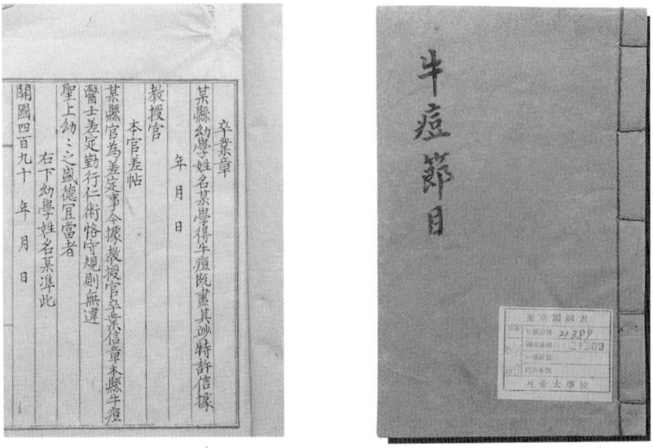

『우두절목(牛痘節目)』의 표지와 내용

우두 접종을 통한 천연두 예방과 치료에 주력한 지석영 등의 노력으로 1894년 갑오개혁 이후 드디어 국가에서 우두 접종을 법으로 제정하였다. 1895년 10월 10일에 '종두 규칙'이, 1895년 11월 7일에 '종두 의사 양성 규정'이, 1899년 6월 27일에 '각 지방 종두 규칙'과 1899년 9월 6일에는 '두창예방규칙' 등이 연달아 만들어짐으로써 지석영의 꿈이 실현된 것이었다.

당시 우두 접종비는 꽤나 고가였다. 때문에 종두법을 배워 지방

(3) 유길준(1856~1914) : 한말의 개화사상가이자 정치가. 본관은 기계(杞溪), 자는 성무(聖武), 호는 구당(矩堂)·천민(天民)이다. 할아버지는 청송부사를 지낸 치홍(致弘)이고, 아버지는 동지중추부사를 역임했던 진수(鎭壽)다. 일찍이 박규수 등에게서 학문을 배웠고, 우리나라 최초로 일본과 미국에 유학한 후 개화사상과 신문명 수입에 많은 노력을 기울였다.

에 파견된 의사들은 우두 접종을 하면서 정부시책을 따르고 또 돈도 벌 수 있었다. 이러한 소문이 퍼지자 우두 기술을 배우려는 사람들이 점점 늘어났다. 특히 정부가 강제로 우두 접종을 권장하면서 종두사의 필요성은 더욱 늘어만 갔다.

지석영

정부는 본격적으로 종두 업무를 담당할 '한성 종두사'를 서울에 설치하였으며, 이후 1900년 광제원에는 한약소, 양약소와 함께 종두소를 설치하여 우두접종을 확대해 나갔다. 마침내 1911년의 한 기록에 의하면 전국적으로 종두 업자가 1,135명에 이르렀으니 첫 종두 시술이 있은 지 30여년 만의 쾌거였다. 당시 한 신문은 지석영의 기념비를 건립하자는 제의를 했을 정도였다.

조선시대 최대의 전염병 천연두 그리고 이로 인한 죽음과 흉한 상처(곰보)를 극복하려는 선조들의 노력은 피땀어린 것이었다. 박제가와 정약용 그리고 이종인 등이 청나라의 새로운 인두법을 소개하였다면, 지석영은 일본의 새로운 우두법을 배워와 보급하였다. 그리고 바로 이같은 실천적인 지식인들의 노력으로 천연두는 점차 그 자취를 감추게 되었던 것이다.

최근 한국과학문화재단 등에서는 종두법을 보급시킨 지석영의 업적을 기려 과학기술자 명예의 전당에 그를 등재하려했던 적이 있었다. 그러나 그의 일부 친일 행각이 밝혀지면서 그 일은 중도하차되고 말았다. 일제강점 직전인 1909년 이등박문(伊藤博文)이 안중근에 의해 살해되었을 때 이를 추도하는 모임의 추도사를 지석영이 읽었다는 것이다. 비록 그의 친일 행위는 용서할 수 없지만 종두 보급에 바친 그의 헌신적 노력은 따로 존경해야 마땅할 것이다.

과학 운동의 기수

김용관(金容瓘)

새 못되야 저 하늘 날지 못노라 / 그 옛날에 우리는 탄식했으나
프로페라 요란히 도는 오늘날 / 우리들은 맘대로 하늘을 나네
과학 과학 네 힘의 높고 큼이여 / 간 데마다 진리를 캐고야 마네

—김억 작사, 홍난파 작곡 「과학의 노래」—

진보하는 자가 살아 남는다

사ᄅᆞᆷ이 금슈보다 특별히 다른 것은 능히 압흐로 나아가ᄂᆞᆫ 학문이 잇슴이라. 태쵸시에 하ᄂᆞ님ᄭᅴ셔 만물을 창ᄃᆞᆫᄒᆞ심ᄋᆡ 사ᄅᆞᆷ이나 금슈가 다 ᄀᆞᆺ한 동물이로ᄃᆡ 사람은 영ᄆᆡᄒᆞᆫ 지식이 날노 진보ᄒᆞ기를 한이 업ᄂᆞᆫ 고로 토지를 ᄀᆡ쳑하며 스ᄉᆞ로 나라를 일우고 님군을 밧드러 교화로 ᄇᆡᆨ셩을 ᄀᆞᆯ약치게 ᄒᆞ엿스니 ᄇᆡᆨ셩이 님군을 섬기는 것이 군ᄉᆞ가 장슈를 복죵 ᄒᆞᄂᆞᆫ ᄀᆞᆺ ᄀᆞᆺ한지라. 사ᄅᆞᆷ은 졈졈 나아 감으로 지혜가 ᄇᆞᆰ가지고 나라도 졈졈 나아감으로 정치가 울흥ᄒᆞᄂᆞ니(중략).

—《독립신문》.「진보론」, 1899. 8. 5—

위의 글은 영국의 한 학자가 쓴 진보론에 대하여 독립신문의 편집자가 소개하고 자신의 논설을 약간 덧붙인 것이다. 인간의 진보를 무한한 노력의 결과로 보고 있으며, 조선도 진보를 위해서 많은 서양의 학문과 과학교육을 배워야 한다는 주장이다. 이미 20세기가 시작되기 전에 진보론은 우리나라 뿐만 아니라 전세계의 식자층을 흥분시켰다.

다윈이 제창한 생물진화론은, 각 종간의 갈등과 생존 경쟁이 자연 세계에서 계속 일어나고 경쟁에서 승리한 종만이 자신의 번식을 유지 생존할 수 있다는 내용으로 되어 있다. 영국인이었던 다윈은 19세기 『종(種)의 기원(起源)』이라는 책을 저술함으로써 일약 세계에서 가장 큰 영향을 끼친 과학자가 되었다.

다윈의 진화론[1]은 영국을 넘어 다른 나라에도 전파되었다. 그런데 이 과정에서 주로 동양의 여러 나라들에는 헉슬리나 스펜서 등에 의해 사회진화론(社會進化論)[2]으로 변모된 내용들이 소개되었다. 원래 자연 세계의 갈등과 경쟁을 주장한 다윈이었지만 스펜서 등은 이를 인간 사회에도 확대 적용하여 우수한 인간 집단이나 민족, 국가가 열등한 민족과 국가를 경쟁에서 이기고 지배한다고 보았다.

(1) 다윈진화론(Darwinism) : 찰스 다윈이 생물의 변화를 설명하기 위해 도입한 이론이다. 다윈은 1837년부터 진화를 일으키는 3가지 요인으로 첫째는 변이, 둘째는 유전, 셋째는 생존경쟁을 가정하고 연구를 했다. 특히 생존경쟁은, 생물이 주어진 환경에 더 잘 적응할 수 있도록 하는 변이를 결정하며 가장 적합한 종(種)이 더 많은 후손을 남기게 되므로 결국 종의 변화를 야기한다는 주장을 폈다. 후일 사회진화론에 큰 영향을 끼쳤다.

(2) 사회진화론(social Darwinism) : 찰스 다윈의 생물진화론을 개인·집단·인종 등 인간사회에 적용시킨 이론이다. 영국의 철학자이자 과학자인 허버트 스펜서 등에 의해 주장되었다. 인간 사회의 생활이란 생존경쟁, 즉 스펜서가 제창한 '적자생존'(適者生存)의 원리에 의해 지배된다는 것이다. 조선의 경우 20세기 초에 본격적으로 수용되기 시작했는데 주로 일본인들의 역서나 저서 그리고 양계초의 『음빙실문집(飮氷室文集)』 등에 영향을 받았다. 가령 유길준은 『서유견문(西遊見聞)』에서 인간사회의 미개(未開), 반개화(半開化), 개화(開化) 3단계 발전론을 주장했다.

조선에도 사회진화론의 영향은 즉각 나타났다. 1880년대 개화의 움직임과 함께 유길준의 '경쟁론(競爭論)'에 의해 진화론이 수입되었다. 1890년대 후반에는 독립협회에 의해 적극 수용되었고, 《독립신문》 지상을 통해서 진보론이 강조되기도 했다. 그러다가 1900년대 중국의 지식인 양계초(梁啓超)의 『음빙실문집(飮氷室文集)』의 수입과 함께 지식인 사이에 진보에 대한 관심이 본격화되었다. 그후 1910년 일본의 강제 점령으로 열등한 국가의 현실이 눈앞에 나타나자 사회진화론을 통한 실력양성 운동은 더욱 확산되었다. 지식인들은 개화와 과학기술의 발전을 통한 민족의 독립과 발전을 주장하였다.

이와 같은 1920년, 30년대의 자치 운동(自治運動)은 커다란 의미에서 일종의 문화운동이었다. 실력의 양성을 통하여 조선 민족이 처한 어려움을 극복하고 민족의 독립을 꾀하자는 것으로, 산업의 장려와 교육의 보급, 의식 개혁 등 민족의 실력을 양성하는 모든 방법이 제시되었다.

과학운동이 곧 진보이다

다음에 소개하는 김용관(金容瓘)[3]의 과학운동도 같은 맥락이었다. 그는 1920년대 후반기에 신간회 등 좌·우파의 협동 전선이 결

(3) 김용관(1897~1967) : 서울 창신동에서 출생하였으며 호는 장백산(長白山)이다. 1918년 경성 공업 전문 학교 화학공업과를 졸업하고 동경의 구라마에 고등공업 학교를 졸업하였다. 당시 공업고등학교라고 한다면 오늘날의 초급대학 수준이거나 전문대 이상이다.

렬되면서 흩어진 지식인을 규합하고자 했다. 그는 합법적 민족운동의 하나로서 발명가 협회를 창립하고 과학 행사 등을 벌였으며, 『과학조선(科學朝鮮)』이라는 잡지를 창간하여 과학의 대중화에 큰 힘을 쏟았다.

그는 일본에서 공부를 마치고 귀국하였던 1924년, 조선에서 발명학회를 설립하는 데 중심적인 인물이 되었다. 과학 대중화 운동의 모체가 된 과학 지식 보급회의 산파역을 책임지고, 발명학회의 이사역을 맡으면서 언론과 법조, 교육, 종교계까지 참여하는 과학 대중화운동을 전개하였다.

당시 김용관의 제창에 따라 과학운동에 참여한 인물들을 살펴보면 대부분 실력 양성을 주장하였던 인물들이다. 1924년 10월 1일 창립된 발명학회의 발기인 41명 가운데는 경성공업고등학교 출신의 발명가 뿐만 아니라 당시 동양 염직(染織)의 사장이면서 조선 물산장려회 이사였던 김덕창(金德昌), 유길준(兪吉濬)의 아들로 민립대학 기성회의 상무 위원이며 조선 물산장려회의 이사장이었던 유성준(兪星濬), 민립대학 설립 운동에 참여하였던 이승훈(李昇薰) 등도 포함되어 있다.

1930년대 과학운동의 사상적 맥락은 앞에서도 말했듯이 다윈의 진화론이 사회에 작용된 이른바 '사회 진화론'이었다. 사회 진화론은 다윈의 적자생존론을 사회 일반으로까지 확대 적용한 것으로서 인간사회에도 생존 경쟁, 적자생존, 우승열패의 냉엄한 논리가 작용한다고 보았다. 이는 당시의 국제적 분위기와 결합하여 제국주의적 질서를 긍정하는 부정적인 측면도 있었다. 그럼에도 이와 같은 세계관은 약소국인 조선의 지식인들에게 새로운 충격으로 다가왔다. 약소국이 살아남기 위해서는 약육강식의 논리를 앞세운 현실을 타개해나가지 않으면 안 될 것이며 그 길은 과학의 발달과 문명개화에 있다고 생각했던 것이다.

과학운동 역시 실력양성을 주창하였던 점에서 사회 진화론에 민감하였다. 과학의 대중 보급을 위해 퍼레이드 등 행사를 기획하였고 또 '과학 데이'라는 것을 만들어 과학진흥의 날로 삼기도 했다. 그 날이 바로 다윈이 세상을 뜬 4월 19일, 즉 다윈의 기일(忌日)을 기념하는 날이었던 것이다.

사회의 적자생존 법칙에서 뒤떨어지지 않고 살아남는 방법은 바로 과학기술의 발달을 고취하는 것이었다. 따라서 교육의 확대와 과학기술 지식의 보급은 가장 중요한 일로 생각되었다. 김용관은 과학지식보급회를 결성하였다. 그 회원들은 중등학교의 과학 선생님들과 사회의 유명 인사들이었다. 김용관은 이들이야말로 과학 지식의 사회 보급에 힘써 줄 것이라고 믿었다. 그가 만든 『과학조선』이라는 우리나라 최초의 과학 잡지도 바로 과학기술의 상식을 보급하는 데 많은 지면이 할애되었다.

흥미로운 점은 당시 과학 운동가들에게 문명 발달의 유일한 원동력으로 생각되었던 과학기술이 상당부분 '발명'과 관련되어 있었다는 사실이다. 김용관은 "문명의 요소는 발명과 발견"이라고 주장하였으며, 발명학회 이사장이었던 이인(李仁) 역시 "인류의 역사는 곧 발명의 역사라고 할 수 있다. 이와같이 인류 문명의 대부분이 발명에 의하여 된 것을 보면 발명가의 인류에 대한 기여와 공헌이 참으로 큰 것이다. 산업을 개혁하여, 국가 사회의 경제력을 충실하게 한 것도 발명의 힘이요, 문화가 발달하여 전대에 없던 세상을 만들 수 있는 것도 발명의 힘인 것이다"고 주장했다. 당시 발명가는 과학 기술자를 대표하는 의미를 가지고 있었던 것이다.

『과학조선』의 내용

당시 발명가들의 수준은 어느 정도였을까? 오늘날 과학기술을 전문으로 공부한 이과 또는 공과 대학의 졸업자들과는 많은 차이가 있었다. 오늘날의 시각에서 보면 유치한 아마츄어적 수준에 머물렀던 것이다. 물론 일부에서는 유학을 다녀온 이공계 대학의 출신들도 있었지만 충분한 연구 활동을 할 만한 여건이 마련되지는 못했다.

당시 발명가들 곧 과학자 수준을 잘 보여 주는 일화가 있는데 곧 영구동력기관(永久動力機關)에 대한 집착이다. 영구동력은 비용이 들지 않으면서도 무한한 에너지를 생산한다는 점에서 고대부터 인간의 호기심이 집중되었다. 그러나 에너지 보존법칙에 의하여 이론적으로 영구동력기관은 존재하지 않는다는 것이 근대에 밝혀졌고 이론적으로 설명되었다. 그럼에도 일제시대까지도 영구 기관에 대한 연구가 많았던 모양이다. 『과학조선』에서 김용관은 두 차례에 걸쳐 "아니될 상담(相談) 영구 기관"이라는 제목으로 영구 기관의 불가능을 설명하였다.

> 영구 운동 기계 가운데는 물질의 중량을 이용한 것 혹은 수차와 같이 물을 이용한 것들이 있는데 대부분 축에 수평 방향으로 칸을 만들고 같은 무게의 추를 집어넣거나 매단다. 그리고 일단 힘을 주어 운동시키면 그 운동이 계속된다는 것이다. 그러나 이 운동은 이론적

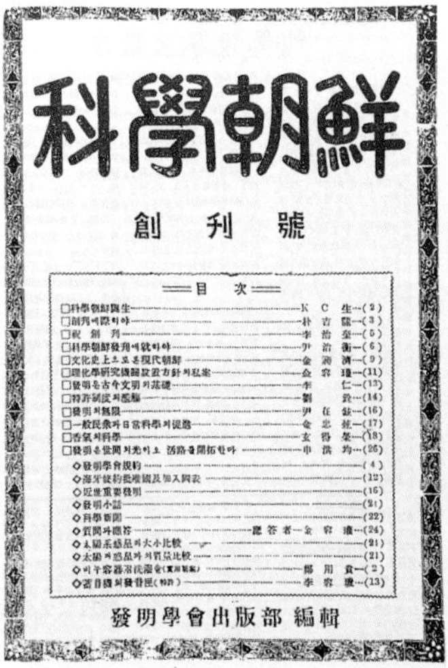

科學朝鮮

創刊號

發明學會出版部 編輯

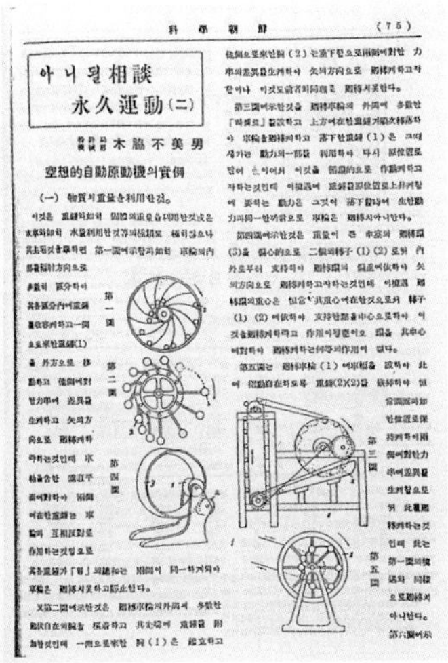

科學朝鮮 (75)

아니될相談
永久運動(二)

木脇不美男

空想的自動原動機의實例

『과학 조선』의 표지와 내용

오른쪽 사진의 내용은 영구운동의 불가능함을 설명한 것이다.

으로는 그럴듯하지만 실제로는 마찰 등에 의하여 에너지가 유지되지 않아 정지한다.

–『과학조선』「아니될 상담 영구 운동(2)」 1933년 9월호–

당시 발명가들의 수준이 낮다고 해도 비관할 정도는 아니었다. 때문에 김용관은 '질문과 응답' 코너를 마련하여 일반적인 과학 정보를 제공하는 데 힘을 쏟았다. 가령 『과학조선』에 소개된 당시의 질문과 답변을 살펴보면 다음과 같다.

1. 질문 : 태양 광선은 지구에 도달하는 데 몇 초가 걸립니까?

응답 : 대략 8분 16초 올시다.(1933년 6월호)

2. 질문 : 전등은 직류입니까. 교류입니까?

응답 : 교류올시다.(1933년 6월호)

3. 질문 : 자석에는 엇제서 철이 붓습니까?

응답 : 이것은 아즉 학설이 없음니다. 자연계의 신비입니다. 당신 같은 이가 신비를 해결하십시요. 자석은 철 이외에 '닛켈'이나 '코발트' 같은 금속을 붓칩니다. 요새 새로 나온 십전 오전짜리 동전은 잘 붓습니다. 실험하여 보십시요.

–(1936년 1월호)–

그러나 일제는 조선인의 과학운동과 실력 양성을 그대로 두지 않았다. 김용관은 투옥되었고 과학운동의 향방이 불투명해지면서 모처럼 일었던 과학지식의 보급과 활성화 운동도 사그러들고 말았다.

최근 이공계의 침체가 크게 부각되고 있다. 국가산업을 떠받치는 기본 학문이 점점 찬밥 신세라며 걱정하는 소리가 들려온다. 21세기에도 다시 한번 김용관의 '과학운동'을 벌여야 하는 건 아닌지 모르겠다.

참고논저 목록

강재언, 『한국의 서학사』(민음사, 1990)

고려대 민족문화연구소 편, 『한국문화사대계』 III 「과학기술사」 (1968)

고려대 민족문화연구소 편, 『한국현대문화사대계』 III 「과학기술사」 (1977)

권태억, 『한국근대면업사연구』 (일조각, 1989)

근대사연구회편, 『한국중세사회 해체기의 제문제』 (한울, 1987)

김광언, 『한국농기구고』 (한국농촌경제연구원, 1986)

김두종, 『한국의학사』 (탐구당, 1966)

김신근, 『한의약서고』 (서울대출판부, 1987)

김영식, 『과학혁명』 (아르케, 2001)

김영제, 『한국병리학사』 (전파과학사, 1977)

김영진, 『조선시대전기농서』 (한국농촌경제연구원, 1984)

김용섭, 『조선농업사연구』 (일조각, 1988)

김용섭, 『조선후기농학사연구』 (일조각, 1988)

김용운 · 김용국, 『한국수학사』 (열화당, 1978)

김재근, 『우리 배의 역사』 (서울대학교출판부, 1989)

김철준, 최병헌, 『사료로 본 한국문화사』 고대편 (일지사, 1986)

* 본 글을 엮는 가운데 많은 선학들의 글을 이용하였다. 「참고 문헌」에는 주로 활용된 서적만을 기록하였을 뿐 논문들은 일일이 적지 못하였다. 이 점 양해를 구한다.

김충렬, 『고려유학사』 (고려대출판부, 1984)

김 호, 『허준의 동의보감 연구』 (일지사, 2000)

박성래, 『한국과학사』 (한국방송사업단, 1982)

박성래, 『한국사에도 과학이 있는가』 (교보문고, 1998)

손홍렬, 『한국중세의 의료제도연구』 (수서원, 1988)

송찬식, 『조선후기 수공업에 관한 연구』 (서울대 한국문화연구소, 1973)

신용하, 『한국근대사회사상사연구』 (일지사, 1987)

염정섭, 『조선시대농법발달연구』 (태학사, 2002)

윤병태, 『조선후기의 활자와 책』 (범우사, 1992)

이 찬, 『한국의 고지도』 (범우사, 1991)

이강칠, 『한국의 화포』 (군사박물관, 1977)

이광린, 『한국개화사연구』 (일조각, 1969)

이광린 · 신용하, 『사료로 본 한국문화사』 근대편 (일지사, 1984)

이기백·민현구, 『사료로 본 한국문화사』 고려편 (일지사, 1984)

이용범, 『중세서양과학의 조선전래』(동국대출판부, 1988)

이원호, 『한국기술교육사』 (서문당, 1974)

이은성, 『한국의 책력(冊曆)』(전파과학사, 1978)

이은성, 『역법의 원리분석』(정음사, 1985)

이춘령, 『한국농학사』(민음사, 1989)

이태진, 『조선유교사회사론』 (지식산업사, 1989)

이태진, 『조선사회사연구』 (지식산업사, 1986)

이태진, 『의술과 인구 그리고 농업기술』 (태학사, 2002)

이현숙, 『신라의학사연구』 (이화여자대학교박사학위논문, 2002)

이호철, 『조선전기 농업경제사』 (한길사, 1986)

전상운, 『한국과학기술사』 (정음사, 1976)

전상운, 『한국과학사』 (사이언스북스, 2000)

정옥자, 『조선후기 지성사』 (일지사, 1991)

채연석, 『한국초기화기연구』 (일지사, 1981)

천혜봉, 『고인쇄』(대원사, 1989)

최창조, 『한국의 풍수사상』(민음사, 1984)

한영우, 『한국의 문화전통』(을유문화사, 1988)

한영우, 『다시 찾은 우리 역사』(경세원, 2001)

한우근, 이성무, 『사료로 본 한국문화사:조선편』(일지사, 1985)

현정준, 『세계의 역(曆)』(삼성문화문고 69, 1975)

홍이섭, 『조선과학사』(정음사, 1946)

홍희유, 『조선중세수공업사 연구』(지양사, 1978)

조선과학인물열전

지은이 | 김 호

1판 1쇄 발행일 2003년 12월 22일
1판 4쇄 발행일 2010년 5월 10일

발행인 | 김학원
편집인 | 선완규
경영인 | 이상용
기획 | 정미영 최세정 황서현 유소영 김은영 박정선 김서연 정다이
디자인 | 김태형 유주현
마케팅 | 하석진 김창규
저자 · 독자 서비스 | 조다영 함주미(humanist@humanistbooks.com)
스캔 · 표지 출력 | 이희수 com.
조판 | 새일기획
용지 | 화인페이퍼
인쇄 | 청아문화사
제본 | 정민제본

발행처 | (주)휴머니스트 출판그룹
출판등록 제313-2007-000007호(2007년 1월 5일)
주소 | 서울시 마포구 연남동 564-40 121-869
전화 | 02-335-4422 팩스 | 02-334-3427
홈페이지 | www.humanistbooks.com

ISBN 978-89-89899-78-5 03900

만든 사람들

책임기획 | 이재민
사진 | 권태균
책임 디자인 | 이준용
책임 그래픽 | 김준희
책임 편집 | 박환일